CHARLY SAMSON

Guide Pratique DE MAGNÉTISME ET DE SOPHROMAGNÉTISME

Mieux vivre et réussir.
Aider et soulager les autres.
Imposer sa personnalité.

Éditions TRAJECTOIRE

INTRODUCTION

QUELLE **est cette force qui sommeille en chacun de nous et que seuls quelques privilégiés semblent pouvoir utiliser ?**

Selon les époques, selon les cultures ou les croyances, des mots différents l'ont qualifiée : fluides, ondes, effluves, émanations, radio-activité et bien d'autres encore... Si le vocabulaire est imprécis, la puissance de cette «énergie» est bien réelle... et à notre disposition. Pour en bénéficier, il est nécessaire tout d'abord d'en prendre conscience, puis de la maîtriser, ensuite de la développer et enfin de l'utiliser efficacement pour soi et pour les autres.

Le magnétisme, ce n'est pas seulement la possibilité de soulager les maux physiques ou psychiques, c'est aussi un ensemble de connaissances qui permettent de «mieux vivre», de s'épanouir, de rayonner et de transmettre cette énergie positive à ceux que nous côtoyons. Comme en toutes choses, certains sont plus doués que d'autres ; mais **personne n'est exclu.** Chacun peut maîtriser, développer et utiliser «le magnétisme», cette force vitale que les difficultés de la vie «bloquent» parfois au fond d'un être.

Au fil des années, ma propre expérience et mes observations m'ont révélé que l'efficacité du magnétisme est d'autant plus importante que le magnétiseur et le magnétisé se trouvent dans un parfait état de sérénité. L'un doit offrir un magnétisme puissant et apaisant, tandis que l'autre doit le recevoir dans un état de réceptivité facilité par la décontraction physique, psychique et mentale. Il se crée alors une harmonie totale entre ces deux êtres. En grec ancien, la notion d'harmonie peut se traduire par «sos». Le mot «phren» désigne la conscience, l'esprit.

L'harmonie créée entre le magnétiseur et le magnétisé, ainsi que, chez ce dernier, entre sa conscience globale, son mental et son corps, permet d'utiliser très efficacement et dans un but déterminé, l'action de cette énergie appelée «magnétisme». C'est cela le SOPHROMAGNÉTISME.

★ ★
★

L'utilisation des énergies communicatives de l'être humain était connue et pratiquée dans l'Antiquité.

Les effets curatifs du magnétisme étaient exploités par les prêtres de la civilisation égyptienne qui soulageaient des malades par des passes magnétiques et par le fait de les plonger dans un état intermédiaire entre la veille et le sommeil. Un papyrus découvert dans les ruines de Thèbes contient cette phrase : «Pose ta main sur la douleur et dis que la douleur s'en aille.»

Dans *Le livre des morts* de l'Égypte antique, nous pouvons lire : «Je place les mains sur toi, Osiris, pour ton bien, pour te faire vivre.» Cette imposition des mains se retrouve sur de nombreux bas-reliefs antiques, dans la médecine grecque des Asclépiades, ainsi que dans de nombreux textes de la Bible.

Au Moyen Âge, le «magnétisme humain» est complété par l'utilisation de l'aimant. La pierre d'aimant était importée d'une ville d'Asie Mineure dont le nom était "Magnésie."

C'est là l'origine du mot «magnétisme». Les magnétiseurs ont été nombreux et efficaces au long des siècles ; mais «leur art» a souvent été confondu avec des pratiques de magie ou de sorcellerie, ce qui les rendit prudents et discrets.

À la Renaissance, le médecin-alchimiste Paracelse écrit : «Tout ce qui existe dans la nature a un esprit vital, aussi bien les choses qui croissent que celles qui demeurent. L'esprit vital a en lui une force attractive comme celle de l'aimant... L'esprit de vie réside dans tous les membres à la fois : il reçoit l'impulsion de chacun des organes.» Ainsi, au XVe siècle, Paracelse établit une théorie du magnétisme minéral et du magnétisme qui plus tard sera appelé "magnétisme animal".

C'est en 1779 que Mesmer, également médecin, publia un manifeste sous le titre : «Mémoire sur la découverte du magnétisme animal». Partant des idées de Paracelse et de ses propres travaux, il édifie une doctrine personnelle qui annonce les découvertes de notre époque.

À partir des travaux de Mesmer, de nombreux médecins et scientifiques s'intéressèrent à ces théories qu'ils mirent en pratique avec des résultats stupéfiants. Les recherches s'orientèrent vers des phénomènes de guérisons, de suggestions et d'hypnose. Il est curieux de constater à quel point les textes de Mesmer (1779) et plus tard de Durville (1905) expriment et affirment la réalité de phénomènes que la science officielle n'a découverts qu'au cours des années quatre-vingt de notre siècle. Nous les étudierons dans les pages consacrées à «la force de la pensée».

Ces recherches sur les phénomènes cités et sur d'autres propriétés du magnétisme aboutirent à l'élaboration de méthodes propres à en assurer l'efficacité.

En 1960, le magnétisme a favorisé la naissance d'une technique nouvelle : « la sophrologie ». Elle se définit comme «une école scientifique qui étudie la conscience, ses modifications et les moyens physiques, chimiques ou psychologiques pouvant la modifier, dans un but thérapeutique, prophylactique ou pédagogique, en médecine».

En fait, le mot «logos», qui correspond à l'étude, est ajouté à «sos» et à «phren».

Cette technique née de l'hypnothérapie a été créée à Madrid par le docteur Alfonso Caycedo. En France, en 1970, les docteurs Cherchève et Berranger publièrent un ouvrage sous le titre : *L'hypno-sophrologie en art dentaire.*

Alors que la médecine officielle avait boudé les possibilités offertes par cette forme de magnétisme qu'est l'hypnose, médecins et psychologues n'ont pas tardé à adopter les méthodes sophroniques... en se défendant de pratiquer une forme de magnétisme. La sophrologie est donc une école essentiellement médicale.

Le Sophromagnétisme utilise une partie seulement des sources comparables, mais il ne se situe pas exclusivement dans le domaine médical. S'il provoque chez un malade, avec toutes les qualités amplifiées du magnétisme, un apaisement, un soulagement susceptibles de rendre encore plus efficace le traitement médical, il vise à développer chez tout être les qualités qui font partie de son potentiel, même s'il n'en a pas conscience.

Le Sophromagnétisme est un instrument de développement personnel qui tend à supprimer le trac, le stress, les anxiétés, les angoisses, les états dépressifs, etc. Il établit ou rétablit la confiance en soi et permet d'imposer sa personnalité, de développer son influence et son charisme. Il donne les moyens de mieux vivre, réussir, rayonner et être capable d'apporter aux autres une aide ponctuelle ou un nouveau départ dans leurs relations familiales, professionnelles et sociales.

Chapitre 1er

LES ÉCHANGES D'ÉNERGIES

Le **phénomène appelé «magnétisme» consiste en un échange d'énergies.** Cet échange, d'un être à un autre, peut s'effectuer consciemment ou inconsciemment. Le magnétiseur utilise son «pouvoir»... et son «savoir» pour le provoquer de façon bénéfique. Pour diverses raisons –prudence, intérêts ou autres–, il est souvent question de «pouvoir», sans y ajouter le mot «savoir». Je crois que c'est une erreur... quand il ne s'agit pas d'une tromperie.

Dans le courant du mois de janvier 1986, je me trouvais à Bordeaux où je participais à un colloque sur ce qu'il est convenu d'appeler les «médecines douces» ; terme particulièrement inexact. Le docteur Raphaël Cherchève, l'un des fondateurs de la sophrologie, était là et nous parlait de l'hypnose. Cet homme qui, âgé de plus de quatre-vingts ans, pratiquait encore, avec ses assistants, des opérations de la mâchoire à l'hôpital Lariboisière à Paris, utilisant les méthodes hypnotiques et sophroniques pour éviter à ses patients le choc opératoire provoqué par l'anesthésie.

À propos du pouvoir attribué à l'hypnotiseur, il affirma catégoriquement ceci : « Chez un hypnotiseur, il y a dix pour cent de pouvoir et quatre-vingt-dix pour cent de savoir. »

Je pense que cela est vrai pour la plupart des possibilités humaines. Le don existe certes, mais il ne peut s'épanouir que par le savoir qui lui permet de se manifester dans toute sa plénitude. Nous possédons tous les dix pour cent indispensables (ou parfois plus) pour profiter de la force de notre magnétisme (ou de notre force psychique ou de notre énergie vitale). Elle est en nous et les mots ont peu de valeur. Seuls les résultats obtenus ou à obtenir sont importants.

Nous pouvons tous acquérir les quatre-vingt-dix pour cent nous permettant de mieux connaître et développer ces possibilités pour les utiliser pleinement.

Échanger consciemment des énergies ne s'applique pas qu'à des cas de soulagement de maux.

Cependant, dans ce domaine, il convient de connaître et de respecter certaines règles qui peuvent se résumer ainsi :

1. Savoir donner sans s'épuiser.
2. Savoir prendre sans subir.
3. Savoir se recharger.

J'ai été témoin de la conséquence de la bonne volonté d'une personne qui occasionnellement soigne et guérit les brûlures. Une de ses amies lui demanda de la soigner pour un zona, comme s'il s'agissait d'une brûlure. Imprudemment, elle accepta et guérit le zona ; mais quelques semaines plus tard, c'est elle qui souffrait d'un zona.

Ces échanges se font également de manière inconsciente. J'ai connu plusieurs kinésithérapeutes qui, par leurs massages, obtenaient des résultats plus satisfaisants que ceux qu'ils pouvaient espérer... et leurs patients en redemandaient. Mais ces praticiens étaient anormalement fatigués, jusqu'à l'épuisement. Deux d'entre eux ont même abandonné leur profession. Ce qu'ils ignoraient, c'est que par amour de leur métier et par le contentement que leur prodiguaient ces réussites, ils donnaient allégrement leur magnétisme sans en avoir conscience car ils ignoraient ce phénomène. Comme Monsieur Jourdain faisait de la prose sans le savoir, ils faisaient du magnétisme. Ils ne savaient ni l'arrêter, ni se recharger ; d'où leur épuisement.

Quelques techniques permettent de supprimer ces graves inconvénients. Dans les stages et cours que j'anime, je reçois très souvent des kinésithérapeutes, des infirmiers, des sophrologues... Ce sont en partie les résultats spectaculaires obtenus dans ces circonstances qui m'ont incité à écrire ce livre.

Nous sommes tous exposés à cette «vampirisation» de nos énergies, souvent par ceux qui nous aiment, d'autres fois par ceux qui nous souhaitent du mal. Il y a là un pouvoir auquel nous devons nous soustraire en ne donnant que ce que nous pouvons donner... et cela s'apprend. Informés, vous prendrez conscience des risques de «vampirisation» auxquels vous êtes exposés. Vous trouverez dans les pages suivantes des chapitres qui vous indiqueront comment vous en protéger par des moyens simples ; qu'on les appelle techniques, méthodes ou recettes. Ce sera votre «premier travail sur vous-mêmes», avec la recherche de la sérénité par la relaxation, pour vous acheminer vers la pratique du sophromagnétisme. Ensuite, les trois «diffuseurs» du magnétisme seront à développer.

Ces trois diffuseurs sont :

- Les mains.
- Le regard.
- Le souffle.

• **Les mains** - et d'ailleurs tout le corps, rayonnent cette énergie qui permet d'aider les autres en les renforçant ou en les soulageant.

• **Le regard** - est également magnétique et sa force est insoupçonnable.

• **Le souffle** - a des vertus méconnues ou mal connues. Lorsqu'un jeune enfant se blesse légèrement, il arrive que sa maman souffle sur la partie douloureuse ; c'est déjà du magnétisme, et le soulagement obtenu n'est pas une suggestion. Mais le souffle peut être transformé en vibrations par la parole.

• **La parole** - contient une puissance «magnétique» que nous pouvons utiliser en maintes occasions. Sa musique, ses vibrations peuvent rassurer, apaiser, relaxer, éveiller, exciter, inquiéter, convaincre, influencer, etc. Il est très important de «savoir» utiliser la parole lors d'une action de magnétisme et, qui plus est, de sophromagnétisme.

Ainsi, nos «trois diffuseurs» du magnétisme sont en réalité quatre – comme les mousquetaires – par la possibilité d'utiliser le souffle de deux façons différentes : l'expir et la parole.

Un travail sur soi et pour soi

Penser aux autres et agir pour eux ne devrait pas être considéré comme une qualité, mais comme l'une des obligations de la nature humaine qui souvent remplace cet élan par l'égoïsme et la recherche du bien-être aux dépens des autres. Cependant, œuvrer pour le bien et le bonheur des autres exige pour celui qui y consacre tout ou une partie de son temps, un excellent état et un parfait équilibre psychique et physique. Dans le cas contraire, celui qui entreprendrait cette tâche sans s'y être préparé et sans en être capable, serait vraiment présomptueux. Trop présumer de ses possibilités confine parfois à l'orgueil et à la vanité.

Un mystique chrétien, saint Paul, a dit : «La première charité commence par soi-même.» Cette pensée n'est pas égoïste ; elle est réaliste. Elle affirme que pour prétendre aider les autres, il faut tout d'abord se placer soi-même en état de pouvoir le faire. Vouloir aider les autres malgré sa faiblesse n'est pas leur apporter une aide de qualité. Donner son porte-monnaie à celui qui manque d'argent sans avoir pris soin de le garnir, ne peut entraîner qu'un faux espoir. Pour donner, il faut posséder. Quand on possède cette force et cette sérénité, on peut donner fort et longtemps.

Encore faut-il savoir donner. Pensons à l'exemple de saint Martin. À cheval en plein hiver, saint Martin, sur un chemin forestier, rencontre un vieillard presque nu. Il a neigé. Il fait très froid. L'homme est transi, il grelotte ; il ne pourra pas supporter longtemps cette mortelle situation. saint Martin s'arrête, pose son manteau, et d'un coup de sabre le coupe en deux parties égales. Il donne une moitié au vieillard à qui il sauve la vie, il conserve l'autre partie pour lui-même. Ce don était suffisant et il garantissait aussi la vie de saint Martin... Je connais bien des gens qui, par générosité, auraient donné (inutilement pour l'autre) tout le manteau... et peut-être même le cheval.

L'énergie vitale, les forces psychiques qui sont en nous et que l'on désigne sous le nom de magnétisme, sont quasiment inutilisables si elles ne circulent pas. La circulation des énergies chez l'être humain est presque aussi essentielle que la circulation du sang. Les anxiétés, les angoisses, le stress, la peur bloquent la circulation de ces énergies et sont souvent à l'origine de maladies dites psychosomatiques qu'il aurait été possible d'éviter. Pour développer son magnétisme – et celui des autres – il faut faire circuler les énergies. Pour cela, il convient de supprimer ou d'atténuer les blocages.

Certaines personnes sont comparables à une pompe désamorcée dont le tuyau s'enfonce dans un bassin empli d'eau mais qui ne peut en faire monter une seule goutte. Pour réamorcer cette pompe, il est indispensable de verser un peu d'eau ; mais, auparavant, il faut déboucher le tuyau.

Le sophromagnétisme propose un ensemble « d'exercices» sur soi et par rapport aux autres qui utilisent le regard, la parole, les attitudes, le geste, la présence, etc. ... à partir de la maîtrise de ses énergies, à partir de la relaxation. En tout acte de sophromagnétisme, nous partons de cet état serein de relaxation et de décontraction pour parvenir à une concentration qui ne laisse aucune place à la crispation. Nous maîtrisons notre magnétisme que nous amplifions et rendons plus efficace encore par la visualisation et la force de la pensée. Nous pouvons alors l'utiliser pour nous et pour les autres, qu'ils soient près ou loin de nous.

Magnétiser à distance

Les «miracles» du magnétisme sont des possibilités qui appartiennent à chaque être humain. Mais les hommes n'ont pas toujours conscience de ce qui leur est offert et ils s'épuisent en allant chercher bien loin ce qu'ils pourraient facilement trouver en eux-mêmes. Si le magnétisme peut être utilisé pour soi et transmis aux autres, il peut aussi être projeté à distance, vers des buts éloignés, qu'il s'agisse d'êtres humains, d'animaux, de végétaux...

Partant toujours de l'état psychique, physique et mental du sophromagnétiseur, les méthodes utilisées sont saines et n'ont rien à voir avec des pratiques condamnables de pseudo-sorcellerie ou de pseudo-spiritisme qui ne tendent qu'à perturber, voire à détruire, ceux qui les exercent. J'ai été confronté à des cas navrants d'imprudences commises dans ces domaines par des gens qui en ont subi longtemps les dangereuses conséquences. J'ai pu dégager les preuves de ces conséquences sur le magnétisme humain, preuves que vous trouverez dans cet ouvrage. Il est vrai que le magnétisme à distance s'appuie sur la force de la pensée, sur la visualisation, ainsi que sur des «témoins», photos ou autres. Il le fait sans invoquer des puissances surnaturelles, angéliques ou diaboliques. Il maîtrise des techniques qui ont pour base la puissance des énergies subtiles. Ces énergies appartiennent au magnétiseur, elles sont en lui et il sait les maîtriser et les utiliser. Il peut aussi obtenir des résultats spectaculaires en ajoutant à cette puissance celles des «ondes de formes», par la pratique de cette nouvelle science qu'est la «radionique». Nous consacrerons une large place, en fin d'étude, à la possibilité qu'a le sophromagnétiseur de prolonger son action au moyen, par exemple, de la pyramide.

À LA PORTÉE DE TOUS

AUTOUR **de nous, des personnes ressentent comme un appel pour utiliser leur magnétisme pour elles-mêmes en vue d'en apporter les bienfaits aux autres.** Aidons-les tout d'abord à éviter les pièges de l'ignorance qui risquent de les faire s'épuiser pour n'obtenir que de faibles résultats, alors qu'il leur est possible de s'épanouir et d'obtenir en même temps des résultats excellents. Nous avons tous besoin de faire circuler ces énergies qui sont en nous. Elles sont indispensables à notre équilibre psychique et physique. De plus, elles sont susceptibles de participer à notre «Mieux Vivre» et à notre réussite. Il n'est jamais trop tard pour prendre conscience ou pour faire prendre conscience de ses possibilités à tout être humain. Il n'est jamais trop tard pour permettre à la véritable personnalité de se révéler et de s'affirmer, enfin débarrassée de ses blocages. Pourquoi rester faible, ou rester convaincu de l'être, alors que des forces importantes sommeillent en nous ? Elles sont à notre disposition si nous parvenons à les maîtriser et à en commander les multiples effets. Qu'il s'agisse de fluides, d'ondes ou autres, l'essentiel est de ne pas laisser se perdre ce merveilleux cadeau que nous ont offert la nature et son créateur, cette énergie bénéfique que, pour l'instant, on nomme «magnétisme».

Chapitre 2

ÉVOLUTION DES CONNAISSANCES

Le **magnétisme est connu, maîtrisé et utilisé depuis des millénaires.** L'Égypte antique nous l'a révélé par de nombreux documents écrits ou dessinés et par son extraordinaire utilisation des ondes de formes et de la pyramide. La Bible nous confirme cette connaissance qui a été transmise de siècle en siècle mais que le Moyen Âge a volontairement confondu avec les pratiques de magie et de sorcellerie.

Il est vrai que le résultat d'une action de magnétisme, rapproché ou à distance, peut prendre un aspect miraculeux. À cette époque, tout «miracle» ne peut être que l'œuvre de Dieu, d'un saint ou tout au moins d'un homme d'Église. La toute puissante Église Catholique tient fermement le pouvoir et n'entend pas courir le risque de voir s'altérer son prestige et son autorité.

Lorsque, par un acte de «magnétisme», un fait inexplicable se produit – par exemple une guérison – et qu'il est l'œuvre d'un mécréant hors du giron clérical, ce «miracle» ne peut être l'œuvre de Dieu, donc il est l'œuvre du diable.

Le guérisseur, le rebouteux ou le magnétiseur est alors accusé d'avoir pactisé avec le diable et il finit sur le bûcher d'un tribunal de l'Inquisition.

Des milliers de braves gens dont le crime avait été de soigner et souvent de guérir des personnes et des bêtes ont ainsi péri dans les flammes... Au nom de celui qui avait dit «Aimez-vous les uns les autres» et par la volonté de ceux qui prétendaient être ses continuateurs. Il a fallu attendre la deuxième moitié du XVIIIe siècle pour que le magnétisme soit remis à l'honneur par les travaux du docteur Mesmer.

MESMER ET SON BAQUET

CURIEUX personnage que Franz Anton Mesmer né le 23 mai 1734 dans un petit village en bordure du lac de Constance. Au cours de son enfance, il fréquenta l'école assez irrégulièrement, lui préférant l'école buissonnière où il développa son sens aigu de l'observation. À seize ans, il est cependant reçu chez les Jésuites à Dolingen ou il étudie la théologie. En 1759 il obtient le diplôme de docteur en philosophie et en 1766 celui de docteur en médecine.

Il remarqua que lorsqu'il s'approchait d'un chirurgien en train de saigner un malade, l'écoulement du sang se ralentissait pour reprendre lorsqu'il s'éloignait. Il pensa qu'il disposait inconsciemment d'un pouvoir comparable à celui des guérisseurs.

Véritable érudit, il étudia discrètement les sciences souvent interdites : astrologie, alchimie, occultisme et physique.

Il ouvrit d'abord un cabinet à Vienne où il fréquenta assidûment l'Opéra et les concerts. La musique occupait une grande place dans sa vie, et c'est avec talent qu'il jouait du clavecin et du violoncelle. Il s'installa dans une maison luxueuse près du Danube et fit aménager un théâtre de verdure dans le parc. Mozart y joua souvent et leurs relations amicales se resserrèrent lorsqu'ils furent affiliés à la même loge maçonnique.

MESMER

C'est en 1772 que Mesmer commença à appliquer le magnétisme au traitement des malades. Ses recherches mêlaient l'attraction universelle de Newton aux théories de Paracelse sur les liens et les influences de l'univers et du monde intérieur, ainsi que sur les actions de l'aimant.

Il commença ses soins par des applications d'aimants comme devait le faire à Paris en 1880 le professeur Charcot pour soigner les hystériques. L'année suivante, en 1773, il constata que l'attouchement de la main produisait des effets encore plus importants ; et il obtint sa première guérison sur un malade de vingt-neuf ans nommé Oesterline. Il affirma alors avoir découvert l'existence d'un élément scientifique qu'il appela *magnétisme animal* pour le distinguer de l'électricité et du magnétisme minéral dont, disait-il, il était proche mais différent. Pour Mesmer, ce qu'il appelle «le fluide» est une réalité universellement répandue, en partie physique et en partie métaphysique. Il pense que son absence ou sa mauvaise répartition dans le corps donnent naissance à des troubles et à des maladies.

Lorsqu'on lui demande de définir le magnétisme animal, Mesmer le qualifie de sixième sens et s'exprime ainsi :

« Les sens ne se définissent pas ni ne se décrivent... ils se sentent. On essayerait en vain d'expliquer à un aveugle de naissance la théorie des couleurs. Il faut les voir, c'est-à-dire sentir. Il en est de même du magnétisme animal. Il doit en premier lieu se transmettre par le sentiment. Le sentiment peut seul en rendre la théorie intelligible. »

C'est à Paris que Mesmer vint installer son fameux baquet à l'intérieur duquel passait un «fluide magnétique» qui provoquait une «crise» et était capable de guérir. Le succès fut rapide et la gloire également, ce qui entraîna les réactions des milieux scientifiques et médicaux. Par ailleurs, il dut souvent protester contre ceux qui attribuaient une cause surnaturelle à ses guérisons en rappelant que ses cures étaient dues à un agent physique et à la préparation psychique des malades. Sa «psychothérapie» individuelle ou de groupe annonçait la psychanalyse et les futures découvertes de Freud. L'hostilité des autorités «scientifiques» se développa. Ces savants, pour la plupart d'un âge avancé, étaient inaptes à s'instruire. Les faits existaient, c'était irréfutable, mais pour les expliquer, le raisonnement de la science officielle ne pouvait s'y appliquer ; il aurait fallu créer une physique nouvelle. C'était cette remise en cause que redoutaient – comme c'est le cas à chaque époque – ceux qui tenaient à préserver leur place, leur prestige et leurs intérêts.

Précurseur en différents domaines, Mesmer inspira les travaux d'Hahnemann qui à la même époque «inventa» l'homéopathie. Époque riche en découvertes qui sont souvent l'écho d'un savoir très ancien.

Tout d'abord, les travaux d'Hahnemann peuvent être considérés comme une suite aux travaux du grand médecin de la Renaissance qu'a été Paracelse et dont les procédés sont assez obscurs. Comme Paracelse, Hahnemann exige que le remède homéopathique soit préparé de façon que plus la substance est subtile, plus la puissance de guérison intervient. Partant de là, des recherches curieuses ont été faites sur les possibles origines de la doctrine d'Hahnemann : bible, talmud, kabale, astrologie, alchimie, etc.

Tout ce qui avait constitué le savoir de Paracelse. Il ne faut pas oublier que ce n'est qu'en 1985 que les autorités médicales ont reconnu les effets thérapeutiques de l'homéopathie en avouant ne pas pouvoir encore en expliquer le fonctionnement. Aveu fantastique qui va à l'encontre de tous les principes de la science actuelle. Mais il y avait une telle demande du public, et puis l'homéopathie a pris une telle importance économique dans l'industrie pharmaceutique, qu'il devenait difficile de «faire semblant» de l'ignorer. À cet aveu a fait suite une grande controverse dans les milieux scientifiques sur la possible mémoire de l'eau... Ce que les connaissances anciennes affirmaient depuis fort longtemps.

Mesmer connaissait toutes «ces sources». En 1779, dans sa thèse de médecine, Hahnemann recommande le «magnétisme animal» et le «mesmerisme» contre les maux de dents. En 1805, il met en parallèle le magnétisme animal et les théories de sa méthode naissante qui allait devenir l'homéopathie en affirmant que ces deux agents sont semblables. Leur effet et leur puissance viennent de la sensibilité et de la réactivité du corps du malade, sensibilité qui ne se manifeste pas dans un corps sain.

Ces remarques feront que certains médecins du XIXe siècle affirmeront que le magnétisme fait partie intégrante de l'homéopathie. Les occultistes de cette époque iront encore plus loin en précisant que Mesmer et Hahnemann ont œuvré l'un et l'autre « pour l'harmonie à la gloire du Grand Architecte de l'Univers». Il est vrai que Mesmer, qui était réellement médium et croyait fermement aux phénomènes de voyance, était parfois mystérieux, notamment quand il déclarait que certains éléments de sa doctrine sur «l'Harmonie Universelle» étaient secrets et indivulgables. Que fut le secret de Mesmer : médical, mystique, médiumnique ? Il faut certainement chercher parmi les propres déclarations de Mesmer et ses curieuses séances.

Convaincu que la mise en condition de ses malades était un élément important de son traitement, Mesmer, qui excellait dans la «mise en scène» soumettait ses patients à de véritables rites. Certains se rendaient chez lui, 16 place Vendôme à Paris, comme à un spectacle. En habit de soie lilas, il les reçoit dans une vaste pièce dont les lumières sont tamisées et où un fond musical souligne les moments intenses de la séance. Ils s'alignent autour d'un baquet, une énorme cuve en bois entièrement recouverte. De cette cuve sortent des cordes et des tiges de fer. Chaque assistant met en contact la partie malade de son corps avec l'extrémité d'une tige ou d'une corde. Tiges et cordes sont reliées entre elles par une longue corde qui fait le tour. Ils sont serrés les uns contre les autres.

Mesmer lui-même a révélé dans un écrit ce que contient son mystérieux «baquet». «Un baquet est une espèce de cuve ronde, carrée ou ovale, d'un diamètre proportionné au nombre des malades que l'on veut traiter. Des douves épaisses, assemblées, peintes et jointes de manière à pouvoir contenir de l'eau, profondes d'environ un pied, la partie supérieure plus large que le fond d'un ou deux pouces, recouvertes d'un couvercle en deux pièces dont l'assemblage est enchâssé dans la cuve et le bord appuyé immédiatement sur celui de la cuve auquel il est assujetti par des clous à vis ; dans l'intérieur, vous rangez des bouteilles en rayons convergents de la circonférence au centre, vous en placez d'autres couchés dans tout le tour, le cul appuyé contre la cuve, une seule hauteur, en laissant entre elles l'espace nécessaire à recevoir le goulot d'une autre ; cette première disposition faite vous posez dans le milieu du vase une bouteille droite ou couchée, d'où partent tous les rayons que vous formez d'abord avec des demi-bouteilles, ensuite avec des grandes, quand la divergence le permet ; le cul de la première est au centre, son col entre le cul de la suivante, de manière que le goulot de la dernière aboutisse à la circonférence. Ces bouteilles doivent être remplies d'eau, bouchées et magnétisées de la même manière ; il serait à désirer que ce fut par la même personne. Pour donner plus d'activité au baquet, on met un second et un troisième lit de bouteilles sur le premier : mais communément, on en fait un second qui, partant du centre, recouvre le tiers, la moitié et les trois quarts du premier. On remplit ensuite la cuve d'eau à une certaine hauteur ; mais toujours assez pour couvrir toutes les bouteilles ; l'on peut y ajouter de la limaille de fer, du verre pilé et autres corps semblables sur lesquels j'ai différents sentiments. »

D'un pas cérémonieux, l'un des assistants s'approche du baquet et le touche avec une baguette de fer. Avec cette baguette, il magnétise chaque patient en l'effleurant selon la maladie dont il dit souffrir. La musique de plus en plus forte accompagne ce «traitement» – ou ce «rituel» – et participe à une meilleure propagation du «fluide».

Par son baquet, par ses passes magnétiques et par «sa psychothérapie», Mesmer obtient des guérisons dites «miraculeuses» sur des cobayes humains qui sont souvent des aristocrates connus et des savants. Face à la coalition des médecins et des savants ligués contre lui et à la veille des événements révolutionnaires qui vont bouleverser la société française, Mesmer, en disgrâce, se retire dans son pays natal au bord du lac de Constance. En 1812, le roi de Prusse lui propose une chaire à la Faculté de Médecine de Berlin. Il a 78 ans, il est fatigué et il refuse pour se consacrer bénévolement à soigner la population de la région où il vit. Il charge l'un de ses disciples d'enseigner à sa place une science dont les résultats sont reconnus même par ceux qui l'ont combattue. Le «magnétisme animal» a fait une entrée très remarquée sur la scène de la science et de la médecine. Mesmer a accompli son œuvre. Le rideau tombe paisiblement au théâtre de sa vie. C'est en écoutant une musique jouée sur un harmonica qu'avaient fait résonner Mozart et Glüclc qu'il meurt le 1er mars 1815 dans la foi profonde en sa doctrine et en la survivance qu'elle allait connaître. Cette doctrine, il l'avait écrite et publiée en 1779 sous le titre : *Mémoire sur la découverte du magnétisme animal.*

La doctrine de Mesmer

Il en est de la doctrine comme du baquet de Mesmer. On sait qu'ils existent, qu'ils sont à la base des connaissances modernes sur le magnétisme, mais on n'en a souvent qu'une vague idée. Le «Mémoire» est plus célèbre que connu. Je pense qu'il est important de le lire et de le commenter en abordant l'étude du sophromagnétisme.

En l'examinant attentivement, nous allons découvrir qu'il contient bien des éléments prémonitoires ; éléments que Mesmer ne pouvait pas expliquer en 1770, mais qui nous paraissent évidents à la fin du XXe siècle. S'agit-il de prémonition, d'une connaissance transmise par voie occulte ou de voyance ? Est-ce là le mystérieux secret de Mesmer ? Les vingt-sept articles du mémoire n'expliquent pas la thérapeutique de Mesmer qui conserve son mystère. Ce mystère, nous allons essayer d'en percer quelques bribes, ou du moins de pressentir la teneur du secret qu'il s'est efforcé de cacher à ses contemporains. C'est sous l'appellation de «propositions» qu'il a présenté les vingt-sept articles de son mémoire. Nous y trouverons des théories, des idées et des affirmations qui nous seront utiles dans notre cheminement et qui nous aideront à mieux comprendre l'essence de nos futures applications pratiques.

POUR PLUS DE CLARTÉ, J'AI PRIS LA LIBERTÉ D'INTERCALER QUELQUES REMARQUES, OBSERVATIONS OU RÉFLEXIONS PERSONNELLES À LA SUITE DE CHAQUE «PROPOSITION» DU MÉMOIRE DE MESMER.

1. **«Il existe une influence mutuelle entre les corps célestes, la terre et les corps animés.»** Nous pensons à la gravitation universelle, à Newton, mais aussi à une «énergie», à une influence plus subtile que les radiesthésistes évoquent en disant qu'il suffit de frapper un coup de poing sur une table pour faire vibrer une étoile.

2. **« Un fluide universellement répandu et continu, de manière à ne souffrir aucun vide, dont la subtilité ne permet aucune comparaison, et qui, de sa nature est susceptible de recevoir, propager et communiquer toutes les impressions de mouvement, est le moyen de cette influence. »** Au XVIIIe siècle, le mot *fluide* était utilisé en pareil cas.

Aujourd'hui, nous utilisons les mots *ondes* et *énergies*. Il convient de souligner les affirmations d'absence de vide dans l'univers, de la continuité du fluide et de sa subtilité. Nous retrouverons cette idée avec les notions de vibrations en syntonie et d'ondes porteuses lorsque nous travaillerons le magnétisme à distance.

3. **« Cette action est soumise à des lois mécaniques inconnues jusqu'à présent. »** Ces lois sont toujours méconnues pour notre civilisation bien que de nombreux éléments permettent de penser qu'elles furent connues de civilisations antiques qui les maîtrisèrent et les utilisèrent.

4. **« Il résulte de cette action des effets alternatifs qui peuvent être considérés comme un flux et un reflux. »** Effets alternatifs, flux et reflux ; nous penserons à cette quatrième proposition lorsque nous étudierons les effets de ce que l'on appelle «le choc en retour».

5. **« Ce flux et ce reflux est plus ou moins général, plus ou moins particulier, plus ou moins composé, selon la nature des causes qui le déterminent. »** Le reflux se manifeste selon la nature de la suggestion transmise par l'onde porteuse (fluide). Si cette suggestion est acceptée, le reflux (choc en retour) ne se produit pas.

6. **« C'est par cette opération, la plus universelle que la nature nous offre, que les relations d'activité s'exercent entre les corps célestes, la terre et ses parties constitutrices. »** Ce qui est en haut est comme ce qui est en bas.

7. **« Les propriétés de la matière et des corps organisés dépendent de cette opération. »** La matière, comme les plantes, les animaux et les humains, est soumise à ces lois. Nous y reviendrons en magnétisant, par exemple, de l'eau, des galets ou du coton.

8. « **Le corps animal éprouve les effets alternatifs de cet agent et c'est en s'insinuant dans la substance des nerfs qu'il les affecte immédiatement.** » Ainsi, la pensée véhiculée par le «fluide» n'atteint pas le mental, mais s'insinue dans l'inconscient sur lequel elle a un effet immédiat.

9. « **Il se manifeste, particulièrement dans le corps humain, des propriétés analogues à celles de l'aimant. On y distingue des pôles également divers et opposés, qui peuvent être communiqués, changés, détruits et renforcés ; le phénomène même de l'inclination y est observé.** » Le corps humain émet et reçoit du magnétisme et il possède des polarités. Toutes ces particularités sont connues du magnétiseur qui peut les modifier.

10. « **La propriété du corps animal qui le rend susceptible de l'influence des corps célestes et de l'action réciproque de ceux qui l'environnent, manifestée par son analogie avec l'aimant, m'a déterminé à le nommer Magnétisme animal.** » Cette dixième proposition est extrêmement riche. Elle affirme l'influence des corps célestes (lune, astrologie...) et l'action réciproque sur le corps humain des corps qui l'environnent. Consciemment ou inconsciemment, nous donnons du magnétisme et en recevons de nos semblables. Mais nous recevons aussi ce fluide (ces ondes) de tout notre environnement (tellurisme...) et de toutes les formes (ondes de formes, radionique...). Cette proposition est l'une des bases de notre étude, de notre travail et de notre action en sophromagnétisme. C'est pour les raisons qu'il vient d'exposer que Mesmer, par analogie avec le magnétisme terrestre et avec l'aimant, a appelé «magnétisme» cette force vitale qui est en nous et que nous échangeons avec ceux qui sont près de nous, avec ceux qui sont éloignés et avec tout l'univers.

11. «**L'action et la vertu du «magnétisme animal» ainsi caractérisées peuvent être communiquées à d'autres corps**

animés ou inanimés. Les uns et les autres en sont cependant plus ou moins susceptibles.» Nous pouvons communiquer, donc transmettre, notre magnétisme à des êtres vivants, mais aussi à la matière. Les degrés de réceptivité ne sont pas identiques.

12. **« Cette action et cette vertu peuvent être renforcées et propagées par ces mêmes corps.»** Le magnétisme que nous donnons à quelqu'un peut être renforcé par cet être qui pourra à son tour le communiquer. Il en est de même avec la matière.

13. **« On observe à l'expérience l'écoulement d'une matière dont la subtilité pénètre tous les corps, sans perdre notablement de son activité.»** Quel visionnaire ce Mesmer ! Comment «voir» cette matière subtile qui s'écoule et pénètre tous les corps ? À son époque, ce ne pouvait être qu'un ressenti du magnétiseur. Aujourd'hui, j'ai personnellement les preuves que les énergies photographiées par les appareils Kirlian, énergies appelées «Aura», correspondent bien au «magnétisme» que communique, que donne, que transmet le magnétiseur. Dans un chapitre prochain, nous examinerons ces preuves annoncées par Mesmer. Il est à noter que Mesmer précise que cette «matière» pénètre «tous les corps»; donc les êtres vivants comme les corps inanimés : eau, galets... Il utilise le mot matière et non le mot fluide, affirmant que le magnétisme est «matière», ce qui a été confirmé scientifiquement. Nous y reviendrons. Quel visionnaire que ce Mesmer !

14. **« Son action a lieu à une distance éloignée, sans le secours d'aucun corps intermédiaire. »** Contrairement à l'électricité, point besoin de fils pour faire agir le magnétisme à une distance éloignée. C'est «le fluide» qui le transporte ; nous pourrions dire «l'onde porteuse». Donc le magnétisme, nous dit Mesmer, agit à une distance éloignée. Comme il s'insinue dans l'inconscient et que

peut intervenir un «choc en retour», nous nous trouvons confrontés à des pratiques qui, autrefois, auraient été qualifiées de «magie» ou de «sorcellerie». Cette démystification «proposée» par Mesmer ne constitue-t-elle pas l'un de ses secrets qu'il n'aurait pas pu faire admettre par ses contemporains ? Lors de mes conférences, je m'efforce d'informer et de démystifier en ces domaines, et je dois dire que les gens qui viennent m'écouter paraissent convaincus. Cependant, c'est dans la présentation qu'il m'arrive de rencontrer des réticences. Par exemple, lors d'un congrès de naturopathie au cours de l'été 1990, devant parler du magnétisme dans le cadre des médecines parallèles, j'avais choisi pour titre : «Sorcellerie et médecines douces». Sans me prévenir, les organisateurs ont changé le titre car le mot sorcellerie les inquiétait. Et pourtant, la seule différence réside dans le fait que ces pratiques sont naturelles et ne nécessitent pas l'intervention de forces diaboliques. Le Moyen Âge n'est pas si loin !...

15. « **Elle est augmentée ou réfléchie par les glaces comme la lumière.** » Voilà une qualité du magnétisme qui reste à expérimenter. L'un de mes amis radionistes, Roger Nicot, dont nous reparlerons, utilise effectivement parfois des miroirs lors de ses recherches et de ses expériences.

16. « **Elle est communiquée, propagée et augmentée par le son.** » On a vu l'importance de la musique dans la vie de Mesmer et dans ses séances collectives autour du baquet. À notre époque, nous connaissons l'influence des vibrations sur le psychisme humain mais aussi sur les animaux et sur les plantes. Le plus bel instrument de musique que nous a offert le créateur est, je crois, nos cordes vocales. Elles peuvent vibrer de mille façons, elles transportent et amplifient le magnétisme que nous exprimons. Nous insisterons sur le magnétisme de la parole et sur les façons de l'utiliser.

17. **« Cette vertu magnétique peut être accumulée, concentrée, transportée. »** Cette phrase me stupéfie ! Comment, en 1770, Mesmer pouvait-il savoir que le magnétisme pouvait être accumulé, concentré et transporté ? Bien sûr, il pouvait magnétiser de l'eau ou des objets et les transporter ; c'est probable. Mais à notre époque !... La voix, qui est éminemment magnétique, lorsqu'elle est enregistrée, puis reproduite – même à vitesse rapide – et ensuite transportée, contient dans chaque enregistrement tout le magnétisme qui était le sien à l'origine. Ainsi, nos moyens techniques, pressentis par Mesmer, peuvent nous aider lorsque nous devons faire relaxer quelqu'un qui est loin de nous et à qui nous pouvons faire parvenir une cassette enregistrée qui lui transmettra – si nous savons utiliser la parole – toutes les qualités de notre magnétisme.

18. **« J'ai dit que les corps animés n'en étaient pas également susceptibles ; il en est de même, quoique très rares, qui ont une propriété si opposée que leur seule présence détruit tous les effets de ce magnétisme dans les autres corps. »** C'est vrai et chacun de nous l'a constaté ou pourra le constater, il existe des êtres négatifs qui, inconsciemment, «pompent l'énergie vitale», le magnétisme des autres et semblent leur transmettre une énergie négative. J'ai évoqué les cas de «vampirisation» (n'ayons pas peur des mots) constatés entre autres chez des kinésithérapeutes. Il y a également l'influence parfois «maléfique» et destructrice des ondes de formes. Dans un chapitre de ce livre, une place importante est réservée à ces phénomènes qu'il n'est pas permis d'ignorer.

19. **« Cette vertu opposée pénètre aussi tous les corps ; elle peut être communiquée, propagée, concentrée et transportée, réfléchie par les glaces et propagée par le son ; ce qui constitue non seulement une privation, mais une**

vertu opposée positive. » C'est l'ambivalence du magnétisme qui est soulignée. Le magnétisme peut être positif ou négatif selon sa source qui est le magnétiseur. Un magnétisme négatif est tout aussi puissant et actif qu'un magnétisme positif, mais il agit en sens contraire. Aussi – «et, j'insiste» – est-il indispensable qu'un magnétiseur commence par effectuer un profond travail sur lui-même pour ne pas courir le risque – et surtout ne pas faire courir le risque aux autres – de transmettre un magnétisme négatif, ou même neutre, dont les effets pourraient être désastreux.

20. **«L'aimant, naturel ou artificiel, est susceptible du magnétisme animal et de la vertu opposée, sans que son action sur le fil soit altérée; le principe du magnétisme diffère donc de celui du minéral.»** Magnétisme minéral et magnétisme animal sont différents mais peuvent être complémentaires.

21. **« Ce système fournira les éclaircissements sur la nature du feu et de la lumière, ainsi que dans la théorie de l'attraction, du flux et du reflux, de l'aimant et de l'électricité.»** Mesmer annonce que ce «système» fournira les éclaircissements.... A-t-il découvert ces «éclaircissements» ? Nous verrons que le traitement par magnétisme «arrête le feu» (selon l'expression populaire), tout comme le traitement des brûlures par la tradition des «guérisseurs» qui d'ailleurs procèdent à des attouchements **magnétiques**. Nous aborderons plus tard ce que Mesmer appelle l'attraction, ainsi que le flux et le reflux.

22. **« Il fera connaître que l'aimant et l'électricité artificielle n'ont, à l'égard des maladies, que les propriétés communes à une foule d'autres agents, et que, s'il est résulté quelques effets utiles de l'administration de ceux-là, ils sont dus au magnétisme animal.»** Les traitements par l'aimant et l'électricité artificielle peuvent être utiles,

mais leur efficacité est due au magnétisme animal. Il est sous-entendu que le patient qui reçoit ces traitements y ajoute l'effet de son propre magnétisme, et cela consciemment ou inconsciemment. Il est certain que celui qui administre le traitement peut dans les mêmes conditions faire agir son magnétisme. Les deux cas parviennent à amplifier l'action bénéfique d'un traitement médical.

23. **« On reconnaîtra par ces faits, d'après les règles pratiques que j'établirai, que le principe peut guérir immédiatement les maladies de nerfs et immédiatement toutes les autres. »** On ne peut pas être plus affirmatif : le magnétisme peut guérir «toutes les maladies». Mesmer est disposé à établir des règles pratiques, des recettes, pour le traitement des diverses affections. L'incompréhension de ses contemporains a certainement freiné cet élan.

24. **« Qu'avec son secours, le médecin est éclairé sur l'usage des "médicaments" ; qu'il perfectionne leur action et qu'il provoque et dirige les crises salutaires, de manière à s'en rendre le maître. »** Il ne s'oppose pas à la médecine officielle et précise que le magnétisme lui viendra en aide pour le choix des médicaments, pour perfectionner leur action et pour se rendre maître de crises provoquées et dirigées.

25. **« En communiquant ma méthode, je démontrerai, par une théorie nouvelle des maladies, l'unité universelle du principe que je leur oppose. »** Ces propos pouvaient marquer la naissance d'une médecine énergétique occidentale. Qu'est-il advenu de ce projet de communication et de démonstration ? L'unité universelle est aujourd'hui admise avec, entre autres, la théorie du Big-Bang originel. Tout l'univers est né de la libération d'une même énergie... et l'être humain fait partie de cet univers. De différentes façons il reçoit, donne et échange cette force vitale, ce fluide : ce magnétisme.

26. « **Avec cette connaissance, le médecin jugera sûrement la nature et les progrès des maladies, même les plus compliquées, il en empêchera l'accroissement et parviendra à leur guérison sans jamais exposer le malade à des effets dangereux ou des suites fâcheuses, quels que soient l'âge, le tempérament et le sexe. Les femmes, même dans l'état de grossesse et lors des accouchements, jouiront des mêmes avantages.** » Il est à souligner la différence entre le «savoir» et la «connaissance». Mesmer la précise en utilisant ce deuxième mot. Cette connaissance qu'il transmet comme il transmettrait des éléments de la tradition et de l'ésotérisme, Mesmer l'a-t-il reçue lui-même en tant qu'initié ? Son secret réside-t-il aussi dans le fait de divulguer ce qui lui a été révélé en y ajoutant ses propres travaux et découvertes ? Très importante également son affirmation de «ne jamais exposer le malade à **des effets dangereux ou des suites fâcheuses**». Nous pensons aussitôt à ces remèdes ou traitements qui guérissent une affection mais en font surgir d'autres. Quant aux suites fâcheuses, nous les connaissons bien avec les «inconvénients» des anesthésies, alors que, dans bien des cas, des interventions chirurgicales sous hypnose seraient réalisables. L'hypnose est l'une des multiples applications du magnétisme et elle est restée mal connue, entourée de préjugés et d'idées fausses qu'il est encore difficile de faire rejeter. Enfin, Mesmer insiste sur le fait que «le magnétisme animal» peut s'appliquer à tous et dans tous les cas.

27. « **Cette doctrine, enfin, mettra le médecin en état de bien juger du degré de santé de chaque individu et de le préserver des maladies auxquelles il pourrait être exposé. "L'art de guérir parviendra ainsi à sa dernière perfection."** » Mesmer termine en affirmant que par sa doctrine «l'art de guérir parviendra à sa dernière perfection». Auparavant, il précise qu'elle permettra d'éviter les maladies. Le magnétisme est à utiliser également à titre préventif.

DU MAGNÉTISME À L'HYPNOSE

UN disciple de Mesmer, le marquis de Puységur, découvrit le somnambulisme artificiel. C'est en pratiquant des passes magnétiques qu'il eut la surprise de voir ses patients s'endormir et, dans cet état, se trouver doués d'une étrange clairvoyance. Dès lors, toutes les recherches dans le domaine du magnétisme furent concentrées sur les phénomènes spectaculaires de l'hypnose. De multiples controverses naquirent sur cet état que l'abbé Faria appelait «le sommeil lucide». En effet, les patients faisaient preuve non seulement d'une grande lucidité, mais de plus, ils répondaient aux questions qui leur étaient posées.

L'Académie de Médecine nomma plusieurs commissions qui successivement étudièrent ces phénomènes pour aboutir en 1831 à la publication du rapport Husson. Ce rapport, particulièrement volumineux et dont l'établissement dura plus de cinq années, était favorable. Il relatait des faits irréfutables à propos de guérisons. Par exemple, la commission relatait en totalité une intervention chirurgicale sur un cancer du sein pratiquée le 12 avril 1829 sur une personne en état de «somnambulisme». Le texte confirmait l'insensibilité du sujet ce qui permettait d'espérer l'utilisation de cette méthode en chirurgie à une époque où l'anesthésie par chloroforme n'existait pas encore.

Le rapport Husson fut difficilement accepté par l'Académie dont un membre, M. Castel, déclara : «Si les faits présentés sont réels, ils détruiront la moitié des connaissances physiologiques.» Un autre académicien qualifia les résultats de «miraculeux» en demandant une autre lecture du rapport. C'était la confusion, le doute, mais surtout la crainte d'avoir à remettre en question les vérités de l'époque. Le rapport fut classé... et enterré. Mais l'Académie de Médecine avait de la suite dans les idées, à défaut de bon sens et d'honnêteté.

En 1840, ce fut «l'estocade». N'hésitant pas à réfuter l'irréfutable, un long rapport fut publié qui concluait ainsi : « C'est donc et tout simplement la cause du bon sens que nous avons voulu plaider ici. Serons-nous assez heureux pour avoir ainsi débarrassé notre âge de nouvelles erreurs ? C'est le jugement que nous attendrons de ceux qui auront lu, avec quelque attention et impartialité cette "Histoire académique du magnétisme animal".» Les auteurs de ce rapport sont oubliés aujourd'hui où tout ce qui touche au somnambulisme provoqué est entré dans le domaine scientifique.

Malgré ces déclarations officielles, la chirurgie sous hypnose fut pratiquée un peu partout en France. Cependant, l'apparition du chloroforme découvert en 1831 et appliqué à l'homme en 1847 offrait une possibilité rapide d'anesthésie. Malgré sa toxicité pour le cœur et pour le foie, le chloroforme fit abandonner l'anesthésie sous hypnose... Et l'Académie de Médecine se garda bien de s'y opposer. À cette époque, il est beaucoup moins question des traitements par imposition des mains ou par passes magnétiques car «le sommeil magnétique» fait l'objet de la plupart des recherches et des travaux.

Bien des noms seraient à citer tels que *J.P. Deleuze, le baron du Potet, Lafontaine, le docteur Moilin*... Que nous retrouverons pour comparer les différentes méthodes. Un nom important à détacher est celui du chirurgien anglais *James Braid* qui en 1843 révolutionna la science du magnétisme. Il remplaça le mot somnambulisme par celui d'hypnotisme et contribua à faire quelque peu oublier que l'hypnose était issue du magnétisme. Ses travaux furent bien accueillis en Angleterre alors que le somnambulisme était rejeté en France.

Cependant, l'hypnose finit par traverser la Manche et par s'imposer dans les milieux scientifiques français. En 1878, à la Salpêtrière, le docteur Charcot fit sur ce sujet des conférences remarquées. Sa connaissance profonde des maladies

et de technique de relaxation dans le service du docteur Lopez-Ibor, psychiatre renommé et professeur à la Faculté de Médecine de Madrid. L'image de l'hypnose est défavorable en Espagne comme en France. Caycedo, qui est passionné par l'étude de la conscience humaine, veut modifier la terminologie, ce qui, me semble-t-il, ne change pas grand-chose, mais valorise la méthode qu'il commence à créer. Il propose que le mot «hypnose» ne soit plus utilisé en médecine, ce qui contrarie bon nombre de chercheurs et de médecins qui ont publié les résultats de leurs travaux sur «l'hypnose». Il propose le terme «sophropsyché» qui a ses origines dans la Grèce antique. Dans cette civilisation existait la «sophrosyne», un état psychique et physique particulier obtenu par la parole, le chant, la prière. Finalement, il décide de créer un terme nouveau : la «sophrologie». Brûlant alors ce qu'il a adoré, il transforme son département hospitalier d'hypnose clinique en département de sophrologie. Cette évolution est motivée, entre autres, par un légitime souci d'image de marque. Mais aujourd'hui nous entendons dire parfois : «la sophrologie n'a rien à voir avec l'hypnose» !...

En 1960, Caycedo crée l'école de sophrologie dont il précise l'objectif : « La sophrologie doit être une école nouvelle regroupant non seulement les phénomènes appelés hypnotiques, mais aussi les techniques de relaxation : entraînement autogène de Schultz, techniques de Jacobson, etc. ainsi que tous les états voisins où existe, selon nous, un profond dénominateur commun phénoménologique. »

Et la sophrologie ne va pas cesser d'évoluer, incluant aussi des éléments de la méthode Coué. Cette évolution va s'accélérer par le fait que Caycedo devient en Suisse l'assistant de Ludwig Binswanger, psychiatre renommé. Là, il rencontre une jeune française très intéressée par l'Orient et qui pratique le Yoga. Ils se marient et partent pendant deux années en voyage en Inde, Tibet et Japon où ils côtoient de grands mystiques. À son retour, Caycedo s'installe à Barcelone et commence à expérimenter les méthodes que son séjour en Orient lui a inspirées.

Ainsi, la sophrologie est désormais constituée d'un amalgame comprenant ou s'inspirant de : techniques de relaxation (et d'hypnose), entraînement autogène de Schultz, techniques de Jacobson, méthode Coué, Terpnos Logos, Yoga, Zen, résultat d'étude des mystiques des Indes, du Tibet, de Chine et du Japon... Amalgame de génie car la sophrologie donne des résultats très satisfaisants. Il est indéniable que, comme les méthodes de relaxation, la sophrologie est née de l'hypnose et dans l'hypnose... Et l'hypnose est issue du magnétisme.

Les sophrologues, dans leur grande majorité, ignorent le magnétisme et rejettent l'hypnose. Il leur arrive de ne pas être d'accord sur la définition de la sophrologie et trois tendances apparaissent qui peuvent se résumer ainsi :

1. «La sophrologie, c'est l'hypnotisme complété par différentes méthodes.»
2. «Bien sûr, la sophrologie c'est l'hypnotisme, mais il est préférable de changer de nom puisque le mot "hypnose" fait peur.»
3. «La sophrologie est une science entièrement nouvelle qui est fondamentalement différente de l'hypnotisme.» Certains ne manquent pas d'ajouter que la sophrologie n'a rien à voir avec la façon de procéder de Mesmer, puisqu'elle n'utilise pas de baquet. (!)

Il est peut-être utile de répéter la définition de la sophrologie donnée par Caycedo : «C'est une science ou mieux, une école scientifique qui étudie la conscience, ses modifications et les moyens physiques, chimiques ou psychologiques pouvant la modifier, **dans un but thérapeutique, prophylactique ou pédagogique en Médecine.»**

Donc, il s'agit d'une école, d'un enseignement, Logos pouvant signifier étude. La sophrologie concerne le domaine médical et d'ailleurs bon nombre de sophrologues sont des médecins. Beaucoup, mais pas tous.

Bien que la sophrologie tente de se démarquer de l'hypnose, j'ai un de mes excellents amis, actuellement sophrologue réputé et compétent, qui n'a pas une formation de médecin, mais qui possède une formation de psychologue. De plus, il a pratiqué pendant pas mal d'années l'hypnose de théâtre et a même obtenu le titre de recordman du monde d'hypnose.

En France, ce sont les stomatologues et les dentistes qui furent les premiers sophrologues. Les dentistes ont été conscients de l'angoisse née de la douleur subie par leurs clients. La sophrologie calme, apaise, supprime la douleur et crée une nouvelle relation praticien-patient. Parmi ses pionniers, citons les noms de Raphaël Cherchève, que j'ai eu le privilège de rencontrer à Bordeaux en 1986, de M. Motte, de M. Girod, etc.

Toutes ces recherches, toutes ces découvertes agissent dans le cadre de la médecine. Depuis le premier congrès de sophrologie qui s'est tenu en 1970, des évolutions, des progrès, mais aussi des déviations ont été constatés. Le titre de «sophrologue» est revendiqué par certains comme étant leur propriété, ce qui leur permet de le contester à d'autres ; à moins que ces derniers viennent les rejoindre et poursuivent chez eux des études spécifiques ; encore une fois, des querelles de chapelles, des querelles de prestige et des querelles d'intérêts.

Mais fort heureusement, les racines grecques **sos** et **phren** ne peuvent pas se laisser approprier par qui que ce soit. La sophrologie, dont les mérites ne sont pas discutables, évoluera encore. Pour l'instant, elle se trouve dans les mains des professions médicales.

Elle a pour but : «la thérapie, la prophylaxie et la pédagogie... en médecine». Qu'elle renie ou pas ses origines n'est pas notre problème. Comme l'hypnose, elle ne fait pas référence au magnétisme dont les applications médicales ne font aucun doute mais qui va bien au-delà des soins et de la guérison.

De la sophrologie au sophromagnétisme

La connaissance est parfois représentée sous la forme d'un serpent. Cet animal, dont les significations symboliques vont du meilleur au pire, est dessiné depuis des millénaires de différentes façons, depuis le simple trait jusqu'au caducée. Il arrive aussi que le serpent se transforme en cercle lorsqu'il se mord la queue.

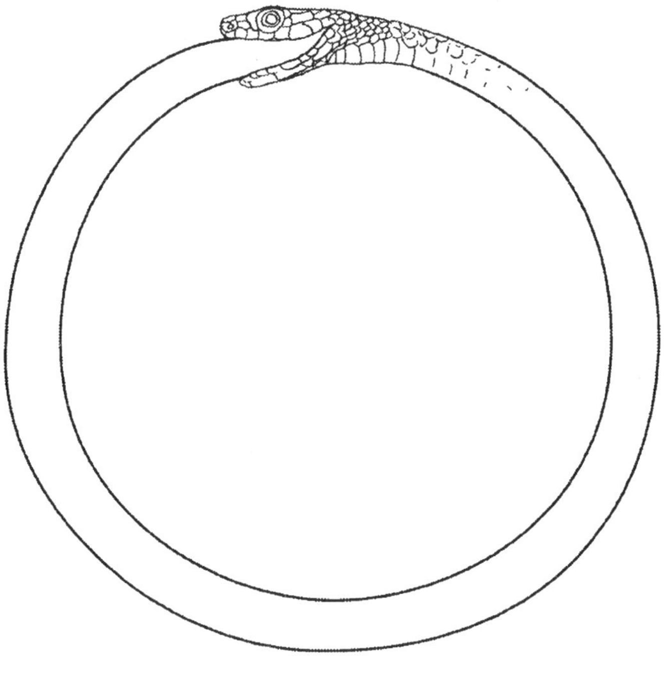

Il devient alors l'Ouroboros qui par sa circonférence représente la manifestation cyclique, le mouvement en continuité et l'éternel retour. Cette forme circulaire crée une rupture avec une évolution linéaire. Le serpent s'enferme dans son propre cycle, le cercle des recommencements, des renaissances et de la perpétuelle répétition. La science de notre époque ressemble à l'Ouroboros lorsqu'elle «redécouvre» ce que la tradition, l'ésotérisme et l'histoire de l'Antiquité nous révèlent comme ayant été connu d'anciennes civilisations.

Le magnétisme fut pratiqué par tous les peuples et tout au long de leur histoire depuis les périodes dites préhistoriques – nous y reviendrons à propos du magnétisme à distance. Gestes et attouchements étaient accompagnés d'une totale confiance du patient envers celui qui le soignait, et de celui-ci par rapport à la réussite de ses soins. Rituels, cérémonies, mise en condition, constituaient une thérapeutique sacrée en Chaldée, en Perse, en Assyrie, en Égypte, puis en Grèce et à Rome. Ce furent ensuite les rebouteux et les sorciers qui soignèrent ainsi, tandis que des «traitements» se perpétuaient dans tous les lieux sacrés, comme les temples de l'antiquité et même dans les églises jusqu'au XVIe siècle.

Les méthodes utilisées comprenaient : imposition des mains, frictions, attouchements, souffle, regard et parole. À ces éléments s'ajoutaient la force de la pensée, la suggestion, l'imagination et la visualisation dans des états de conscience différents, mais toujours dans un état de relaxation créé par la confiance, par la foi.

La notion de miracle d'une part et de sorcellerie diabolique d'autre part, mirent en sommeil ces pratiques qui se réfugièrent dans une semi-clandestinité. Cela dura pendant des siècles. Ce n'est qu'avec Mesmer, après la longue nuit de l'Inquisition, qu'il fut à nouveau question de ces «pouvoirs humains».

Le mot magnétisme, nous l'avons vu, entraîna une foule de chercheurs vers l'hypnose. L'hypnose à son tour engendra la sophrologie qui, avant même d'être adulte, fit un solennel désaveu de paternité en raison de la mauvaise réputation de son géniteur. Cette science «nouvelle» adopte des connaissances spirituelles puisées à de multiples sources, dont certaines annonçaient l'Ouroboros par leur très grande ancienneté.

Il est peut-être temps de boucler la boucle et de revenir à ce magnétisme enrichi des éléments qui autrefois l'accompagnaient et en assuraient la parfaite efficacité. Il est peut-être temps de considérer «le magnétisme» comme une force capable d'autres victoires que celles qu'il remporte sur les affections physiques et psychiques. Il est certainement temps de réunir des éléments épars et qui peuvent paraître hétéroclites pour – comme l'ont fait les pères de la sophrologie – créer un ensemble de méthodes susceptibles d'apporter, outre l'amélioration de la santé, de multiples améliorations concernant l'évolution de l'individu, son épanouissement et sa réussite.

Pour tenter de dépasser les limites du magnétisme pratiqué couramment et pour bien marquer l'étendue de cette méthode, mieux adaptée à l'époque que nous vivons, il m'a semblé utile de composer un mot nouveau qui en souligne la spécificité.

Le SOPHROMAGNÉTISME commence par un travail sur soi-même. C'est en fonction de l'état physique et psychique dans lequel on se place qu'il est possible d'agir utilement pour soi et pour les autres. Cette action est l'aboutissement de connaissances et de techniques qui vont de la relaxation à la pratique de l'influence à distance en différents domaines : la santé par l'équilibre physique et psychique, l'aide à apporter aux autres, le charisme, le développement et l'affirmation de la personnalité, la réussite, etc.

Chapitre 3

LA MISE EN CONDITION

TOUTE **action humaine exige une préparation, une mise en condition.** Nous vivons cette nécessité dans le quotidien et la rejeter peut entraîner de sérieux inconvénients. Cette mise en condition est d'abord personnelle. Il faut être convaincu que l'on est capable d'accomplir ce qui a été prévu, sans fausse modestie, avec une parfaite confiance en soi et une connaissance lucide de ses limites.

Prenons un exemple de la vie courante, se mettre au volant d'une voiture et démarrer : «j'ai confiance en moi car je sais conduire, j'ai de bons réflexes, ma vue est bonne, je n'ai pas sommeil, je ne suis sous l'influence d'aucun excitant ni d'aucun calmant... Par contre, je sais que mes compétences, si elles sont réelles, ont des limites, et je ne me hasarderai pas à conduire un véhicule poids lourd, un semi-remorque, un autobus ou encore une voiture de course de formule un».

Celui qui pratique le magnétisme est conscient de posséder cette énergie et de la maîtriser pour en faire bénéficier les autres. Mais l'autre, celui qui va recevoir cette énergie, est-il en état de bénéficier de toutes les possibilités qu'elle lui offre ? Dans cet échange, le magnétiseur donne et le patient reçoit... ou inversement. La collaboration est nécessaire. La mise en condition du magnétiseur n'est pas suffisante ; il doit s'y ajouter la mise en condition du magnétisé.

Revenons à la comparaison peut-être simpliste mais bien réelle de la conduite d'une voiture : « je suis en condition pour prendre la route, mais mon véhicule l'est-il également ? Sa mise en condition est-elle correcte : carburant, pneus, état mécanique, etc. ? »

Je sais qu'il existe des magnétiseurs qui négligent ces éléments et qui font se succéder dans leur cabinet un patient chaque quart d'heure. Ils peuvent obtenir de bons résultats car il y a dans le magnétisme un effet proprement mécanique. Il peut s'y ajouter la confiance créée chez le patient par la notoriété de ce magnétiseur. Le patient se retrouve dans l'ambiance de précipitation de notre époque avec l'impression de n'être qu'un pion, qu'un matricule. Cette méthode n'est pas la mienne.

Le **sophromagnétisme,** au contraire, établit un climat chaleureux d'apaisement et de compréhension. Magnétiser sans préparation un être anxieux, angoissé ou déprimé équivaut à tenter de faire une piqûre dans un muscle extrêmement tendu sans prendre le temps de l'aider à s'assouplir. La mise en condition d'un magnétiseur ne nécessite pas des exercices astreignants ou compliqués. Elle sera pour lui une source de bien-être s'appuyant sur un équilibre moral, physique et intellectuel. En fait, c'est **une mise en condition pour mieux vivre.** Elle dépasse la pratique du magnétisme et se répercute dans toutes les circonstances de la vie. Pour le magnétisé, c'est un apaisement, c'est la découverte de sa véritable personnalité, la naissance et le développement d'une réelle confiance en soi et le départ dans une évolution positive.

Comment prétendre soulager des gens stressés, déprimés ou anxieux pour des causes physiques ou psychiques si l'on n'est pas soi-même dans un état convenable d'apaisement et de sérénité ? La façon de vivre y contribue. L'agitation désordonnée, les émotions fortes et répétées, les passions qui vont jusqu'à l'obsession altèrent la qualité du magnétisme chez l'émetteur. Si celui-ci est excessivement fatigué, si ses digestions sont lourdes, s'il ne peut chasser de ses pensées les problèmes qui l'assaillent, il est préférable qu'il s'abstienne de toute action de magnétisme. L'équilibre physique, psychique et intellectuel est absolument indispensable.

Cela n'implique pas une vie de privations et de contraintes. Il convient de vivre sainement selon sa personnalité et son tempérament. On peut user de tout, mais n'abuser de rien. Par exemple, si le tabac et le café sont déconseillés, il n'est pas interdit de consommer raisonnablement du vin au cours des repas. Jésus nous en a donné l'exemple plusieurs fois. N'a-t-il pas changé l'eau en vin aux noces de Canaa ? Ce breuvage de convivialité, la plus hygiénique des boissons selon Pasteur, ne doit pas altérer tant soit peu nos facultés. Quant à la consommation de viande, c'est un choix personnel. Je préconise de ne pas en abuser en regrettant que certains végétariens tentent d'imposer leurs convictions en affirmant qu'il est indispensable d'être végétarien pour pratiquer le magnétisme. Je sais qu'il n'en est rien et j'en ai eu de multiples preuves. Parmi leurs arguments, il leur arrive de citer des personnages célèbres qui étaient végétariens et qui, dans leur ascèse, pratiquaient le magnétisme. Ils oublient de préciser que ces personnages pratiquaient aussi la chasteté. L'élévation spirituelle n'est pas à confondre avec la sainteté. Faire un travail sur soi ne consiste pas à imiter tel ou tel mystique. Se mettre en condition, c'est se préparer à mieux vivre, à être «bien dans sa peau» afin d'en profiter et d'en faire profiter ceux que nous aimons.

Si nous appliquons quelque peu la petite phrase qui devrait être à la base des valeurs de notre civilisation dite chrétienne : «Aimez-vous les uns les autres», nous avons un vaste champ d'action qui s'offre à nous. Alors, n'oublions pas cette autre petite phrase : «La première charité commence par soi-même» et commençons par nous mettre en condition afin de ne pas courir le risque d'apporter aux autres notre faiblesse, ce qui serait décevant pour eux comme pour nous. Hygiène physique et alimentaire ne suffisent pas, il est un autre élément indispensable qui pourrait être qualifié d'hygiène psychique. Cela consiste à cultiver les pensées positives et à neutraliser puis à rejeter les pensées négatives. Dans le chapitre traitant de la «force de la pensée», nous verrons comment de récentes découvertes confirment un très ancien savoir (Ouroboros) et révèlent les conséquences possibles et inquiétantes de la force de la pensée.

★ ★
★

Nous sommes tous confrontés à des difficultés, à des événements plus ou moins contrariants et nous réagissons différemment. Il arrive que l'événement lui-même ait moins d'impact que la façon de le vivre. Il m'a été donné de recevoir des mères de famille pour qui le fait d'avoir laissé verser le lait du petit déjeuner prenait des proportions anormalement importantes et devenait le drame de la journée. Efforçons-nous de donner à chaque chose de la vie quotidienne sa vraie valeur, pas plus.

C'est un «entraînement» qui, petit à petit, permet de parvenir à une autre façon de vivre, plus calme, plus sereine. Il ne s'agit pas de refouler sa sensibilité et de la remplacer par de l'indifférence. Il s'agit de prendre conscience de la réaction émotionnelle, de la maîtriser et d'examiner la situation avec calme et lucidité. Qu'il s'agisse d'un choc émotionnel brutal ou d'une difficulté qui engendre une anxiété permanente, il est regrettable de ne se rendre compte que plus tard, avec le temps ou après avoir dépassé la difficulté, que finalement cela était moins important ou moins lourd de conséquences par rapport à la crainte qui s'était imposée. Il suffit de réagir positivement, immédiatement.

Pour cela, maîtrisez votre spontanéité habituelle. Respirez profondément, pensez à vous, à votre santé, aux risques que le stress ou la colère vous font courir, et examinez la situation sans précipitation.

N'OUBLIEZ JAMAIS LES CONSÉQUENCES RÉELLES QUE PROVOQUE UN CHOC ÉMOTIONNEL SUR VOTRE ORGANISME :

- Accélération du rythme cardiaque.
- Augmentation de la tension artérielle.
- Rétrécissement du calibre des artères.
- Augmentation de la contraction musculaire.
- Accélération du rythme respiratoire.
- Déclenchement de la transpiration.
- Ralentissement des contractions intestinales.
- Sécrétion d'adrénaline.

Des chocs émotionnels répétés entraînent des retentissements fonctionnels et ensuite des lésions organiques. Ces troubles psychosomatiques déclenchent des maladies dont tout organisme humain est porteur à l'état latent ou aggravent les maladies existantes. Que de gens en bonne santé, mais qui vivent pendant des années stressés, anxieux, angoissés ou déprimés, finissent par «se fabriquer» un ulcère d'estomac, une sinusite ou pire encore.

On entend dire qu'une «émotion forte», heureuse ou malheureuse, est un «coup au cœur». En fait, elle est ressentie au niveau du plexus, là où se trouve un chakra que nous utiliserons souvent en magnétisme. Ce chakra central est comme une «porte psychique ouverte sur l'extérieur». Par ce chakra, nous donnons et surtout recevons le bon comme le mauvais. N'attribuons aux événements que nous vivons que l'importance qu'ils méritent, pas davantage.

Ces événements sont aussi constitués de tous nos actes, même les plus insignifiants. Soulever un crayon ou une casserole nécessite en fait peu d'effort. Combien de personnes font ce simple geste en dépensant autant d'énergie que si ces objets pesaient plusieurs kilos ? Que de ménagères manipulent leur balai ou leur aspirateur avec force et précipitation, gaspillant ainsi leur énergie physique et psychique et créant un terrain favorable à l'énervement, à la crainte de ne pas avoir terminé à l'heure prévue, puis de là à l'anxiété, à l'angoisse et à l'état dépressif. Mieux vaut agir calmement en pensant à des éléments positifs de la vie. «Siffler en travaillant» ou chantonner est une bonne recette qui peut neutraliser les pensées négatives.

C'est là le début de la mise en condition du magnétiseur et c'est ce qu'il «enseignera» ensuite aux personnes qu'il recevra, dans les conversations apaisantes qui marqueront le début de ses séances de sophromagnétisme. Pour parvenir à ces résultats, pour maîtriser ses émotions et ses pulsions, le premier travail à effectuer consiste à savoir se relaxer. Il ne faut pas confondre repos, défoulement et relaxation. Se détendre ou remplacer le travail par le loisir ne constituent pas une relaxation. Il suffit d'être anxieux ou dans un état quelque peu dépressif pour que détente et loisir contribuent à entretenir ces tendances négatives. La relaxation est un élément capital dans la mise en condition du magnétiseur et du magnétisé.

Le premier contact

Les occasions de magnétiser sont nombreuses et parfois imprévues. Cela peut aller de légères migraines ou névralgies dues au rythme imposé par la façon de vivre, jusqu'au fait de recevoir en cabinet des personnes souffrant de divers maux. Dans les premiers cas, il s'agit de gens que nous connaissons, de membres de notre famille ou d'amis. Nous agirons en fonction de l'âge, du caractère et du tempérament.

Mais, lorsque nous recevons «un patient» qui nous est inconnu, nous devons créer tout de suite une réelle «mise en confiance». Elle commence au moment où nous ouvrons notre porte, car la première impression influencera la réceptivité que nous devons obtenir. Le premier élément aura été de nous mettre en état de détente et de sérénité.

Trois autres éléments sont importants pour mettre à l'aise le visiteur :

- Notre regard franc et direct. Ce sont les yeux qui révèlent la personnalité. Ils sont vus en premier, tandis que la qualité du regard est fortement ressentie.
- La tonalité et le débit de notre parole lors de cet accueil.
- L'action de notre charisme s'appuyant sur le magnétisme du regard et de la parole.

Dès les premiers instants, nous avons agi déjà par magnétisme : regard, parole et charisme. Tout cela s'obtient, se travaille et se développe en fonction des qualités naturelles et des exercices appropriés que nous détaillerons plus loin. Le climat est créé. Nous sommes en face de notre visiteur dont l'apaisement s'accentuera. Nous l'écoutons, sans le gêner par des questions trop nombreuses ou embarrassantes. Nous évitons de l'interrompre. Nous le persuadons qu'il est écouté sincèrement, qu'il est compris et qu'il va être aidé. Quel que soit son problème, physique ou psychique, il a besoin de se confier et d'être compris. Il est indispensable qu'il ressente que cette compréhension existe, sans jugement et sans préjugés. Ainsi, sa personnalité se révèle et nous pouvons moduler notre comportement selon cette personnalité.

Notre écoute entraînera des réponses que nous formulerons en fonction de :

- **Son caractère et sa situation psychique :** État dépressif, anxiété, timidité excessive, manque de confiance en soi, agressivité, désespoir, etc.

- **Son niveau d'instruction et de culture :** Langage simple et à sa portée ; des images, des comparaisons, des symboles pourront être trouvés selon «ses goûts» (arts, sports...)
- **Ce qu'il est venu demander :**
Guérison physique ou psychique (souvent les deux) ; être rassuré sur lui-même et sur son devenir.

Les cas sont différents, mais au fil de notre expérience, il nous sera possible d'établir des types, des séries. Les résultats que nous obtiendrons nous guideront au fur et à mesure. N'oublions pas que créer chez le visiteur cette confiance en nous le conduira à avoir confiance en lui-même. Il me paraît utile de constituer chaque fois un petit dossier dans lequel seront notés les dates des séances, leurs résultats, leur durée, ainsi que des observations et des appréciations.

Des cas extrêmes se présentent parfois. Parmi ceux-ci je citerai la personne suicidaire et celle qui est persuadée qu'elle est «envoûtée». Notre principe d'action étant d'aider l'autre à «se prendre en charge», nous éviterons d'accepter de «le prendre en charge». Cette deuxième solution est souvent celle que souhaite celui qui croit ne plus pouvoir s'assumer, c'est-à-dire s'accepter tel qu'il est. Il arrive qu'un individu perde la notion de ce qu'il est et de ce dont il est capable, alors que sa personnalité profonde n'est pas détruite, mais qu'elle sommeille en lui. Il n'accepte pas celui qu'il est devenu et qu'il croit être celui qu'il est. Nous l'aiderons à se retrouver ou même à se trouver si depuis son enfance des événements ou l'éducation qu'il a reçue ne le lui ont pas permis. En pareil cas, il sera parfois indispensable d'assurer une prise en charge au départ, en restant conscient des risques que cela représente.

Ces risques sont les suivants :

- Laisser somnoler la volonté de l'autre.
- Être pris par lui pour un «gourou», surtout lorsque les résultats positifs se manifestent.

- Être envahi dans sa vie privée par un être qui ne sait plus rien entreprendre, dans les moindres actes de la vie, sans solliciter une visite ou une conversation téléphonique.

Il faut aussitôt que possible l'aider à se prendre en charge en lui donnant confiance en lui. Nous pourrons agir lors des séances de relaxation qui seront parfois très proches du sommeil hypnotique, pour lui suggérer cette confiance.

La communication

Revenons **à notre première conversation.** Le climat de confiance est installé. L'autre a parlé d'autant plus facilement qu'il a ressenti qu'il était écouté et compris. Notre méthode diffère de certaines autres par le fait que nous ne nous déroberons pas pour engager avec lui le dialogue qu'il souhaite et qui lui donnera les réponses qu'il attend. De parler l'a soulagé. En parlant, il a révélé les arguments qui le convaincront. La décrispation est entamée. Notre magnétisme va s'amplifier, toujours par le charisme et la parole. Il sera alors utile de connaître et d'appliquer quelques règles de communication. Ces règles sont constituées de quatre facteurs importants : l'originalité, le désir, la clarté, le talent que j'appellerai charisme.

L'originalité

Les arguments développés ne doivent pas être constitués par des «clichés» que le patient risque d'avoir entendus trop souvent. L'originalité pourra naître dans la compréhension de sa personnalité profonde. Il conviendra de partir des idées qu'il a lui-même exprimées pour l'amener peu à peu à nos propres idées. Le contrer directement serait courir le risque de le braquer et d'hypothéquer la suite des relations.

L'originalité éveille l'attention. Prenons l'exemple de la personne qui se croit envoûtée. Je précise bien «qui se croit envoûtée». Car, s'il est vrai que l'influence néfaste sur les autres existe et que l'envoûtement n'est pas une fable, il est tout aussi vrai que l'envoûtement est quelque chose de rare car il représente autant de danger pour celui qui le pratique que pour celui à qui il est destiné. Nous y reviendrons.

Cette personne qui subit des événement fâcheux, reçoit habituellement l'une ou l'autre des réponses suivantes lorsqu'elle déclare qu'elle est envoûtée.

- On lui répond que c'est son imagination qui travaille, qu'elle est dans un état mental perturbé, qu'elle devrait se faire soigner en psychiatrie, etc.
- D'autres, au contraire, lui confirment cet envoûtement. Cette confirmation provoque un auto-envoûtement dont ils profiteront pour lui soutirer les sommes qu'ils diront être nécessaires pour la «désenvoûter».

Nous devons agir prudemment, sans nier son envoûtement mais sans le lui confirmer. Nous lui dirons que nous comprenons ce qu'elle subit et que nous savons ce qui doit être fait pour l'en débarrasser.

Nous procéderons bien sûr à nos séances de sophromagnétisme en y incluant une mise en condition supplémentaire, telle que la mise en évidence d'une bougie allumée.

Ainsi, nous n'enfoncerons pas cette personne dans son état d'auto-envoûtement et nous la sortirons de l'engrenage de l'exploitation par les spécialistes du déclenchement de ces auto-envoûtements.

L'originalité est possible avec des éléments très simples. Pour nous, elle pourra être le fait d'expliquer comment nous allons procéder.

Dans cette communication, notre perspicacité nous fera évoluer entre deux pôles opposés qui sont :

- La facilité de compréhension.
- La difficulté de compréhension.

Il conviendra de les concilier dans de justes proportions. Pour certains, tout doit être simple, et les faire réfléchir les rebute. Pour d'autres, au contraire, la simplicité correspond à la banalité. Ainsi, nous trouverons plusieurs façons pour dire, par exemple, ce qui va être fait dans cette première séance et comment cela sera fait. Il sera tenu compte du fait que l'intéressé peut connaître ce qu'est une relaxation. Il sera utile de s'en informer.

Le désir

Le **patient est amené à désirer en savoir plus.** S'il pose des questions, il ne faut surtout pas les éluder. Plus le dialogue est riche, plus le patient se détend et prépare une meilleure relaxation. Il en vient à «désirer» l'application de la méthode qui lui est décrite et proposée. Cette persuasion est d'autant plus facile qu'il a déjà fait la démarche de venir. Mais attention, qui peut dire ses motivations, ses doutes et ses craintes ? Il arrive qu'un patient soit intéressé, curieux, mais peu motivé ; tel celui qui est venu sur les conseils ou sous l'influence d'une autre personne.

La clarté

« Ce qui se conçoit bien s'énonce clairement... » : Malgré «l'originalité» et «le désir», il se peut que le message ne passe pas. Ce message est porté par la parole et cette parole est constituée de multiples éléments que nous devons maîtriser.

La clarté du langage consiste à exprimer des idées précises, simples, compréhensibles et à la portée de celui qui écoute. Sans le manifester avec insistance, il s'agit de persuader. Il est important de ne jamais oublier que la persuasion est à base de répétitions. Les répétitions sont sans cesse employées en publicité pour imprimer progressivement et insidieusement la mémoire de l'auditeur ou du lecteur avec des messages qu'il n'a pas conscience d'avoir retenus, compris et acceptés. Il est bon d'imager le discours par des exemples et des anecdotes qui le rendent plus vivant. Ces exemples et anecdotes sont à choisir en fonction de la personnalité de l'auditeur.

La clarté est liée à la construction de phrases qui doivent être assez courtes et pas hésitantes.

Le choix des mots est particulièrement important. Le mot atteint celui qui l'entend bien au-delà du sens qui est habituellement attribué à ce mot.

Je pense qu'il existe une véritable «magie des mots». La connaître est un élément essentiel dans nos relations avec les autres.

Les mots ont plusieurs sens. Tandis qu'un sens s'adresse au mental, inconsciemment nous ressentons une autre signification qui peut être liée au symbolisme ou encore à la musique des syllabes qui composent ce mot. Chaque mot écrit est aussi un dessin qui vibre en harmonie avec les nombres qu'il contient.

Une puissance souvent insoupçonnée est contenue dans chaque mot écrit ou prononcé, mais surtout prononcé en ce qui nous concerne.

★ ★
★

La magie des mots

J'ai essayé d'aborder cette «magie des mots». Je me permets de vous communiquer quelques réflexions sous la forme de tableaux que vous découvrirez sur les pages suivantes. Ils m'ont été inspirés par mes observations et mes recherches personnelles lors de mes conversations, cours, séances de relaxation, conférences et autres expériences. Mes multiples contacts avec le public dans des domaines très différents m'ont également fourni des éléments intéressants.

Les mots d'une phrase n'ont pas tous la même importance. La mise en valeur du mot essentiel est plus facile par la parole que par l'écriture. Un mot renferme plus de sens que ceux qui l'entourent. Ce mot est l'expression de l'idée principale. Dans l'étude de la parole, nous verrons comment nous pourrons la valoriser. Ce sera une aide précieuse en sophromagnétisme où la parole occupe une place importante.

LE PREMIER TABLEAU : concerne les différents sens d'un mot selon la façon dont le «ressent» consciemment ou inconsciemment celui qui le reçoit. Je trouve là quatre éléments plus un cinquième qui en est la quintessence. Dès lors, le symbolisme et les nombres se marient avec tout ce que contient le mot dont la richesse nous est révélée.

LE DEUXIÈME TABLEAU : constitue un exemple d'étude d'un mot. J'ai choisi celui qui désigne ce que nous souhaitons approfondir, le mot «MOT», au singulier et au pluriel. Ces quatre lettres sont en relation avec des nombres, et ces nombres correspondent aux vingt-deux lames majeures du Tarot. Le cheminement de cette étude et son aboutissement nous révèlent des correspondances et des liens particulièrement intéressants.

LES SIGNIFICATIONS DU MOT QUATRE ÉLÉMENTS + SYNTHÈSE (QUINTESSENCE)	
1 SENS EXOTÉRIQUE	D'APRÈS LA GRAMMAIRE, L'ÉTHYMOLOGIE, LA TRADITION ET L'ÉVOLUTION DU LANGAGE.
2 SENS ÉSOTÉRIQUE	SENS NON APPARENT QUI PEUT PRENDRE NAISSANCE DANS LE SYMBOLISME, DANS UNE TRADITION INITIATIQUE OU DANS NOTRE PROPRE INTUITION.
3 SENS VIBRATOIRE	OU SENS MUSICAL, D'APRÈS LA MUSIQUE DES SYLLABES DONT CHACUNE EST UNE NOTE SUR LA PARTITION DE LA PHRASE. LE DESSIN QUE CONSTITUE UN MOT ÉCRIT VIBRE ÉGALEMENT AVEC LES NOMBRES QUE CE MOT REPRÉSENTE.
4 SENS SPÉCIFIQUE	PAR RAPPORT AU CONTEXTE DU DISCOURS : SUJET TRAITÉ, PHILOSOPHIE DE L'AUTEUR...
5 INTERPRÉTATIONS PROFONDES	EN FONCTION DES QUATRE ÉLÉMENTS QUI PRÉCÈDENT.

LA MAGIE DES MOTS

M = 13 = 4	13	RENOUVELLEMENT CYCLIQUE. LE LANGAGE UTILISE UNE SUCCESSION DE MOTS.
	4	FORCE, PUISSANCE MATÉRIELLE PAR LES VIBRATIONS DE LA VOIX ET LE DESSIN DE L'ÉCRITURE.
O = 15 = 6	O	LE O CONCILIE LE MATÉRIEL ET LE SPIRITUEL.
	15	L'INFLUENCE DU MOT EST DÉTERMINANTE POUR DES ÉVÉNEMENTS OU DES RÉALISATIONS CONCRÈTES ET MATÉRIELLES.
	6	CETTE CONCILIATION ENTRAÎNE LA NÉCESSITÉ DE CHOISIR, CAR LE MOT A NÉCESSAIREMENT PLUSIEURS SIGNIFICATIONS ET FONCTIONS.
T = 20 = 2	T	LE T SOULIGNE L'AMBIVALENCE MATÉRIEL, SPIRITUEL EN PLAÇANT CE DERNIER (TRAIT VERTICAL) AU-DESSOUS. APPAREMMENT, LE SPIRITUEL N'EST PAS TOUJOURS AU PREMIER PLAN.
	20	C'EST LE GRAND TOURNANT QUI LIBÈRE L'ÊTRE HUMAIN DE LA VIE MATÉRIELLE. LE MOT EST TERMINÉ. C'EST LA PRISE DE CONSCIENCE.
	2	CETTE PRISE DE CONSCIENCE MET EN ÉVIDENCE LA DUALITÉ ET L'AMBIVALENCE AUTANT DE LA SIGNIFICATION DU MOT QUE DE L'ÊTRE HUMAIN (HOMME : ESPRIT ET BÊTE, ANGE ET DÉMON...).
48 = 12 = 3	48	LE 4 : PUISSANCE DU MOT JUSQU'À L'INFINI : ∞
	12	LES MOTS FORMENT DES PHRASES, MAIS CHACUN EST À LA FOIS INDÉPENDANT ET CONSTITUE UNE PARTIE INTÉGRANTE DANS L'INTERDÉPENDANCE DES ÉLÉMENTS DE CETTE PHRASE. UN TEMPS D'ARRÊT SUR CHAQUE MOT EST INDISPENSABLE POUR SA COMPRÉHENSION ET LA COMPRÉHENSION DE LA PHRASE.
	3	LES ÉLÉMENTS PRÉCITÉS PERMETTENT LA RÉALISATION DU MOT ET DE LA PHRASE.
S = 19 = 10 = 1	19	C'EST UN TOURNANT APRÈS L'ABOUTISSEMENT, L'ACHÈVEMENT D'UNE CRÉATION. C'EST UNE "LIAISON" ENTRE LE MOT QUI SE TERMINE ET CELUI QUI SUIT.
	1	LES ÉLÉMENTS SONT EN PLACE. LE MOT EST JEUNE ET ACTIF MAIS IL PEUT CACHER SA VRAIE SIGNIFICATION COMME LE BATELEUR CACHE LA RÉALITÉ.
	9	ABOUTISSEMENT AVANT UN NOUVEAU CYCLE (DES UNITÉS NOUS PASSONS AUX DIZAINES).
	10	LA ROUE TOURNE ET CONCRÉTISE CE MOUVEMENT PERPÉTUEL D'UN MOT À L'AUTRE, MOUVEMENT QUI CONSTITUE UNE ÉVOLUTION.
67 = 13 = 4	6	TOUJOURS DES CHOIX : RIEN N'EST ABSOLU, RIEN N'EST DÉFINITIF ; C'EST À NOUS DE TROUVER.
	7	LE MOT, C'EST "LE VERBE". IL EST SACRÉ, IL EST DIVIN. SOUFFLE DU CRÉATEUR, IL EST À NOUVEAU CRÉÉ PAR CELUI QUI LE PRONONCE OU QUI L'ÉCRIT. REFLET DE SON IMAGE, IL PART POUR UN VOYAGE SANS FIN.
	13	13 ET 4. TOUT RECOMMENCE AVEC FORCE.

Chapitre 4

LA RELAXATION

La relaxation réalise le relâchement et la réduction d'une tension mentale et psychique due à un état permanent ou accidentel. Elle détend le tonus musculaire en donnant à tout l'organisme une sensation agréable de repos. Se relaxer est nécessaire pour toute personne qui par tempérament vit constamment dans la crainte, dans l'anxiété ou dans un état dépressif. C'est très utile également pour celle qui vient de subir une agression psychique : émotion, frayeur, trac... La relaxation peut se pratiquer à titre préventif, par exemple lors de la préparation d'un examen ou d'une compétition.

Il existe de nombreuses méthodes de relaxation, des plus simples aux plus compliquées. Nous nous arrêterons à celles dont j'ai constaté maintes fois les excellents résultats dans l'exercice du sophromagnétisme.

Il s'agit d'une double relaxation : celle du magnétiseur et celle du magnétisé. En ce qui concerne le magnétisé, le magnétiseur le guidera dans sa séance de relaxation qui pourra être différente en fonction de l'état du patient et du but à atteindre. Quant au magnétiseur, il devra savoir parvenir par lui-même à ce parfait état de relaxation.

Il en est parfois de la relaxation comme de la prose, certains la pratiquent sans le savoir. Se calmer, apaiser sa nervosité, récupérer rapidement ses forces, sa lucidité et son tonus est chose facile pour certains et quasiment impossible pour d'autres. Nous connaissons tous le cas de Napoléon Ier qui, fatigué physiquement et psychiquement, parvenait à retrouver toutes ses forces et toutes ses facultés mentales et intellectuelles au cours de ses campagnes en se retirant une heure sous sa tente, alors que ses généraux n'obtenaient le même résultat qu'après plusieurs heures de sommeil. Nous pouvons tous «récupérer» rapidement et nous pouvons aussi permettre aux autres de connaître cet état qui n'est pas réservé à des gens «doués» ou «initiés».

COMMENT GUIDER UNE RELAXATION

De même que Mesmer affirme que les sens ne se décrivent pas, il me paraît quelque peu délicat de prétendre décrire une séance de relaxation. La meilleure méthode serait d'être témoin d'une telle séance et ensuite de la commenter. C'est ainsi que je procède dans mes stages afin que l'importance de la parole et des actes de magnétisme soient mis en évidence.

■ **LES QUATRE CONDITIONS.** Afin d'obtenir le meilleur résultat possible, quatre conditions doivent être réunies. Elles concernent : le confort, le calme, la température et l'éclairage.

■ **LE CONFORT.** Le patient est étendu sur un lit souple et pas trop étroit. Sa tête est au nord et ses pieds au sud. Il a dégrafé son col ainsi que son pantalon et posé sa cravate. S'il s'agit d'une femme, elle a posé ses boucles d'oreilles et ses bracelets et éventuellement défait ses cheveux. Rien ne doit constituer une gêne. Il suffit d'un vêtement étroit ou d'une mauvaise position pour que l'état de relaxation en augmente l'importance et en soit perturbé.

■ **Le calme.** Certains bruits sont supportables, tandis que d'autres sont à éviter. Des bruits réguliers tels que ceux de la circulation ou d'une conversation sans éclat de voix seront peu perçus par le patient. La parole de celui qui guide la relaxation les lui effacera en grande partie. Par contre, les cris et les bruits qui interviennent brutalement avec force comme le fait une sonnerie de téléphone risquent d'interrompre les effets de la relaxation. Il est indispensable de débrancher le téléphone au moins dans la pièce où a lieu la séance.

■ **La température.** L'état de relaxation rend particulièrement sensible au froid ou à l'impression d'avoir froid. Il est donc utile de prévoir dans la pièce une température supérieure à la normale. Le patient ayant quitté quelques vêtements (veste, pull, chaussures...), il peut être nécessaire de placer une couverture au moins sur ses jambes, jusqu'aux genoux. Il sera bon de faire remarquer au patient que toutes les précautions ont été prises pour qu'il ne ressente pas le froid.

■ **L'éclairage.** La pièce n'est pas plongée dans l'obscurité, mais il doit régner un éclairage doux, faible et indirect. Une lumière trop vive indisposerait le patient en fin de séance.

Ces quatre conditions étant remplies, la séance de relaxation peut commencer. Elle sera un monologue quasiment ininterrompu, dit d'une voix monocorde et grave mettant en valeur des syllabes ou les sons **an**, **on**, **ou**, **oun** domineront, tandis que les **i** seront peu fréquents. Le débit sera lent et régulier et si possible en harmonie avec le rythme de la respiration du patient. Les répétitions seront nombreuses et convaincantes. Pour cela, la force de la pensée s'appuiera sur la visualisation. Le sophromagnétiseur visualise ce qu'il décrit ; il y pense fortement et ne pense qu'à cela.

À titre d'exemple, voici comment peut être guidée une première séance. J'insiste sur le fait que les phrases utilisées ont moins d'importance que la façon dont elles sont prononcées. À mon sens, il est indispensable d'avoir vécu une telle séance en tant que patient et puis d'entendre quelqu'un guider une relaxation, ne serait-ce qu'avec un enregistrement de la voix.

Les éléments qui vont intervenir sont : le rythme de la respiration, la description de la détente du visage, la lourdeur, la chaleur, la visualisation de la respiration, la récupération et le retour à l'état de veille.

Chaque séance peut être modulée selon la personnalité du patient, son état de santé et son psychisme. Une progression est établie d'une séance à l'autre et les visualisations proposées varient au fur et à mesure.

PREMIÈRE SÉANCE DE RELAXATION

LE PATIENT EST ALLONGÉ ET LES QUATRE CONDITIONS SONT REMPLIES. VOICI CE QUI PEUT LUI ÊTRE DIT :

« Vous êtes installé confortablement. Rien ne vous gêne, rien ne peut vous gêner. Vous êtes confortablement allongé, les bras le long du corps, bien détendus, sans aucune tension. Tout votre corps s'étale calmement. Vous fermez les yeux et vous respirez lentement... Vous respirez lentement... Votre respiration est régulière, lente, naturelle... Vous respirez lentement... »

LÀ, VOUS OBSERVEZ LE RYTHME DE LA RESPIRATION POUR RÉGLER LE RYTHME DE VOS PAROLES.

« Inspirez... soufflez... inspirez... soufflez... (etc.). Votre respiration est calme, lente, régulière... Petit à petit son rythme est celui qui est le vôtre lorsque vous allez vous

endormir... Vous inspirez... et vous soufflez... vous inspirez... et vous soufflez... sans rechercher un rythme précis... Votre propre rythme s'installera tout seul... sans que vous ayez à y penser... Vous inspirez... et vous soufflez...

Vous sentez le calme tout autour de vous... Ce calme se rapproche... et vous enveloppe... Tout est calme... et ce calme pénètre en vous... vous êtes calme, détendu... calme... détendu...

Votre pensée se fixe sur votre front... La peau de votre front se détend... elle se détend lentement... les rides provenant de vos contractions s'estompent... elles s'effacent... la peau de votre front se détend encore et les rides disparaissent totalement... La peau de votre front est détendue...

Sur vos tempes, votre peau se détend lentement... se détend complètement... Vos yeux sont fermés naturellement... sans contraction... sans crispation... et vos paupières sont lourdes, de plus en plus lourdes... encore plus lourdes... Entre vos sourcils, les rides de contraction s'effacent... votre peau se détend et elles s'effacent totalement... Autour de vos yeux, votre peau se détend parfaitement... Votre nez n'est plus pincé... et vos narines s'écartent... se dilatent...

Sur vos joues, votre peau se détend doucement... Doucement la peau de vos joues se détend... elle se détend encore... la peau de vos joues est complètement détendue...

Votre bouche est fermée naturellement... sans crispation... sans contraction... les mâchoires ne sont pas serrées... les dents ne se touchent pas... et autour de votre bouche... votre peau se détend... comme se détend la peau de votre menton... comme se détend la peau de votre cou.

Tout votre visage est calme, détendu, parfaitement détendu et il va rester détendu...

Votre respiration continue à votre rythme... sans aucun effort, vous inspirez... et vous soufflez... à votre rythme... vous inspirez... et vous soufflez... à votre rythme...

Vous êtes calme... détendu... toujours plus calme... toujours plus détendu...

Votre esprit se fixe sur votre main droite... votre main droite qui devient plus lourde... votre main droite pèse de plus en plus... la lourdeur augmente encore sur votre main droite... elle est de plus en plus lourde... votre main droite est lourde... elle est très lourde... Cette lourdeur se répand sur toute la main... cette lourdeur monte... elle dépasse le poignet... elle monte... elle monte le long du bras... et jusqu'au coude votre bras droit est lourd... lourd... de plus en plus lourd... il s'enfonce... il est attiré vers le bas... irrésistiblement vers le bas... et la lourdeur toujours plus intense monte au-dessus du coude... tout le long du bras... une lourdeur agréable... une lourdeur qui augmente encore... cette lourdeur monte jusqu'à l'épaule droite... et la lourdeur va de l'épaule droite jusqu'au cou... Tout votre bras droit est lourd, lourd... de plus en plus lourd... et il va rester lourd.

La même lourdeur apparaît sur votre main gauche... »

RÉPÉTER POUR LE BRAS GAUCHE
CE QUI A ÉTÉ DIT POUR LE BRAS DROIT.
ENSUITE, DE LA MÊME FAÇON,
FAIRE MONTER LA LOURDEUR DEPUIS LE PIED DROIT
JUSQU'À LA HANCHE ET EN FAIRE AUTANT
POUR LA JAMBE GAUCHE.

Après le visage et les membres

« Votre bassin à son tour s'alourdit... Il appuie fortement, il s'enfonce pesamment... moelleusement... parce qu'il est lourd... de plus en plus lourd... tout votre buste devient lourd... il est attiré vers le bas... irrésistiblement vers le bas... Tout votre buste est lourd... Et votre tête s'enfonce dans le coussin... elle est lourde... de plus en plus lourde... agréablement lourde... Tout votre corps est lourd... il s'enfonce... il s'enfonce lourdement... pesamment... agréablement... il s'enfonce encore... il est attiré vers le bas... Tout votre corps est lourd... il est très lourd, agréablement lourd... et il va rester lourd. Et dans cette lourdeur, vous êtes calme, détendu... calme, détendu... Votre respiration continue, calme, régulière... à votre propre rythme...

Votre esprit se fixe à nouveau sur votre main droite... Vous ressentez une chaleur sur votre main droite... Une chaleur douce... une chaleur qui augmente... cette chaleur devient intense sur toute votre main droite... » Doucement, en visualisant, vous faites monter cette chaleur (douce et caressante) tout le long du bras droit, ensuite de la main gauche jusqu'à l'épaule gauche et jusqu'au cou. Puis vous continuez par la jambe droite et la jambe gauche. Du haut des jambes, la chaleur monte en se répandant sur le bas-ventre, le ventre, tout le buste et la tête.

« Tout votre corps baigne dans cette chaleur douce, dans cette chaleur agréable, dans cette chaleur délicieuse... Et dans cette chaleur, vous êtes calme, détendu... calme... détendu... »

C'est là que peuvent se placer éventuellement les visualisations et suggestions spécifiques que nous aborderons aux chapitres consacrés à ces méthodes.

DEUXIÈME SÉANCE DE RELAXATION

LORS D'UNE RELAXATION SANS CES ÉLÉMENTS SPÉCIFIQUES, UNE VISUALISATION SERA PROPOSÉE AU PATIENT, VISUALISATION LIÉE À SA RESPIRATION

« Votre respiration est calme, paisible, régulière... vous inspirez... et vous soufflez... vous inspirez... et vous soufflez à votre rythme... À chacune de vos inspirations, vous voyez l'air pur, limpide et clair qui pénètre en vous, qui envahit vos poumons et vous apporte la vie... À chaque inspiration, vous le voyez cet air pur, bleu comme un ciel sans nuages qui emplit complètement vos poumons et vous apporte la vie, l'apaisement et la force... À chaque inspiration, l'air pur que vous voyez envahit complètement vos poumons et vous apporte la vie... Et à chaque expiration, vous voyez cet air gris que vous chassez et qui emporte toutes vos tensions... À chaque expiration, vous voyez l'air gris que vous rejetez avec toutes vos tensions... À chaque expiration, vous rejetez un air gris qui emporte toutes vos tensions...

Et vous continuez de voir ***votre respiration...*** (un silence). *Vous voyez l'air pur qui envahit vos poumons... et vous voyez l'air gris qui emporte toutes vos tensions... Vous voyez l'air pur qui vous apporte la vie... et vous voyez l'air gris qui emporte toutes vos tensions... Et vous êtes calme... détendu... parfaitement calme... parfaitement détendu... calme... détendu... »*

Dans cette méthode de relaxation, la parole est quasiment continue. Elle est faite de nombreuses répétitions sur des mots essentiels : calme, détendu, lourdeur, chaleur, etc. Cette parole n'est pas constituée que de mots successifs pourvus d'un sens plus ou moins précis. La tonalité, le débit, le rythme, la musique des mots revêtent autant d'importance que le sens de ces mots. Savoir utiliser sa voix est extrêmement important en sophromagnétisme (*). Nous arrivons au terme de la relaxation. Il s'agit alors de faire revenir le patient à son état de veille, petit à petit, sans le brusquer.

IL SERA BON DE LUI DIRE QU'IL VA SORTIR DE CETTE RELAXATION ET QU'IL EN CONSERVERA TOUS LES BIENFAITS. CETTE «RÉCUPÉRATION» PEUT S'EXPRIMER AINSI :

« Tout doucement, vous commencez à pianoter avec les doigts de votre main droite... vous pianotez avec tous vos doigts de votre main droite... Ce sont maintenant les doigts de votre main gauche qui pianotent... tous vos doigts pianotent...

À présent, vous fermez votre main droite... vous la fermez doucement... vous la fermez complètement... puis vous l'ouvrez... vous la refermez complètement... puis vous l'ouvrez... vous la refermez... et vous l'ouvrez à nouveau. »

PROCÉDER DE LA MÊME FAÇON POUR LA MAIN GAUCHE.

« Sans précipitation, lentement, très lentement, vous pliez votre bras droit et votre main vient toucher votre épaule. Sans brusquer vos muscles, votre main touche votre épaule... et vous allongez lentement votre bras... Vos muscles reprennent toute leur souplesse, toute leur élasticité... vous faites le même mouvement une deuxième fois... lentement votre main monte vers votre épaule droite... elle la touche... et toujours lentement, sans brusquer vos muscles, vous allongez votre bras droit... »

PROCÉDER DE LA MÊME FAÇON POUR LE BRAS GAUCHE.

(*) *Afin de travailler la voix et la parole en sophromagnétisme, j'ai enregistré une cassette audio qui illustre mieux que de nombreuses pages de texte les détails de nos possibilités. Elle contient cette séance de relaxation, de nombreux exemples et exercices sous le titre : «Relaxez-vous et magnétisez par les vibrations de la parole»..., ce qui n'exclue pas l'apport toujours possible et complémentaire d'une musique parfaitement appropriée.*

« Vous faites glisser lentement vers vous votre pied droit... et votre jambe droite se plie, doucement, sans brusquer les muscles... vous allongez votre jambe... vous l'allongez complètement... à nouveau, votre pied droit glisse vers vous... votre jambe se plie doucement, sans précipitation... et puis vous l'allongez à nouveau... vos muscles reprennent toute leur souplesse, toute leur élasticité... et une troisième fois, toujours sans précipitation, votre pied glisse vers vous... et votre jambe droite se plie... puis vous l'allongez lentement. »

PROCÉDER DE LA MÊME FAÇON POUR LA JAMBE GAUCHE.

« Vous gardez encore les yeux fermés... Lentement, très lentement vous tournez votre tête vers la droite... complètement vers la droite... puis vers la gauche... lentement mais complètement vers la gauche... vous revenez lentement vers la droite... complètement vers la droite... puis tout doucement vous tournez la tête à gauche... complètement à gauche... et vous reprenez la position normale...

Lentement vous ouvrez les yeux... vous ouvrez les yeux sans être ébloui par la lumière...

Vous inspirez... vous expirez... et vous faites une respiration profonde... une respiration profonde avec un grand soupir...

Lentement vous vous étirez... vous vous étirez... vous étirez vos bras... vos jambes... plusieurs fois... avant de reprendre tout à fait conscience... avant de vous lever et de ressentir un bien-être que vous allez conserver. »

Après la relaxation

En fin de relaxation, il est important de procéder à ces étirements, à ces assouplissements des membres et des muscles. Si nous observons les chiens et les chats, nous remarquons que lorsque ces animaux s'éveillent, ils commencent par étirer leurs pattes de devant, puis leurs pattes de derrière, ensuite ils bâillent, et enfin ils se mettent en mouvement. Comme eux, après chaque période de sommeil ou de repos, nous devons préparer nos muscles à l'activité, un peu comme le font les sportifs et les danseurs... en y ajoutant les bâillements qui marquent le changement de rythme de la respiration. Il est bon d'agir ainsi chaque matin. La plupart du temps, nous avons l'un des deux comportements suivants : ou nous nous éveillons au dernier moment et nous sautons rapidement de notre lit au risque de "brutaliser" tous nos muscles, ou nous disposons de quelques minutes après le réveil avant de nous lever et nous restons là, sans bouger, sans nous préparer à l'activité de notre corps.

Après la relaxation, ce n'est que petit à petit que nous augmenterons l'intensité de l'éclairage dans la pièce. L'éclairage doux, faible et indirect a permis au patient de ne pas être ébloui lorsqu'il a ouvert les yeux. Nous allons pouvoir, après cette séance qui aura duré une trentaine de minutes, pratiquer le magnétisme sur un sujet qui sera dans les meilleures dispositions. Cependant, n'oublions pas que notre action en magnétisme a commencé dès la réception du sujet et qu'elle s'est poursuivie tout au long de la relaxation. Pendant toute la durée de cette relaxation, notre parole a été une forme très efficace de magnétisme, complétée par la visualisation et par les passes qui auront accompagné certains moments. Nous allons approfondir toutes ces possibilités qui font qu'en sophromagnétisme plusieurs méthodes se complètent, s'harmonisent et s'exécutent simultanément.

Chapitre 5

LES MAINS

Les mains sont l'un des symboles du magnétisme. Lorsque nous entendons quelqu'un évoquer un traitement par magnétisme, il ne manque pas de parler des passes ou des impositions effectuées avec les mains. Effectivement, les mains d'un magnétiseur constituent un outil particulièrement sensible, un outil qui est à la fois un émetteur et un récepteur. Il ne faut surtout pas prêter aux mains l'exclusivité de rayonner et de recevoir le magnétisme. En fait, tout le corps émet ce rayonnement, cette énergie ; ce magnétisme. Il est émis par les paumes des mains, les doigts, mais aussi par les doigts des pieds, les yeux, le souffle, le sexe masculin... et par toute la peau. Mais notre corps est aussi constitué d'éléments récepteurs tels que : les paumes des mains, les plantes des pieds, les yeux, le sexe féminin et également toute la peau.

Il appartient au magnétiseur de décider à quel moment il doit donner et à quel moment il doit prendre. Cette décision sera accompagnée de la possibilité qui lui appartient de donner seulement quand il veut donner et de ne prendre que lorsqu'il veut prendre. Il est évident qu'il s'agit plus d'une question de «savoir», que d'une simple question de volonté. Avant d'aborder les méthodes de travail qui lui permettront d'agir sans hésitation et sans risquer des erreurs regrettables, nous aborderons un élément qui l'aidera dans de nombreux cas : la loi des polarités.

Les polarités

C'est Mesmer qui, le premier, a indiqué que le corps humain était soumis à la loi des polarités. Dans sa neuvième proposition, il s'exprimait ainsi : « Il se manifeste, particulièrement dans le corps humain, des propriétés analogues à celles de l'aimant. On y distingue des pôles également divers et opposés, qui peuvent être communiqués, changés, détruits et renforcés ; le phénomène même de l'inclination y est observé. »

Contrairement à ce qui a été parfois affirmé, cette polarisation du corps humain n'est pas identique chez tous les êtres et de plus elle se modifie, s'altère ou disparaît. Il est donc nécessaire de n'en tenir compte qu'avec une certaine réserve. En ce qui concerne les mains, théoriquement – je dis bien théoriquement – **la main droite est +** et **la main gauche –**. Il peut se produire des inversions. Il me paraît également important de préciser que ces **polarités** se définissent par les signes + et –, donc par les mots **positif** et **négatif**. Ces deux mots sont utilisés avec des sens différents qui risquent de créer des confusions. *Lorsque nous aborderons la force de la pensée ou encore les ondes subtiles, nous dirons de ce qui est bon que c'est positif et de ce qui est mauvais que c'est négatif.* Lorsqu'il s'agit des polarités, le positif et le négatif correspondent au + et au – que l'on rencontre par exemple dans les éléments qui définissent le courant électrique.

La polarité de l'être humain peut se définir ainsi :

- Le sommet de la tête est neutre.
- La face antérieure de la tête est positive.
- La face postérieure de la tête est négative.
- Le côté droit du corps est positif.
- Le côté gauche du corps est négatif.
- Considérés globalement, l'homme est positif et la femme est négative. Ils sont complémentaires.

Dans l'attraction universelle, dans toutes les vibrations qui régissent toute matière, nous retrouvons ces polarités qui semblent créer l'équilibre et l'harmonie. En magnétisme, deux polarités de même signe permettent d'exciter, d'éveiller, de contracter. Si, par exemple, le foie a tendance à être paresseux, la main droite sur cet organe va l'exciter. Deux polarités de signe contraire calment, nettoient, décongestionnent. Par exemple, pour soulager des crampes d'estomac, c'est la main gauche qui sera sur le plexus solaire. Nous partons là du principe que la main droite est positive et la main gauche négative. Ce n'est pas toujours le cas et il peut y avoir des inversions chez le magnétisé comme chez le magnétiseur.

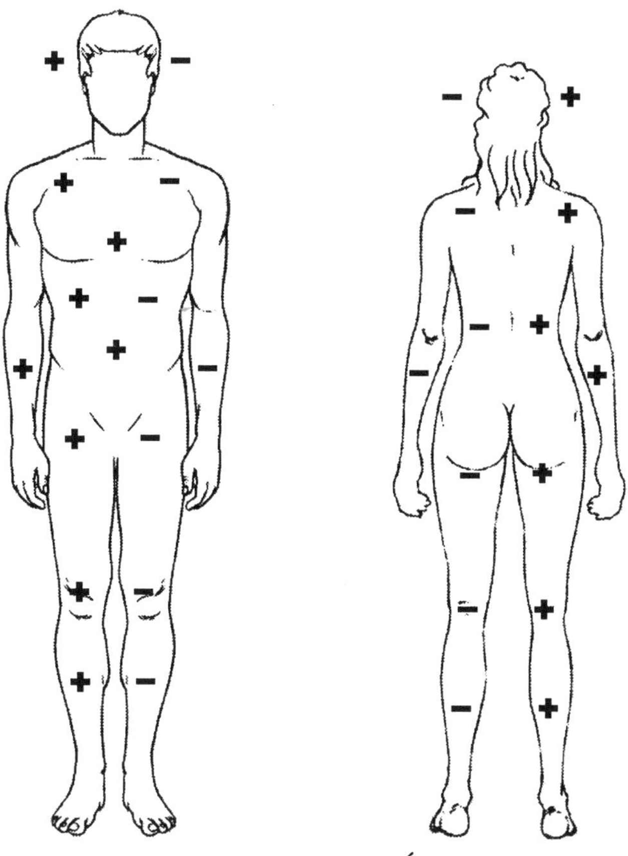

LES POLARITÉS

Premiers exercices d'entraînement

Nous abordons les premiers exercices dont le but est de donner du magnétisme lorsque nous devons le donner et de prendre lorsque nous devons prendre.

Ces exercices se font en utilisant des dessins qui sont des symboles. Il est à noter qu'un symbole a la même valeur que ce qu'il représente.

Nous donnerons notre magnétisme sur le symbole du magnétisme qui est l'aimant, et nous prendrons du magnétisme sur le symbole de la source du magnétisme qui est le soleil. Ces exercices seront exécutés avec les mains.

Dans l'Égypte antique, l'aimant était porteur des propriétés solaires du dieu Horus. Comme lui, il participait à la régulation des mouvements de l'univers. L'aimant, ou fer magnétique, était une substance sacrée dans cette civilisation où le fer non magnétique était maudit.

En 587 de notre ère, le philosophe et mathématicien grec Thalès étudia les propriétés d'une pierre d'aimant qui provenait de la ville de Magnésie, ancienne cité grecque de Lydie, au pied du mont Sipyle. C'est fort probablement le nom de cette ville qui a donné naissance au mot «magnétisme».

L'aimant a souvent servi de talisman en magie où lui était **attribuée la propriété de provoquer l'amour, l'attraction, la séduction** ; l'aimant symbolise l'attraction magnétique mystérieuse et irrésistible.

Il est aussi le symbole de l'attraction cosmique universelle, de l'attraction affective et de l'attraction mystique.

1er EXERCICE : L'AIMANT

- ***Vous placez ce dessin devant vous sur une table. Vous restez debout, calme, décontracté.***
- *En le regardant, vous pensez que vous allez céder à sa puissance d'attraction et le charger de votre magnétisme.*
- *Puis lentement, vous allez magnétiser cet aimant par des passes lentes et régulières que vous effectuerez du sommet arrondi à la base. Vos mains sont ouvertes, sans crispation, et vous restez détendu.*
- *Vous pensez que vous saturez ce dessin de votre magnétisme que vous sentez et que vous vous représentez s'écoulant des paumes de vos mains et de vos doigts.*
- *Vous limitez la durée de cet exercice de une à deux minutes.*
- *Notez vos impressions et leur évolution.*

Vous pouvez répéter cet exercice, au début une fois par jour, puis tous les deux jours, avant d'alterner avec celui qui consiste à prendre le magnétisme du soleil.

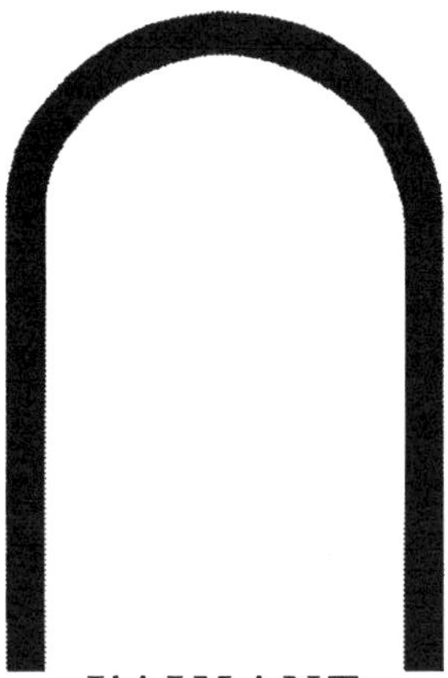

L'AIMANT

Ce dessin représente symboliquement le soleil. Le soleil est la source de la vie et c'est lui qui entretient cette vie sur notre planète. Il est à l'origine des forces magnétiques. Sa représentation symbolique contient toute la force du soleil.

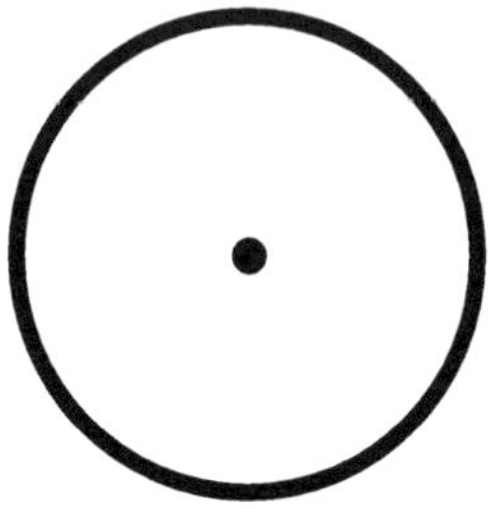

LE SOLEIL

2e EXERCICE : LE SOLEIL

- ***Vous placez ce dessin devant vous, sur une table. Vous restez debout, calme, décontracté.***
- *En le regardant, vous pensez que vous allez puiser à la source du magnétisme et que ce magnétisme va devenir le vôtre. Cette force que vous allez prendre est vitale et spirituelle.*
- *Puis, lentement, vous allez magnétiser ce dessin par des passes de haut en bas, passes lentes et régulières. Vos mains sont ouvertes, sans crispation et vous restez détendu. Lorsque vos mains arrrivent en bas du dessin, chaque fois vous les fermez comme vous le faites quand vous prenez quelque chose de solide.*
- *Vous pensez que vous prenez le magnétisme du soleil, qu'il devient le vôtre et vous le sentez dans vos mains puis dans votre corps.*
- *Vous limitez la durée de cet exercice de une à deux minutes. Notez vos impressions et leur évolution.*

Vous alternez cet exercice avec celui de l'aimant, un jour l'un et un jour l'autre. Pour effectuer ces exercices, il sera bon que vous reproduisiez ces dessins en les agrandissant sur une feuille de format 21 x 29,7. Par exemple, vous donnez au cercle du soleil un diamètre d'environ quatorze centimètres.

Ces exercices vous ont familiarisé avec le «ressenti» de prendre et celui de donner. Vos mains se sensibiliseront de plus en plus. Aucun travail théorique ne peut remplacer un entraînement régulier. Il en est ainsi pour tout, qu'il s'agisse de sport ou de l'étude d'un instrument de musique. Cependant, la technique est très utile pour suivre un cheminement sans erreur, surtout lorsqu'il s'agit de magnétisme où les embûches sont nombreuses.

COMMENT MAGNÉTISER

NOUS **avons vu dans le premier chapitre que les trois diffuseurs de notre magnétisme sont :** les mains, le regard et le souffle. Ce dernier se transforme en vibrations par la parole et la parole devient un élément extrêmement important dans la diffusion du magnétisme.

Ces différentes façons de magnétiser peuvent être utilisées séparément ou simultanément. Il est courant de procéder à des passes avec les mains, en regardant le patient et en lui parlant. Les mains permettent de magnétiser (pour prendre ou pour donner) au moyen de passes, d'impositions, d'applications, de massages, de frictions, de pressions et de vibrations.

Quelle est la meilleure façon de procéder ? Les avis diffèrent d'un magnétiseur à un autre. Faut-il toucher ou pas le patient ? Je crois qu'il n'y a pas de règle absolue et que chacun doit établir ses propres règles en fonction de ses expériences.

À quelle distance du sujet le magnétisme est-il le plus efficace ? Les théories et les observations se complètent et se contredisent. Nous reviendrons sur ce sujet dans le chapitre traitant de l'effet Kirlian et du magnétisme. Certains magnétiseurs affirment que l'action sans contact est la plus puissante et que les mains doivent être placées à une distance de 10 à 25 cm du patient. Par ailleurs, tous les kinésithérapeutes qui pratiquent des massages, donnent leur magnétisme consciemment ou inconsciemment, et ce magnétisme est tout aussi efficace pour celui qui le reçoit et en constate les bienfaits que pour celui qui s'épuise en le donnant... s'il ne connaît pas les techniques élémentaires pour se protéger.

Les passes

Elles **s'effectuent toujours du haut du corps vers le bas, dans le sens du courant cosmique.** Le patient peut être debout, assis ou allongé, selon le but à atteindre et pour plus de confort autant pour le magnétiseur que pour le sujet. Si celui-ci est debout, il sera à portée pour dégager ses épaules et son dos, par exemple. S'il est assis, nous pourrons poser facilement les mains sur sa tête, son front et sa nuque en nous plaçant derrière lui. Nous pouvons également nous asseoir derrière un sujet qui reste debout, pour bien traiter au niveau des reins.

Debout ou assis, le patient doit être placé face au nord.

- Allongé, il doit avoir, autant que possible, la tête au nord et le magnétiseur se place à sa droite.
- Qu'il opère avec ou sans contact, la magnétiseur doit veiller à ce que le patient, quelle que soit sa position, ne croise ni les bras, ni les mains, ni les jambes.
- **Les passes courtes** *vont soit de la tête au plexus, soit du plexus aux pieds.*
- **Les passes longues** *vont de la tête aux pieds.*

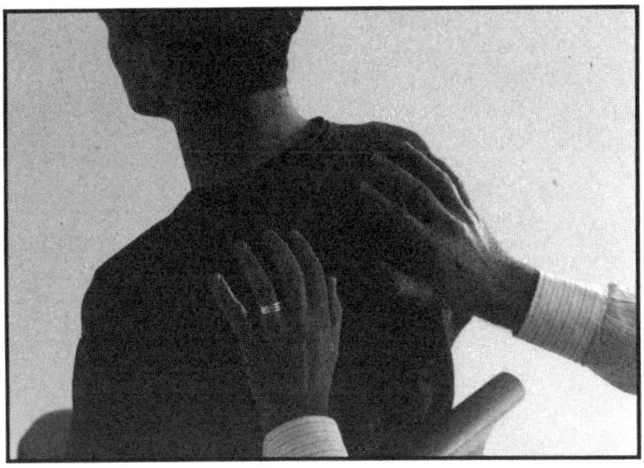

◀ **Sujet assis.**
Magnétiseur debout.

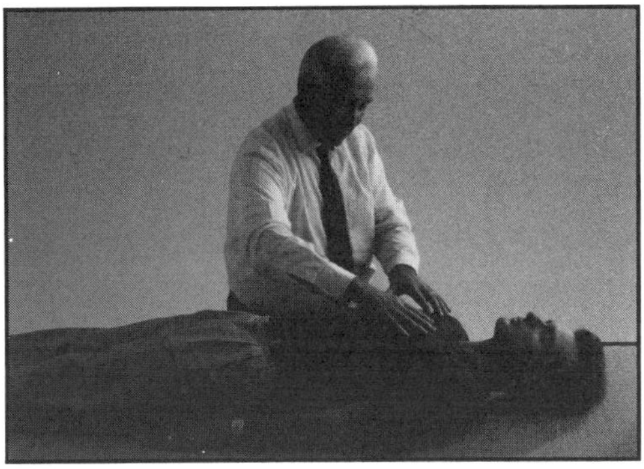

◀ **Sujet allongé.**
Magnétiseur debout
à sa droite.

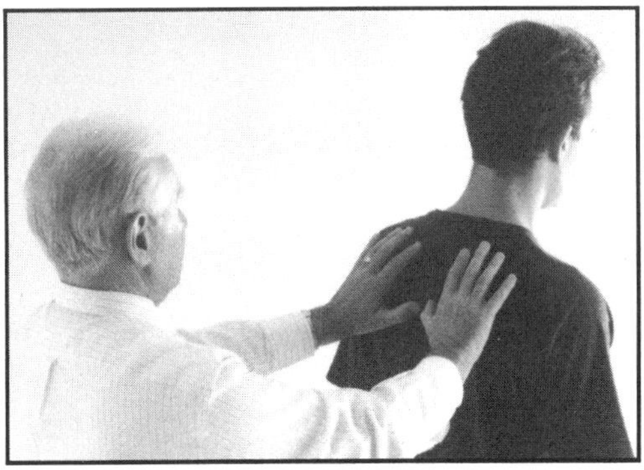

▲ **Sujet et Magnétiseur debout.**

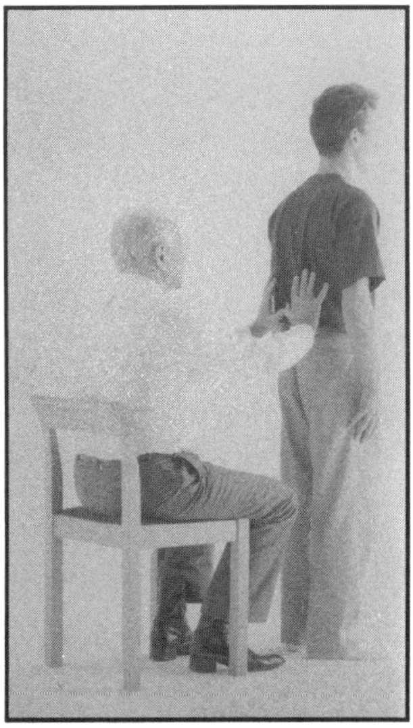

▲ **Sujet debout.**
Magnétiseur assis
derrière le sujet.

CES PASSES PEUVENT S'EFFECTUER DE TROIS FAÇONS, SELON LE BUT À ATTEINDRE :

1 - **Passes lentes :** Elles chargent et saturent.
Ce sont ces passes que vous avez déjà mises en pratique dans vos exercices avec l'aimant et le soleil. Courtes ou longues, vous pouvez les pratiquer sur un sujet en relaxation, pour le renforcer. Dans ce cas, pour des passes longues, placez-vous bien au niveau de la ceinture du sujet afin de pouvoir magnétiser depuis la tête jusqu'aux pieds, avec si nécessaire un léger balancement de la gauche vers la droite.

2 - **Passes rapides :** Elles stimulent et décongestionnent.
Elles peuvent être pratiquées courtes ou longues et également sur un sujet en relaxation.

3 - **Passes très rapides :** Ce sont les passes de dégagement.
Elles sont forcément courtes. Le patient est debout. Les passes vont de la tête à la ceinture, le long du dos, devant lui et sur les côtés le long de ses bras. Elles exigent une excellente forme physique du magnétiseur.

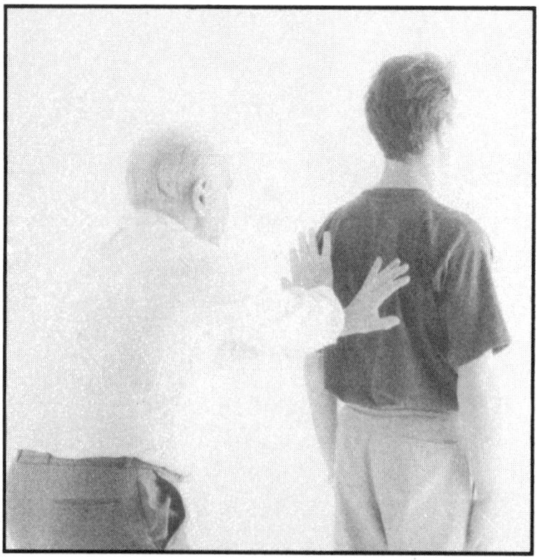

très rapides, transversales et crois

ELLES PEUVENT ÊTRE TRANSVERSALES DANS PLUSIEURS CAS:

- **Pour dégager des ondes négatives, au niveau des épaules.** Vous vous placez derrière le sujet, votre main gauche sur son épaule gauche et votre main droite sur son épaule droite. Très rapidement, vos mains agissent comme si elles dépoussiéraient les épaules. Dans le même but, les passes transversales très rapides se font le long du dos, de haut en bas. Les mains se rapprochent et se croisent. *Particulièrement efficaces, ces passes transversales ne sont répétées que quatre ou cinq fois.*
- **Pour bien ramener un sujet à l'état de veille après une profonde séance de relaxation.** Les passes se font devant le visage à la hauteur des yeux.

Lorsqu'il commence son action, le magnétiseur place quelques instants ses mains ouvertes sur la tête du patient, puis descend (devant ou derrière le corps) jusqu'au plexus ou jusqu'aux pieds. Arrivé soit au plexus, soit aux pieds, il secoue ses mains puis les ferme sans les crisper pour revenir à son point de départ. Le fait de secouer les mains permet de rejeter toutes les ondes négatives. N'oubliez pas que le mot onde est utilisé à la place de fluide ou de force. En fait, ce sont des éléments négatifs dont «se débarrasse» le magnétiseur. Nous reviendrons sur ce «geste» et sur les protections indispensables dans toute action de magnétisme. Pourquoi fermer les mains après les avoir secouées ? C'est pour éviter l'écoulement, la perte inutile du magnétisme.

LES IMPOSITIONS

IMPOSER les mains, c'est les placer immobiles sur une région du corps (mains ouvertes) ou sur un point. Dans ce deuxième cas, les doigts sont placés en faisceau, ils ne se touchent pas, ne sont pas crispés et forment une pointe en direction du point. Les impositions statiques canalisent le magnétisme vers la région ou le point choisis. Des rotations lentes, dans le sens des aiguilles d'une montre, rendent ces impositions plus stimulantes... Comme pour les passes, le patient peut être debout, assis ou allongé.

Doigts en faisceau.

Les applications

Pour **obtenir, dans certains cas, une meilleure imprégnation,** l'imposition peut être complétée par une application qui consiste à poser les mains contre la peau sur la région au-dessus de laquelle elles se trouvaient.

Massages et pressions

Ces **attouchements ont pour but de mieux faire pénétrer et de fixer le magnétisme.** Ils créent une meilleure activité des organes. La première action dissipante est suivie de cette profonde pénétration dont l'action peut être comparée à un massage magnétique interne. Massages et pressions peuvent être effectués avec la main à plat ou avec le bout des doigts. Ils peuvent dessiner des rotations dans le sens des aiguilles d'une montre. Ils sont à la fois dispersants et pénétrants. Utilisés sur les chakras (centres d'énergie dont nous traiterons dans un prochain chapitre), ils les rendent «opérationnels». Massages et pressions sont toujours effectués avec légèreté. Les pressions peuvent être pratiquées fermement, ainsi que les vibrations. Fermement ou légèrement, elles sont effectuées avec le bout du majeur, de l'index ou du pouce. Elles conviennent au traitement des points douloureux.

DONNER SANS S'ÉPUISER

MAGNÉTISER **consiste à utiliser son propre magnétisme pour donner et pour prendre.** Nous avons vu que l'orientation de notre pensée, nous pourrions dire de notre volonté, crée cette différence fondamentale entre deux actions de magnétisme apparemment presque identiques pour donner et pour prendre puisque «les gestes» sont semblables. Ce «ressenti» s'appuiera également sur la visualisation que nous allons aborder pour l'instant et que nous approfondirons dans un prochain chapitre.

Donner sans s'épuiser, prendre sans subir. Par un acte de magnétisme, nous donnons une énergie vitale qui s'écoule de nos doigts et de nos mains, une énergie subtile qui est notre magnétisme.

Nous ne pouvons donner que ce que nous possédons. Donner sans se contrôler devient un gaspillage qui entraîne une fatigue physique pouvant aboutir à l'épuisement. J'ai cité le cas de plusieurs personnes exerçant les professions d'infirmiers et surtout de kinésithérapeutes qui en avaient subi les graves conséquences. En effet, les massages et le fait de toucher un patient ou un malade avec le profond désir de le soulager, déclenche une action inconsciente de magnétisme, mais de magnétisme incontrôlé.

Ce contrôle constitue une première protection et nous venons de l'expérimenter en «donnant» sur le symbole de l'aimant et en «prenant» sur le symbole du soleil. Lors d'un massage ou de soins, il est tout aussi facile de penser que nous donnons à l'autre ce magnétisme qui va le renforcer, le soulager ou l'apaiser. Lorsque nous «ressentons» que l'effet s'est produit, il convient de penser fortement que les contacts ne déclencheront plus cet «écoulement» de notre magnétisme. Donner beaucoup et longtemps n'apporte pas forcément un bienfait plus fort. Pensons au manteau de saint Martin...

La protection de base qui suit chacune de nos actions en magnétisme consiste à passer les mains sous un robinet d'eau froide. Nous ouvrons le robinet et nous plaçons nos mains de part et d'autre de l'eau qui coule entre nos paumes. Puis nous rinçons soigneusement les mains et les doigts comme pour les laver. En fait, il ne s'agit pas seulement d'hygiène ; l'eau froide agit sur nos mains et nos doigts comme un robinet qui se ferme et arrête l'écoulement du magnétisme. Lorsque nous ressentons que c'est nécessaire, nous pouvons prolonger l'action de l'eau jusqu'aux coudes. Il est bon pour un magnétiseur d'être souvent en contact avec l'eau. Par exemple, en prenant une douche, il est recommandé de commencer par faire couler l'eau «à côté» du corps, sur «les énergies» du corps éthérique. J'ai bien connu un magnétiseur de la côte d'azur qui était également un véritable sportif et qui, du mois de mai au mois de novembre, allait chaque soir prendre un bain de mer en quittant son cabinet. L'eau de mer, surtout hors saison touristique, a des qualités qui lui sont propres et qui sont appréciables. Mais l'eau en général symbolise la source de la vie, le meilleur moyen de purifier (baptême) et de régénérer. Symboliquement, l'eau opère une renaissance car elle efface ce qui a précédé et rétablit l'être dans un état nouveau et pur. *Cette recommandation est à retenir: passer les mains sous l'eau froide après chaque action de magnétisme.*

Aura et magnétisme

Nous avons vu que le mot «magnétisme» avait été choisi par analogie pour désigner cette énergie subtile et vitale que chacun possède, qui peut se donner, se prendre et s'échanger. C'est également par analogie que le mot «Aura» est utilisé pour désigner l'énergie subtile qu'un appareil permet de photographier. Dans les traditions mystiques, l'aura désigne une lumière qui enveloppe le corps humain et qui se présente sous une forme ovoïde.

L'être humain est constitué de vibrations dont une partie est matérielle et visible pour tout œil humain, tandis que l'autre partie, celle qui l'enveloppe tel un champ d'énergies, n'est pas visible ou l'est seulement pour des êtres capables de se placer dans un état de conscience particulier : clairvoyants, médiums, personnes ayant accompli sur elles-mêmes un profond travail spirituel...

Cette vibration – ou plutôt ces vibrations –, ces énergies, possèdent une certaine substance, une forme et des couleurs.

Notre propos n'est pas d'étudier la vision directe de l'aura qui peut s'obtenir par un travail personnel. Les couleurs vues traduisent l'état de santé, le caractère, l'état émotionnel... de la personne observée... ou de son observateur. J'ai constaté qu'au même moment, sur un même sujet, les observations de «spécialistes» étaient souvent discordantes.

L'aura, c'est le prolongement du corps visible, ce sont les énergies qui le mettent en contact avec d'autres vibrations et lui permettent des échanges. Parmi ces énergies encore indéfinissables se trouve celle que nous appelons «magnétisme». Notre corps visible ne constitue pas la limite de notre être. Les énergies que nous «émettons» (encore une analogie) prolongent notre sensibilité assez loin de notre corps.

Certains parapsychologues tel mon regretté ami Wilfried Chetteoui estiment que l'extériorisation de la sensibilité peut atteindre plusieurs dizaines de mètres. Ce phénomène naturel n'est pas à confondre avec ce qui est appelé dédoublement, ni avec le «voyage astral», pas plus qu'avec la transmission du magnétisme à distance.

Souvenez-vous de la treizième proposition de Mesmer : *« On observe à l'expérience l'écoulement d'une matière dont la subtilité pénètre tous les corps, sans perdre notablement de son activité. »*

Cette proposition est suivie de la quatorzième qui dit : *« Son action a lieu à une distance éloignée, sans le secours d'aucun corps intermédiaire. »*

Mesmer nous dévoile un certain «codage» de son message, codage qui est lié au symbolisme du Tarot (*).

- **LE 13 EST FIGURÉ PAR UN SQUELETTE.** Il n'annonce pas forcément une mort physique, mais la libération des énergies liées à la matière. Mesmer dit bien que le magnétisme «s'écoule» en matière subtile. Il précise que «l'expérience» permet d'observer cet écoulement.

- **LE 14 A POUR NOM LA TEMPÉRANCE.** Il représente une femme qui verse un liquide contenu dans un pot qu'elle tient de la main gauche. Le liquide transvasé s'écoule «en ondulant», il ne s'en perd pas une goutte et il pénètre dans un autre vase qu'elle tient un peu plus bas de sa main droite. Cette transmission à distance symbolise l'énergie vitale, le magnétisme qui se transmet d'un être à un autre.

Il me serait difficile de croire que les analogies entre la treizième et la quatorzième proposition de Mesmer et les lames 13 et 14 du Tarot ne sont que des coïncidences...

(*) Voir l'ouvrage de Kamina Brochka et Charly Samson «Les Tarots à la portée de tous». Éditions Librairie de L'Inconnu.

TEMPÉRANCE

CES **énergies qui se transmettent inconsciemment contiennent de multiples informations.** Deux êtres placés à quelques mètres l'un de l'autre échangent – sans le savoir – des informations sur l'un et sur l'autre, ce qui peut créer une ambiance de sympathie ou d'antipathie apparemment non motivée.

Nous verrons comment notre magnétisme peut «transporter» d'autres messages que nous émettons consciemment et quelle est leur efficacité.

14
LA TEMPÉRANCE

13
LA MORT

LES RÉVÉLATIONS DE L'EFFET KIRLIAN

Si l'observation de l'aura donne souvent des résultats aléatoires ou contestables, Mesmer affirme qu'il est possible d'observer l'écoulement du magnétisme. Il parle de «l'expérience» sans donner d'autres détails sur la nature de celle-ci. Quoi qu'il en soit, il savait qu'il était possible de «voir» le magnétisme.

AUJOURD'HUI, GRÂCE À UN PETIT APPAREIL, CHACUN PEUT VOIR LA PHOTOGRAPHIE DU MAGNÉTISME.

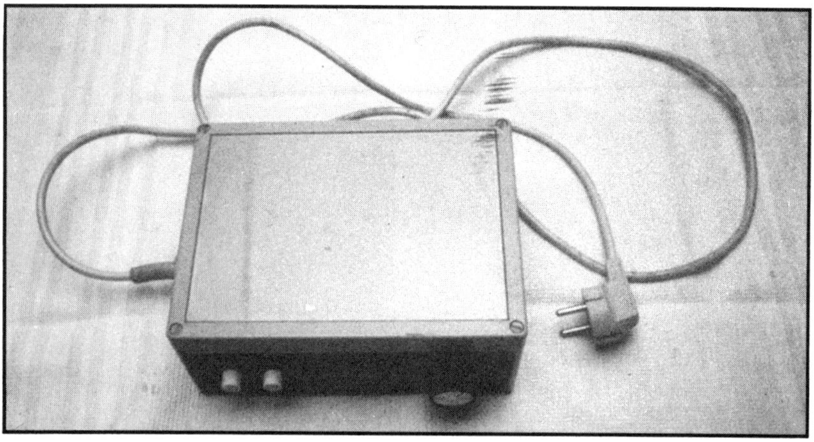

APPAREIL KIRLIAN

En 1939, en URSS, Semyon et Valentina Kirlian assistent à des soins d'électrothérapie. Ils remarquent qu'un éclair lumineux apparaît entre la peau du patient et l'électrode de l'appareil.

Ils photographient ce phénomène et obtiennent sur leur cliché un rayonnement lumineux.

Ils travaillent à la mise au point d'un appareil permettant de voir cette énergie et de la mesurer sur des plantes et sur des humains.

Ils créent le procédé «Kirlian» et le perfectionnent dans la pièce qu'ils ont transformée en laboratoire dans le modeste appartement où ils vivent.

Ils sont décédés en 1971. Leurs travaux ont permis de multiples recherches dont les résultats sont exploités notamment dans le domaine médical en ex-URSS, en Europe et aux États-Unis.

L'APPAREIL KIRLIAN PERMET DE FIXER DES IMAGES SANS UTILISER UN APPAREIL DE PHOTOGRAPHIE, DIRECTEMENT SUR LE PAPIER SENSIBLE.

- Sous un faible ampérage, ce cliché est réalisé dans un champ électrique à très haute fréquence (entre 40 000 et 100 000 Hertz)
- À très haut voltage (entre 25 000 et 35 000 Volts).
- Sur une électrode plane reliée au générateur de courant, est disposée une plaque de verre sur laquelle est posé le papier sensible.
- Le sujet à photographier, en l'occurrence la main, est posé sur ce papier.
- L'opération se déroule dans l'obscurité.
- Lorsque le courant passe, l'ionisation de l'air ambiant provoque une émission de radiations lumineuses qui s'inscrivent directement sur le papier.

Des médecins utilisent actuellement ce procédé avec des appareils sophistiqués qui permettent de photographier en même temps les mains et les pieds. Personnellement, j'utilise le petit appareil présenté ici en photo et je développe des clichés en noir et blanc, ce qui est très satisfaisant pour mes recherches. Il est possible de faire des photos en couleurs, ce qui complique d'une part la partie technique et d'autre part l'interprétation.

En effet, au développement, une dominante bleue apparaît, ce qui transforme en violet une couleur qui devrait avoir la vibration du rouge.

Je m'intéresse depuis fort longtemps à l'effet Kirlian. J'ai vu réaliser et réalisé des expériences intéressantes sur des feuilles d'arbres. Chaque feuille laisse la trace de son aura et cette trace diminue et finit par disparaître au fur et à mesure que la feuille se dessèche.

L'aura révélée par l'effet Kirlian est donc un phénomène lié à la présence d'une énergie vitale, phénomène qui n'apparaît plus lorsque la vie a disparu.

Le lien entre cette énergie et le magnétisme paraissait très probable, mais c'est d'une façon tout à fait fortuite que j'ai eu personnellement la preuve que l'appareil Kirlian donnait une véritable photo du magnétisme.

Au cours d'un congrès de parapsychologie, j'avais apporté l'appareil Kirlian, une petite pièce obscure m'avait été réservée et j'y avais installé tout mon matériel :

- papier sensible,
- ampoule électrique rouge,
- bains de révélateur,
- de fixateur,
- de rinçage.

Ainsi, je pouvais en moins de cinq minutes connaître le résultat d'une photo Kirlian.

PHOTO DE L'AURA D'UNE MAIN

Après avoir installé l'appareil Kirlian, j'ai pris une photo de ma propre main pour vérifier le bon fonctionnement. C'était le matin, j'étais frais et dispos, dans un parfait état psychique et physique ; ce que révèle ce cliché.

Une personne qui participait au congrès est venue me trouver, elle avait mal dormi et souffrait de névralgies, de maux de tête lancinants. J'ai pratiqué sur elle quelque dix minutes de magnétisme, ce qui l'a soulagée, puis je suis revenu dans mon petit laboratoire où, pour vérifier si je n'avais rien oublié, j'ai pris une deuxième photo de ma main. J'ai été quelque peu surpris en constatant combien mon aura avait diminué. Était-ce un effet de cette séance de magnétisme ?

Tout de suite après, une jeune femme de mes amies est venue me trouver ; elle était avec sa grand-mère. Cette personne souffrait de la maladie de Parkinson. Elle me demanda de lui faire un peu de magnétisme pour qu'elle passe une journée paisible et agréable avec sa petite fille. J'ai pratiqué sur elle une véritable séance de magnétisme, et puis je suis allé tout de suite prendre une troisième photo de ma main. Le résultat fut éloquent. Sur ce cliché a disparu tout le magnétisme que cette personne m'a pris ; ou plutôt que je lui ai donnée.

Une demi-heure plus tard, j'ai pris une quatrième photo de ma main où le magnétisme réapparaît sans être encore aussi visible que sur la première photo.

Cette expérience, en partie involontaire, a été suivie de beaucoup d'autres, notamment avec les personnes qui participent à mes stages et cours de magnétisme. Mais celle qui m'a le plus frappé, je l'ai vécue à l'occasion d'un autre festival dans la région de Bordeaux. L'appareil Kirlian permettait de prendre des photos de «l'aura» de la main des visiteurs pour qui ces clichés constituaient une curiosité et un souvenir.

Une jeune femme n'obtint pas le résultat qui pouvait être attendu. Sur le papier sensible, aucune trace d'aura n'apparut, mais seulement un point.

C'était presque inquiétant, à tel point que la personne qui manipulait l'appareil lui dit spontanément : « Madame, vous n'avez pas d'aura, vous devriez être morte, car tout ce qui vit dégage cette énergie. » C'était brutal, mais vrai. Un autre cliché fut pris avec l'autre main et le résultat fut identique. On en arriva à poser l'appareil sur le sol pour prendre une photo de chaque pied ; le résultat ne fut pas différent.

Je me suis entretenu longuement avec cette personne pour essayer de déterminer les causes de cette absence d'aura. L'appareil fonctionnait normalement. Pour en avoir la preuve, nous avions pris en alternance d'autres clichés avec d'autres personnes et les résultats avaient été tout à fait normaux.

Cette jeune femme ne présentait apparemment aucune affection physique ou psychique. Âgée d'une trentaine d'années, elle était charmante et bien proportionnée. Intelligente, jolie, instruite et cultivée, elle exerçait une profession commerciale qui lui procurait une entière satisfaction. Elle vivait en bonne entente avec un compagnon qui mettait tout en œuvre pour lui rendre la vie douce et agréable. Cependant, elle éprouvait une sorte d'angoisse, une angoisse quasi permanente et non motivée. Elle était la cause, ou la conséquence, d'un état dépressif particulièrement dangereux qui l'avait poussée à attenter à ses jours. Quel pouvait être le rapport entre la réponse de l'appareil Kirlian et cet état psychique et mental insoupçonnable de prime abord ?

Ce soir-là, impressionnée par le résultat de sa photo comparé à celui de toutes les autres photos, elle se confia à moi pour rechercher ce qui pouvait avoir créé cette différence. Nous avons parlé de son enfance, enfance heureuse et confortable dans une ambiance aisée. Pas d'agression particulière contre sa santé, climat affectif favorable, etc. Et puis, elle me parla d'un « jeu » qu'elle avait pratiqué avec sa sœur et un jeune voisin de son âge. Je ne suis pas prêt d'oublier son récit...

LES MAINS, L'AURA ET LE SPIRITISME

« ... TOUT a commencé, me dit-elle, après quelques conversations et des lectures qui nous avaient troublés. Il semblait possible d'invoquer les esprits par l'intermédiaire d'une table ou d'un verre, et nous étions désireux de tenter l'expérience. Nous l'avons fait en riant, sans trop y croire... Les résultats obtenus ont éveillé notre curiosité. C'est vrai, il y avait des résultats, des réponses et des manifestations de plus en plus nombreuses. Il était évident qu'aucun de nous ne trichait et notre curiosité s'éveillait chaque fois davantage. Nous étions impatients de nous retrouver deux ou trois fois par semaine, le soir, dans une petite cuisine au rez-de-chaussée de ma villa.

Petit à petit, ces rendez-vous nocturnes prirent l'allure d'une drogue ; nous ne pouvions plus nous en passer. Et cela dura plusieurs années... Pour moi, ce fut de l'âge de treize ou quatorze ans jusqu'à plus de dix-huit ans. Nous étions obsédés et craintifs, et nous n'osions parler à personne des étranges manifestations qui se produisaient.

Lorsque le comportement du verre ou de la table devenait inquiétant et agressif, nous arrêtions la séance. Il nous suffisait pour cela d'allumer la lumière et de ranger les objets pour croire que tout était rentré dans l'ordre... Mais, dans la journée, nous y pensions beaucoup. Puis nous recommencions. Nous posions un grand nombre de questions qui entraînaient des réponses parfois exactes et d'autres fois ridicules. D'où venaient ces réponses ?... Plus nous étions intrigués et plus nous multiplions et prolongions nos séances...

Bien sûr, nous avons essayé de nous documenter. Nous avons recueilli, çà et là, des méthodes et des recettes pour pousser plus loin nos investigations.

Enfin, un soir où notre exaltation était particulièrement intense, nous avons décidé de «mettre les esprits au pied du mur». Solennellement, nous leur avons demandé de nous prouver dans cette même nuit leur existence et leur force... le voisin rentra chez lui. Avec ma sœur, nous regagnâmes chacune notre chambre... et, en pleine nuit, un grand fracas nous éveilla.

Dans la cuisine, au rez-de-chaussée, les carrelages blancs fixés au mur s'étaient détachés et plusieurs carreaux jonchaient le sol. La fenêtre fermée de l'intérieur s'était ouverte. Les volets s'étaient également ouverts, mais à l'envers, vers l'intérieur. Inutile de vous décrire notre terreur qui nous fit renoncer à nos stupides séances.

Le souvenir de cette nuit et de nos séances ne nous a jamais quitté. Depuis, j'ai l'impression que la malchance est avec moi : oppression, accidents de la circulation, crises de désespoir allant jusqu'à la décision de me détruire... C'est comme si une force en moi pensait et agissait pour moi ! »

Nous avons repris cette conversation en présence de sa sœur. Toutes deux ont accepté que j'enregistre leurs déclarations et m'ont autorisé à les publier car elles pensent qu'il est indispensable de mettre en garde tous ceux qui seraient tentés par ces pratiques dangereuses.

La jeune sœur a vécu des conséquences encore plus dramatiques. Anxieuse, angoissée, oppressée en permanence, elle a été victime d'un accident qui a entraîné une trépanation. Des crises d'épilepsie sont apparues et son état général s'est affaibli. Mère d'un jeune enfant, elle vit avec le père de son enfant avec qui elle s'entend bien.

Quant à leur ami, leur voisin, il a quitté la région et elles n'ont plus de contact avec lui. Elles savent seulement qu'un accident lui a fait subir une amputation.

Ces événements sont-ils l'effet de coïncidences ou les conséquences d'un comportement commun ayant entraîné un état psychique réduisant la vigilance dans certaines circonstances ?

J'ai visité la villa qui fut témoin de ces séances. Les deux sœurs m'ont détaillé les lieux, la cuisine, puis les pièces où il leur est arrivé de voir des formes insolites et d'entendre des bruits inexplicables. J'ai constaté qu'un meuble était placé en angle au rez-de-chaussée au-dessous de l'une des chambres. Leurs parents ont accepté de déplacer ce buffet. Toute la maison est comme «chargée», chargée d'énergies négatives appelées ou créées sur place. Ces énergies nécessitent un traitement de «médecine de l'habitat», mais leurs sources ne doivent pas être qualifiées de surnaturelles. Il est trop facile d'accuser un autre monde des conséquences des erreurs que nous commettons dans le nôtre.

Ces **énergies appelées,** qu'elles soient venues de l'extérieur ou du plus profond de chacun des participants, ne sont pas détruites par le seul fait que la séance est interrompue. Que deviennent-elles ? Vont-elles se diluer sans aucune autre conséquence ? Vont-elles se condenser – se coaguler – et former une sorte d'entité qui se fixera sur une personne présente, puis l'envahira pour se nourrir ensuite de sa force vitale, de son magnétisme ?... Je crains qu'il en soit ainsi...

Notre recherche commune ayant créé un climat de confiance, ces deux jeunes femmes m'ont fait des confidences qui m'ont permis d'établir de curieuses comparaisons.

L'aînée m'a confié qu'après avoir cessé les séances de spiritisme, elle avait l'impression de posséder une énergie puissante lui donnant un «appétit sexuel» qui la surprenait. Cependant, des périodes de lassitude succédaient à celles où cette force et ces désirs se manifestaient... Le désir sexuel s'estompa petit à petit et fit place à une indifférence, puis à un rejet de son compagnon qu'elle aime pourtant très sincèrement.

La plus jeune (lorsque je l'ai rencontrée elle devait avoir vingt-cinq ans) a connu les mêmes symptômes. Elle a espéré que la naissance d'un enfant rétablirait une situation normale. Ce fut en vain, car elle en arriva à ne plus supporter le contact de l'homme avec qui elle vit (le père de son enfant), jusqu'à dormir seule dans un autre lit.

S'agit-il de cas extrêmes ? Je ne le pense pas. Je crois plutôt qu'il est difficile pour ceux qui vivent ces situations d'en déceler l'origine et de les révéler à qui que ce soit. C'est tout de même un concours de circonstances exceptionnel qui m'a permis de le découvrir et de pouvoir en porter témoignage.

Ces faits concrets s'ajoutant aux crises psychiques et mentales et au sommeil agité de ces sujets m'a rappelé les phénomènes que nos ancêtres attribuaient aux incubes et aux succubes.

Les incubes sont des démons mâles dont il fut beaucoup question aux XVIe et XVIIe siècles. Ces démons venaient la nuit dans les maisons et avaient des rapports sexuels avec des femmes pendant qu'elles dormaient. Par la suite, ces femmes se détournaient de leur mari jusqu'à le repousser totalement.

Les succubes, toujours selon ces légendes et récits, sont des démons femelles qui agissent de la même façon avec les hommes. Un film de Roman Polansky, «Le bébé de Rose-Mary» a pour sujet la naissance d'un enfant né des rapports entre femme et incube.

De véritables épidémies de ce genre de «possession» ravagèrent en Europe de nombreux couvents de religieuses.

Ces entités qualifiées de démons me paraissent correspondre à celles qui perturbent les gens dont l'appareil Kirlian révèle qu'ils semblent être «vampirisés» de l'intérieur.

Depuis ma rencontre avec ces deux jeunes femmes, il m'est arrivé plusieurs fois de constater l'absence «d'aura»

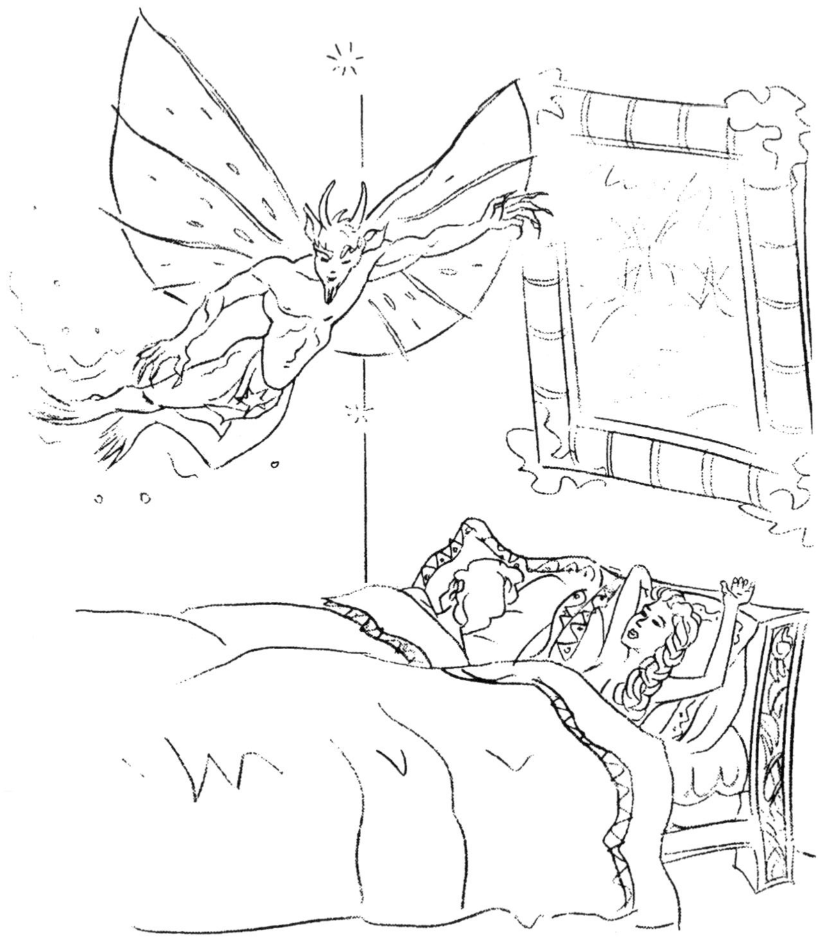

INTRUSION DE L'INCUBE

sur le cliché d'une main en photo Kirlian. Je n'ai pas manqué d'interroger les intéressés. Chaque fois, ils vivaient des problèmes psychiques et physiques «inexplicables» et avaient en commun le fait d'avoir pratiqué le spiritisme sans aucune connaissance, sans aucune précaution et sans aucune protection. Toujours le même scénario : curiosité, amusement, besoin comme d'une drogue.

Avertis de ces réels dangers, nous devons en informer ceux qui par ignorance courent le risque de s'y exposer.

Quelles conclusions en tirer ?

La main, cet important émetteur du magnétisme, révèle par la photo Kirlian la puissance ou la faiblesse et même l'absence de magnétisme.

Cette expérience indique bien que ce magnétisme se donne volontairement et doit être ensuite renouvelé.

Avant de nous pencher sur l'origine de cette force vitale et sur les moyens de la renouveler, nous allons étudier et réaliser un premier exercice pratique pour soulager avec nos mains par notre magnétisme.

PREMIER EXERCICE PRATIQUE SUR UN PATIENT

LORSQUE par votre entraînement avec les symboles de l'aimant et du soleil vous aurez «ressenti» les effets du magnétisme que vous donnez volontairement ou que vous prenez tout aussi volontairement. Poursuivez cet entraînement par l'exercice pratique que je vous propose. Vous n'aurez pas beaucoup de mal à rencontrer dans votre entourage une personne qui, pour des raisons diverses – surmenage, anxiété ou autres –, vous déclarera qu'elle ressent un mal de tête qui lui donne l'impression que sa tête est lourde, comme serrée dans un casque. Sans faire la moindre allusion à des «dons», mais en indiquant que vous vous intéressez au magnétisme, proposez-lui de la soulager. N'oubliez pas qu'une mise en condition préalable est nécessaire pour vous-même. Discrètement, respirez profondément et évacuez mentalement vos propres préoccupations.

1ER EXERCICE : LE CASQUE

POUR SUPPRIMER : LA MIGRAINE, LES MAUX DE TÊTE, LES NÉVRALGIES, LA TÊTE LOURDE...

- *Faites asseoir le patient, autant que possible face au nord. Placez-vous derrière lui. Disposez vos deux mains tout près de son front ou légèrement posées sur son front.*
- *Demandez au patient de respirer calmement, de se décontracter, de détendre ses muscles et de fermer les yeux sans crispation. Vous parlez d'une voix naturelle et douce, sur un ton de confidence. Vous ne pensez qu'à ce que vous faites et qu'à ce que vous dites.*

• Faites lentement glisser vos mains du front vers le sommet du crâne. En expliquant que vous le débarrassez de son mal qui serre la tête en lui enlevant un bonnet, une cagoule, que vous faites glisser vers l'arrière.

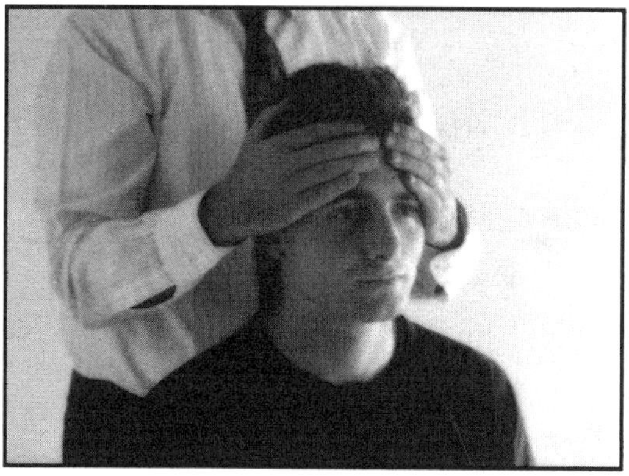

PHOTO N° 1 : LE CASQUE.

• Vos mains sont au sommet du crâne. Vos pouces sont légèrement écartés. Votre mouvement vers l'arrière continue, lent et régulier. Vos mains commencent à descendre vers la base du crâne. Les pouces restent sur le crâne comme pour marquer le point où se trouve le bonnet que vous faites glisser.

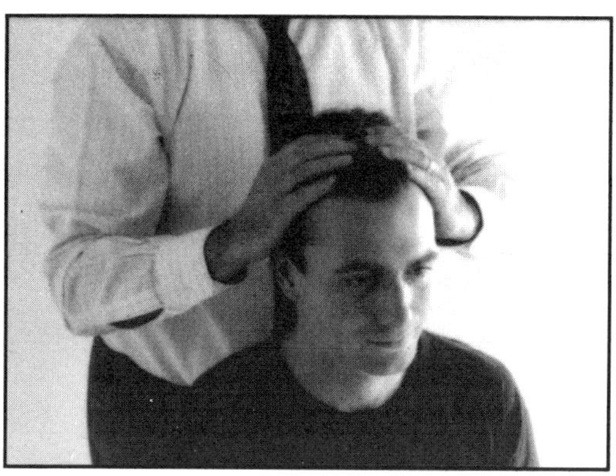

PHOTO N° 2 : LE CASQUE.

• *Vos autres doigts se placent de part et d'autre de la tête, sur les tempes que vous massez légèrement, avec un mouvement de rotation. Rappelez au patient de respirer calmement, profondément, de se décontracter, de relâcher tous ses muscles...*

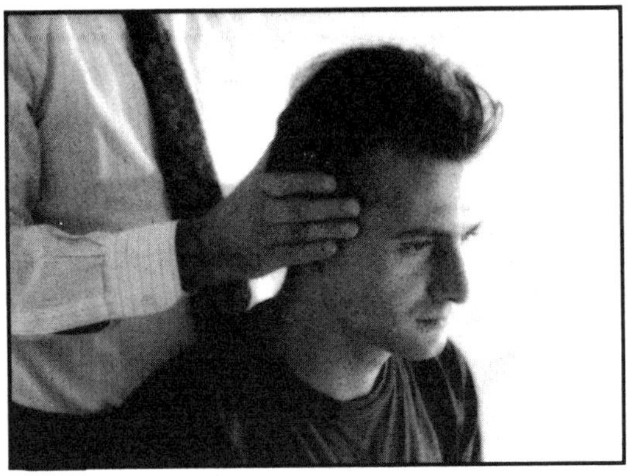

Photo N° 3 : le casque.

• *Reprenez la descente de vos mains derrière le crâne sans jamais rompre le contact. Puis en descendant, au milieu du crâne, massez avec vos deux pouces. Ce massage commence un peu avant la base du crâne. Il se pratique jusqu'à la base du cou, avec un mouvement de rotation dans le sens des aiguilles d'une montre.*

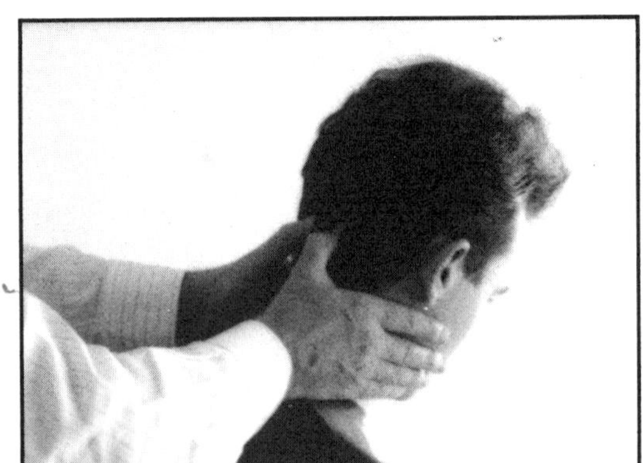

Photo N° 4 : le casque.

- *Terminez en effectuant un massage de la base du cou jusqu'aux épaules. Ce massage disperse les tensions. Reprenez le même exercice que vous pouvez effectuer trois fois.*
- *N'oubliez pas de passer vos mains sous l'eau froide.*

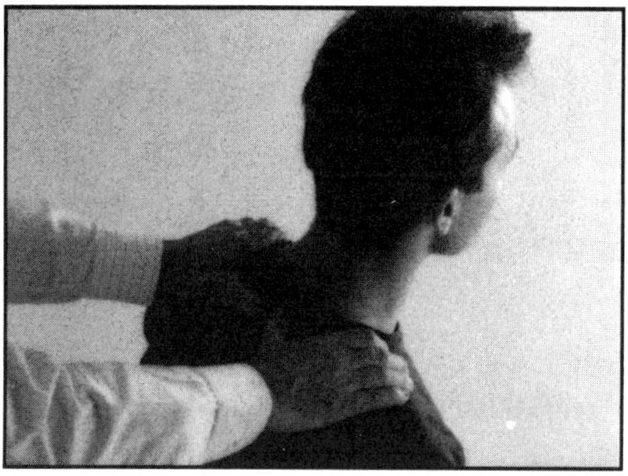

Photo N° 5 : le casque.

Par le travail que vous allez mettre en œuvre sur la voix et sur la visualisation et par votre propre expérience, vous obtiendrez assez rapidement des résultats satisfaisants et durables. L'effet «mécanique» de cet exercice sera alors amplifié par les vibrations de vos paroles qui décriront la visualisation du bonnet que vous faites glisser et des tensions que vous dispersez.

L'effet de l'exercice du casque peut effectivement être qualifié de «mécanique» et vous pourrez l'enseigner à une personne non initiée au magnétisme. Il m'est arrivé de l'enseigner à des personnes vivant dans l'entourage de quelqu'un qui était sujet aux maux de tête. Les résultats ont toujours été satisfaisants.

Rappelez toujours qu'il est indispensable de passer les mains sous l'eau froide après tout acte de magnétisme.

Je peux vous citer le cas de l'une de mes élèves qui exerce la profession de kinésithérapeute. Se rendant chez une amie avec qui elle avait travaillé le magnétisme, elle la trouva très affectée par un mal de tête tenace. Elle lui proposa l'exercice du casque qui la soulagea rapidement. Elle se rendit ensuite à son cabinet où peu de temps après elle ressentit à son tour un fort mal de tête. Elle se souvint alors qu'elle avait oublié de passer ses mains sous l'eau froide. En fin de journée, elle retourna chez son amie qui, parfaitement soulagée, lui fit à son tour l'exercice du casque et la débarrassa de ce mal de tête. Il est inutile de préciser que son amie ne manqua pas de se laver les mains.

Cette constatation est importante car elle confirme qu'en «prenant une énergie» par le magnétisme, il est possible de «prendre une affection», même si celle-ci n'est pas contagieuse.

LE TEST DU CITRON

Pour concrétiser votre magnétisme

VOTRE **entraînement a commencé avec la saturation du symbole de l'aimant par votre magnétisme.** Vous avez «ressenti» qu'il se passait quelque chose par de la chaleur, ou du froid, ou des picotements, ou encore des vibrations sur vos mains ou sur vos doigts. Mais il ne vous a pas été possible de vérifier si le dessin avait reçu et conservé votre magnétisme.

LE TEST DU CITRON VA VOUS PERMETTRE DE CONCRÉTISER LES EFFETS DE VOTRE MAGNÉTISME.

- Prenez deux citrons bien sains, de grosseur moyenne.
- Laissez un de ces citrons dans votre coupe à fruits ou en tout autre lieu.

- Dans une autre pièce où vous ne séjournez pas (débarras, grenier, etc.), placez le citron qui va faire l'objet de cette expérience. Posez-le sur un meuble ou sur une étagère. Notez la date du début de l'expérience.
- Chaque jour, magnétisez votre citron pendant au moins trois minutes par des impositions des mains. En le magnétisant, pensez seulement que votre magnétisme va stopper le processus de dégradation biologique de ce fruit.
- *Effectivement, alors que le citron témoin dont vous ne vous occupez pas va bientôt laisser apparaître de la moisissure, puis va commencer à pourrir, celui que vous magnétisez va se déshydrater au fil des jours.* Il se peut qu'il diminue notoirement de volume et qu'il durcisse jusqu'à présenter l'aspect d'une pierre ronde ; il se peut aussi qu'il devienne mou, avec la consistance d'un ballon dégonflé.

Quoi qu'il en soit, l'action de votre magnétisme aura détruit les bactéries qui attaquent et dégradent la matière organique. Vous pourrez conserver indéfiniment cette preuve concrète de votre magnétisme.

Ce résultat est obtenu dans un délai plus ou moins long, selon les cas. En général, une transformation est apparente au bout d'une dizaine de jours. L'expérience peut se poursuivre durant trois semaines ou plus car il est préférable de ne l'interrompre que lorsque l'aspect définitif (dur ou mou) a été obtenu.

Sachant que «votre magnétisme» produit cet effet sur la matière organique d'un citron, vous imaginerez tout ce qu'il sera susceptible d'offrir lorsqu'il s'agira de la matière qui compose un être vivant, homme ou animal.

Ce même magnétisme s'exprimera plus que par vos mains. Il rayonnera par votre souffle, par votre parole, par votre regard et par tout votre être.

S'appuyant sur la force de la pensée et sur la visualisation, il vous permettra d'obtenir des résultats que vous ne soupçonnez peut-être pas, et cela dans différents domaines que nous aborderons.

Vous êtes capable d'obtenir ces résultats, car acquérir la possibilité d'accéder aux bienfaits du magnétisme pour soi et pour les autres est à la portée de tous.

Au départ, certains sont plus doués que d'autres. Mais le travail sur soi et l'entraînement parviennent à compenser largement «les dons» de ceux qui croient inutile de les cultiver et de les développer.

Affirmer des «dons exceptionnels» qu'il n'est pas nécessaire de travailler, c'est se considérer comme étant l'élu de la divinité, c'est se placer soi-même au-dessus des autres. Cet orgueil peut conduire à l'imprudence et l'imprudence à la destruction.

Dans son ouvrage «Le Tarot des imagiers du Moyen Âge», Oswald Wirth traite catégoriquement ce sujet en écrivant : « Malheur à l'occultiste vaniteux qui s'imagine être servi par d'invisibles entités ! Ses serviteurs équivoques vivent à ses dépens et le tiennent dans la mesure où il les tient lui-même. Il leur appartient au même titre qu'ils lui appartiennent. Il y a donc deux aliénations de sa part : il s'est aliéné au sens propre du mot et s'expose en plus à perdre la raison, catastrophe dont le menace l'arcane XVI. »

Chapitre 6

L'ÉNERGIE VITALE

UNE force universelle existe mais reste encore inconnue. Elle fait l'objet des recherches des sciences, des philosophies et des religions. Elle est source de vie et soutien de la vie ; elle est la vie présente partout autour de nous et en nous. La vie multiforme véhicule cette énergie qui, tel un phénix, renaît sans cesse.

Elle est cachée dans cette graine que la terre, l'eau et le soleil vont faire éclater et d'où jaillira un arbre magnifique. Elle peut rester très longtemps inapparente, blottie, contenue et préservée dans des grains de blé trouvés dans des sépultures de l'Égypte antique et qui ont germé après plusieurs millénaires de sommeil.

L'homme travaille avec la vie. Il ne la crée pas. Cultivateurs et éleveurs constatent, manipulent, exploitent, à partir de l'inconnu. L'énergie vitale est en nous, à notre disposition, mais nous devons l'éveiller, lui permettre de se manifester, dans différents degrés, selon notre propre évolution. Elle ne doit pas rester «endormie» comme dans la graine, elle doit circuler, comme elle circule dans l'univers.

Quelle est la nature de cette énergie ? Quelle est sa source ? Comment parvient-elle jusqu'à nous ?

De la divinité à la matière vivante

Des théories et des hypothèses ont tenté et tentent d'expliquer l'origine de «la force vitale» qui anime le monde.

Comme toujours en pareil cas, le vocabulaire évolue. Les mots les plus utilisés furent fluide et éther. Les peuples primitifs parlaient de «mana», un principe matériel et immatériel qui peut être comparé à ce que de nos jours on appelle «onde».

Ce principe immatériel est appelé «prana» par les hindous qui lui attribuent des propriétés propres à «nourrir» le corps physique et également la partie spirituelle de l'être humain.

Les propriétés du fluide, du mana ou du prana telles qu'elles ont été observées par différentes civilisations et par différentes cultures, nous les possédons dans **le magnétisme,** substance physique qui demeure impalpable.

Derrière les mots, nous trouvons toujours l'idée exprimée ou non exprimée de la conciliation des contraires. C'est sur cet équilibre qu'est bâti et que fonctionne le monde dans lequel nous vivons.

Mais ce monde, d'où vient-il et de quoi est-il fait ?

La science de notre époque a émis une idée acceptée par la plupart des chercheurs quant à la naissance de notre univers. Il s'agit du «Big Bang», une explosion cosmique titanesque libérant l'énergie contenue dans une condensation extrêmement dense. Cette idée correspond au mythe de l'œuf cosmique présent dans de nombreuses cultures.

L'énergie qui allait en partie se transformer en matière n'était pas comprimée dans l'univers ; elle était tout l'univers... ou du moins tout «notre» univers.

Quel «détonateur» a provoqué cette explosition et pourquoi ? C'est le plus grand des mystères. Quel que soit le nom qu'on lui donne, il a bien fallu «qu'il» intervienne ! Cette super-énergie libératrice venait-elle d'un autre univers ? Les dimensions de notre monde sont déjà difficilement imaginables... L'existence d'autres univers dépasse notre entendement.

L'espace et le temps ne sont pas à l'échelle humaine. Cet événement s'est produit il y a dix ou vingt milliards d'années. Qui l'a provoqué ? Qui a libéré cette puissance que contenait «l'œuf cosmique» ? Un être hors de l'espace et du temps, une intelligence primordiale, a voulu que cette «explosion» se produise, selon des règles établies qui laissent peu de place au hasard.

Alors, notre univers immatériel, condensé dans un point sans nulle dimension, prisonnier comme la vie dans une graine, notre univers fut libéré et commença une expansion qui n'a pas cessée depuis. Dès l'origine, il a conservé et répandu la vie que lui a insufflé son créateur, cette vie qui contient en elle le principe créateur, la divinité.

Tout d'abord, une énergie à l'état pur se constitua en particules élémentaires, puis en vastes nuages de gaz de plus en plus brillants qui formèrent les grandes structures de cet univers, ces amas galactiques dont nous habitons un petit coin éclairé et chauffé par une étoile, le soleil.

Les alchimistes donnent une explication de la transformation de l'énergie en matière et de la «descente» de l'esprit dans cette matière, dans une évolution sans cesse répétée.

L'énergie universelle, feu de l'explosion, s'est solidifiée sans pour cela rejeter ou détruire la présence réelle de la «divinité» créatrice et de la vie. Pour les alchimistes, la matière première est une semence absolue et omniprésente fécondée par l'énergie universelle émise par le soleil.

Ce feu, cette lumière solaire, se coagule, et c'est ainsi que se forme la matière, le monde et les êtres. Cette énergie devient le principe vital de la matière. Elle sort du soleil à l'état de feu et descend ensuite l'échelle des éléments : air, eau, terre. Ce feu-lumière est plus ou moins dégradé selon la nature des corps qui le contiennent et qui l'emprisonnent. Libérer cette énergie, autant dans le monde extérieur que dans l'âme humaine, constitue le Grand Œuvre Alchimique.

Sous son aspect spirituel, ce feu secret est l'agent de la transmutation matérielle. Les deux transmutations sont concomitantes, la première étant indispensable pour extraire de la matière le rayon de lumière qui y est enfoui.

Notre soleil est à l'image du créateur. Son feu devient d'ailleurs l'image de Dieu dans l'Antiquité. Il est en nous et nous sommes en lui car notre planète qui gravite autour de cette étoile est en fait dans le soleil, dans son corps éthérique. L'énergie vitale sort du soleil. Elle est feu et lumière, ou du moins portée par le feu et la lumière. Elle descend l'échelle des éléments dont elle revêt les différents états : air, eau, terre. *Le tableau de la page suivante exprime ce que nous enseigne l'alchimie.*

Mystère de la création, l'énergie vitale est partout. Elle se manifeste par les vibrations, par les vitesses fantastiques des corpuscules qui se déplacent dans les atomes de la matière vivante comme de la matière dont la vie ne nous est pas apparente. Un virus, pareil à un cristal inerte, peut être soumis à des températures très élevées et ne pas révéler la moindre trace de vie. Pourtant, placé dans certaines conditions, il fait surgir cette vie et reprend son agressivité envers d'autres organismes.

L'être humain contient des éléments vivants qui vivent une vie semi-indépendante par rapport à lui. Ils ont des réactions que nous pouvons qualifier d'intelligentes. Citons les

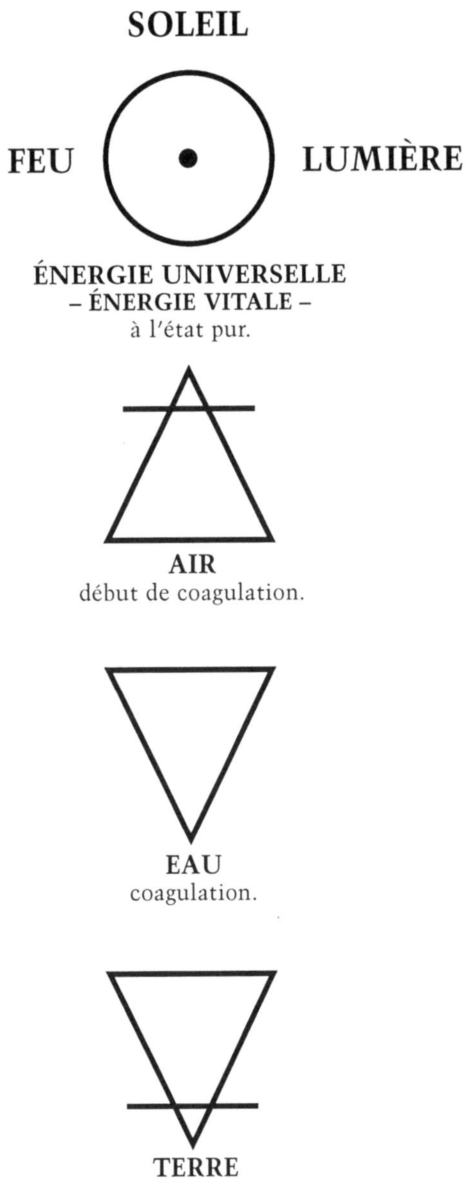

ÉNERGIE COAGULÉE

LE FEU - LUMIÈRE

est prisonnier de la matière.

anticorps, les globules blancs, etc. Chaque cellule, chaque atome, chaque électron a probablement sa propre vie individuelle. À l'opposé, l'homme n'est peut-être qu'un élément d'autres vies organisées dans un espace-temps semblable ou différent. Depuis longtemps, des philosophes et des scientifiques se penchent sur cette hypothèse : le soleil est-il un être vivant ? La terre, qu'ils ont appelé Gaia, est-elle un être vivant qu'il serait bon d'étudier en tant que tel ?

Les travaux des Hutton (1795), de Chevrel-Dessaudrais qui publièrent «la terre vivante» (1805), de Papus (1908), de Jaworski qui écrivit «le géon ou la terre vivante» (Gallimard - 1928), de Lakhovsky «la terre et nous» (Fasquelle 1933), et de bien d'autres depuis ces précurseurs, vont tous dans le même sens. La terre est vivante et l'énergie vitale qu'elle contient se manifeste de plusieurs façons. De plus, cette énergie est en synthonie avec l'énergie cosmique.

Placé sur la terre, la tête vers le ciel, l'être humain bénéficie de ces énergies vitales, telluriques et cosmiques qui vibrent en synthonie avec l'énergie vitale qu'il a en lui, avec son magnétisme. Il est dit parfois que le magnétiseur n'est qu'un canal. Je n'apprécie pas particulièrement l'inaction et la passivité qui me paraissent en opposition avec le «mouvement» qui caractérise les échanges d'énergies par le magnétisme. Le magnétiseur est un canal actif, un catalyseur qui harmonise l'énergie vitale qu'il reçoit avec sa propre énergie vitale. Transformées en magnétisme – dit animal par Mesmer –, les énergies vitales humaines, telluriques et cosmiques sont à la disposition de l'homme qui les amplifie et les dirige au moyen des possibilités que le créateur lui a données : les vibrations vocales, la visualisation et la force de la pensée. Le magnétiseur «donne» cette énergie vitale. Nous en avons examiné les preuves. Il est donc indispensable qu'il la reconstitue ; ce qui n'implique pas une attitude passive.

Comment se recharger

Lorsque, volontairement ou pas, une bonne partie de l'énergie vitale a été «dépensée», plusieurs méthodes simples sont offertes à l'être humain pour qu'il puisse «s'approvisionner» à ces inépuisables réservoirs que constituent la terre et le cosmos.

À juste titre un proverbe conseille : « Aide-toi et le ciel t'aidera. »

Le sophromagnétiseur ne va pas attendre que le ciel, ou les entités qu'il invoque, lui apportent, tels de dévoués serviteurs, ce dont il a besoin. S'il a pour principe d'éviter de prendre ses patients en charge pour les aider à se prendre eux-mêmes en charge, il ne va pas procéder différemment pour lui-même. Il commencera par agir et la prière pourra compléter son action. Souvenons-nous de la réflexion d'Oswald Wirth. *(Voir page 112).* L'énergie vitale peut se renouveler de nombreuses façons. Nous en examinerons **sept** qui me paraissent les plus aptes à vous donner entière satisfaction. À vous de choisir celles qui vous conviennent le mieux, sans négliger d'expérimenter les autres.

Ces sept façons de «se recharger» en magnétisme sont :

- La relaxation.
- Les vibrations de la parole.
- La méditation avec ou sans support.
- La visualisation.
- La pyramide.
- Le contact avec un point tellurique chargé.
- Le contact avec un arbre.

Ne parlons pas bien sûr de la «vampirisation» qui consiste à renouveler son magnétisme en «volant» le magnétisme d'un autre être.

La relaxation

Il est important de savoir se relaxer par auto-relaxation ou en utilisant une cassette vocale enregistrée selon les indications données au chapitre III. La relaxation au moyen d'un enregistrement musical est également efficace, à la condition de bien choisir la musique qui convient. Il est préférable de commencer par des relaxations à l'aide de la parole qui interdit aux «pensées parasites» de se mêler à ce qui est dit comme elles peuvent le faire lors d'un ressenti musical. Ensuite, un enregistrement de musique ou de bruits naturels peut convenir. C'est selon le tempérament de chacun. Ce qui apaise les uns peut parfois exciter les autres. Je l'ai constaté avec des cassettes reproduisant les bruits de la mer et des vagues. Enfin, avec la pratique, il devient possible de «se recharger» en se relaxant sans aucune aide de l'extérieur de soi-même, rapidement et où que ce soit. Un exercice de MINI-RELAXATION est particulièrement intéressant car il permet de se recharger – et de s'apaiser – en très peu de temps. Il peut s'effectuer à n'importe quel moment et n'importe où. Il suffit de pouvoir s'isoler durant trois minutes. Il est intéressant pour le magnétiseur, mais il est bon également de l'indiquer aux personnes qui ne maîtrisent pas la crainte, la timidité, l'anxiété ou le stress.

1er EXERCICE : RELAXATION

- *« Assis confortablement, de préférence sur une chaise et non dans un fauteuil profond, le dos bien droit, sans croiser les jambes ni les bras, vous posez vos mains sur une table devant vous ou sur vos cuisses. Vous vous décontractez, vos muscles se relâchent et vous fermez les yeux.*

• Vous inspirez lentement par le nez. Tandis que l'air pénètre dans vos poumons, vous sentez que vous les remplissez totalement et vous "voyez" cet air pur, limpide, clair comme un ciel bleu sans nuages.

• Lorsque vous sentez vos poumons bien pleins, vous restez quelques instants en rétention. Chacun donne à cette rétention la durée qui lui convient, sans effort, confortablement, sans forcer ses possibilités. Par la bouche, vous rejetez lentement cet air que vous "voyez" gris et sale, comme la fumée d'une grande cheminée. Vous videz totalement vos poumons, vous les vidangez. Lorsque vous ressentez qu'ils ne contiennent plus le moindre souffle d'air, vous restez quelques instants avec les poumons totalement vides. Pour cela aussi chacun ressent la durée qui convient.

• Vous faites cette respiration trois fois. À la fin de la troisième, avant de reprendre la respiration normale, vous faites une profonde respiration, un grand soupir et vous ouvrez les yeux. »

Cet exercice «recharge» en magnétisme. Il est à conseiller à toute personne qui vient de subir un choc émotionnel ou qui s'apprête à vivre une situation plus ou moins stressante.

Celui qui le pratique se trouve renforcé sans énervement et apaisé sans faiblesse. Une force tranquille l'anime qui le met en condition de supprimer les effets d'une situation passée et d'utiliser toutes ses possibilités, toute sa «force vitale», pour faire face à une situation à venir : discussion, passage d'examen, etc.

J'ai été témoin des excellents résultats obtenus par des candidats (examens, permis de conduire, etc.), par des enseignants (entre deux cours), par des représentants de commerce, par des comédiens, etc.

Il suffit de s'isoler quelques instants, même dans sa voiture ou aux toilettes pour se régénérer. Il n'y a pas de contre-indication. Cet exercice peut être pratiqué chaque fois que le besoin s'en fait sentir, que ce soit une fois par semaine ou cinq fois par jour. De plus, le fait de respirer profondément, ce qui n'est pas habituel pour la plupart des gens, ne peut qu'être bénéfique pour l'organisme.

LES VIBRATIONS DE LA PAROLE

La parole entendue est relaxante, mais la parole prononcée l'est également. Le fait de parler pour guider une relaxation est un moyen très efficace pour se recharger par les vibrations que l'on émet. La *musique des mots* est perçue par celui qui parle comme par celui qui l'entend. Il est évident que cette technique exige une maîtrise du langage sur laquelle nous reviendrons.

LA MÉDITATION

La méditation est un état de conscience qui suspend l'activité mentale et met celui qui la pratique en contact avec une réalité différente, au-delà des apparences.

Le mot «méditation» est un terme qui recouvre plusieurs méthodes : méditation mystique, métaphysique (Descartes), poétique (Lamartine), spirituelle, etc. L'intellect est dépassé, la pensée est métamorphosée, une modification corporelle intervient et le magnétisme est reconstitué.

Pour obtenir ce résultat, les méthodes sont multiples et chacun doit trouver celle qui correspond le mieux à sa personnalité.

A) Méditation avec support

Il convient de choisir une image ou un symbole. Vous le placez devant vous, vous le regardez attentivement en ne pensant qu'à ce qu'il représente et à tout ce qu'il peut signifier. L'image peut être posée devant vous sur une table si son format est petit. Il est préférable qu'elle soit d'un format assez grand (21 x 29,7 ou plus) pour l'accrocher sur un mur devant lequel vous pourrez vous asseoir confortablement. Tous les symboles peuvent être sujet de méditation pour se «recharger». Ma préférence va à l'image du pentagramme, l'étoile à cinq branches avec sa pointe en haut, et à l'arcane onze du Tarot.

La Force
Tarot de Marseille

La Force
Tarot de Wirth

L'arcane Onze du Tarot, c'est «la force». Je vous propose de placer devant vous, sur un mur, l'agrandissement de cet arcane. Actuellement, pour un prix modique, vous pouvez faire tirer une photocopie en couleurs de cette carte d'après le Tarot de Marseille, ou mieux encore d'après le Tarot d'Oswald Wirth.

Sur cette image, vous voyez une femme qui maîtrise, sans effort apparent, un lion dont elle tient la gueule ouverte avec ses deux mains. Observez cette femme blonde et gracieuse. Observez la beauté du lion et sa puissance domptée par la féminité faite d'esprit, de subtilité et d'intelligence plus efficace que la colère et la brutalité. L'animal fait penser aux forces mauvaises qui sommeillent en chacun de nous. Il ne s'agit pas de les détruire mais de les dompter et de les commuer en énergie positive pour les utiliser. La sagesse maîtrise la force physique.

Partant de ces idées, vous laissez aller votre esprit librement sur ce thème tandis que votre magnétisme se reconstitue paisiblement, circule en vous et devient disponible pour les autres. Si vous ressentez bien la force d'un symbole par rapport à ce qu'il représente, vous pouvez méditer à partir du symbole du soleil (p. 82). Agrandissez ce symbole et placez-le devant vous contre un mur. N'oubliez pas que ce symbole contient toute l'énergie vitale du soleil et qu'il vous la transmet. Pensez fortement que vous êtes le point central de ce symbole. De la circonférence l'énergie vitale vient vers vous, vous pénètre et vous envahit. Elle devient votre énergie vitale. Vous pourrez ensuite la diffuser au-delà de la circonférence, dans tout l'univers.

B) Méditation sans support

En fait, il s'agit le plus souvent d'une méditation sans support apparent. Cette méthode implique une certaine maîtrise de la visualisation. Nous approfondirons ces possibilités dans le chapitre réservé au travail sur la visualisation et sur ses applications. Laisser aller son esprit en méditation sans avoir au préalable choisi un thème n'est possible qu'après «un travail sur soi» et un cheminement spirituel qui demandent une grande disponibilité. Par contre, la visualisation permet de méditer sur des symboles, sur le pentagramme ou sur l'arcane onze du Tarot en les imaginant, sans les avoir concrètement devant soi.

La visualisation

Une visualisation particulièrement «rechargeante» est celle qui consiste à «voir un soleil d'or» au-dessus de la tête, soleil dont les rayons pénètrent en vous. Cette visualisation qui devient un ressenti peut, avec un peu d'entraînement, se faire n'importe où, chez vous ou à l'extérieur, en marchant dans la rue ou à la campagne. Méditer n'est pas se crisper, c'est laisser aller ses pensées sans les diriger, hors de l'intervention du mental. Vous pouvez également méditer profondément sur ce thème. Un exercice vous permettra de vous recharger et de vous placer en état de disponibilité envers les autres.

Cet exercice ajoute la respiration à la visualisation. Les yeux fermés, imaginez «un soleil d'or» dans le ciel. Lorsque vous inspirez, un rayon (ou une spirale) vient de ce soleil d'or jusqu'à vous. Vous retenez votre respiration et le rayon d'or se répand dans tout votre être. Lorsque vous expirez, vous répandez le rayon d'or dans tout l'univers. Nous utiliserons cet exercice lorsque nous travaillerons le magnétisme à distance. Alors, le rayon d'or sera projeté sur un point précis, une personne, un animal, un lieu, etc. Par la visualisation, nous pouvons nous recharger en «énergie vitale» en visualisant cette énergie et en la transformant en élément concret. Par exemple, en méditant sur le tableau de la page 117, nous pouvons «voir» ce qu'il nous indique jusqu'à «voir» ce feu-lumière, cette énergie vitale, au fond de nous. Ce ne sont là que des exemples, pour débuter.

La pyramide

Nous **aborderons plus loin les relations du magnétisme avec les ondes de forme et la radionique.** Nous étudierons particulièrement la pyramide, avec ses qualités et ses dangers. Il est vrai que certains sportifs notamment utilisent une petite pyramide en carton qu'ils placent pendant quelques minutes sur leur tête avant une compétition pour recharger leur énergie. Attention, les risques sont réels si la pyramide est gardée trop longtemps sur la tête. Il est conseillé de ne pas dépasser dix minutes.

Point tellurique

L'énergie **vitale contenue dans les entrailles de notre planète émerge en certains points.** Ceux-ci sont décelables de différentes façons, directement ou à l'aide d'un pendule pour ceux qui pratiquent la radiesthésie. Par exemple, les abords d'une source dégagent souvent une puissance tellurique appréciable.

Des civilisations disparues nous ont «marqué» certains de ces points forts par des pierres plantées, des menhirs, qui sont comme des aiguilles d'acupuncture plantées sur un nœud de circulation d'énergies. Il arrive que des pierres plantées aient la réputation de soulager certaines affections physiques et psychiques. Parfois récupérées et dédiées à un saint chrétien, ces pierres dégagent ce que des scientifiques ont comparé à une forme de «radioactivité». Adossé à une pierre, en méditation, par rapport à cette pierre et au lieu, l'énergie vitale tellurique vous est transmise. Il faut cependant savoir doser cette «communication» au cours de laquelle se produisent souvent des phénomènes de ressenti, de voyance et d'intense exaltation. Se recharger auprès d'une authentique pierre plantée est un très bon exercice.

Cependant, l'expérience a démontré que s'installer tout près d'un menhir et y camper pouvait entraîner des désagréments physiques et psychiques : insomnie, nausées, inquiétude, irritation... Le principe est le même que pour les remèdes de notre médecine. Un cachet d'aspirine peut vous calmer une migraine ; mais si vous en avalez le contenu de plusieurs tubes...

COMMENT SE RECHARGER AUPRÈS D'UN ARBRE

RAPPELONS **que la force vitale que nous donnons et que nous appelons «magnétisme» n'est pas inépuisable.** Elle doit être entretenue, développée et renouvelée.

L'être humain, créature qui vit dans l'univers, fait partie de cet univers dont il est – entre autres – une infime parcelle de matière et d'esprit. Son corps physique a besoin d'une nourriture matérielle pour entretenir la vie. Ce corps est constitué des éléments qui composent toute matière avec ses minéraux, ses métaux, ses sels, ses énergies, etc. Comparable à *la terre,* il doit être fertilisé par l'eau et par l'air et réchauffé par le feu du soleil.

Mais la matière n'est pas tout. L'homme doit aussi se nourrir d'une «force vitale» qui n'est pas matérielle, ou du moins qui n'est pas matière apparente. Cette énergie, qu'elle soit cosmique ou tellurique, lui est donnée généreusement ; encore faut-il qu'il en ait conscience et qu'il sache l'utiliser. Comme il est indispensable de «savoir respirer» et de «savoir s'alimenter», il est tout aussi important de «savoir puiser» dans les grands réservoirs de cette force cosmique universelle. Les arbres peuvent nous offrir cette force vitale si nous savons la leur demander et si nous ressentons la vie qui vibre en eux. Pour les comprendre, il faut les aimer, et pour les aimer il faut les connaître. Mais les connaissons-nous ?

L'arbre, notre alter ego (*)

Ils sont là, apparemment passifs, figés, vulnérables et sans défense. Tous ces arbres, notre civilisation les utilise sans amour ni considération, avec une pointe de dédain. Nous ne les apprécions souvent que pour les fruits qu'ils nous offrent, pour le bois qu'ils nous fournissent et pour l'ombre de leur feuillage.

N'existent-ils que pour cela ?

Certainement pas. Avec les autres végétaux, ils sont de «merveilleuses machines» qui travaillent pour que la planète terre soit habitable. La «machine» de notre corps leur doit en grande partie l'oxygène que nous respirons. En remerciement, l'homme les abat lorsque son intérêt et sa soif de profit le lui commandent. L'humanité ne cesse de scier la branche sur laquelle elle est perchée.

Les arbres, nous les connaissons mal. À tel point que nous employons l'expression «être de bois» pour qualifier l'insensibilité. Et pourtant, ils vivent une vie sensible et intelligente comme tout ce qui est bénéficiaire et gardien de la vie : l'être humain, l'animal, le végétal... et aussi les minéraux, les roches, les montagnes, les planètes, les étoiles et les mondes.

La science a découvert récemment une véritable solidarité, en ce qui concerne la respiration, entre les animaux et les végétaux. Il existe une série de similitudes qui unissent l'homme et l'arbre ; la plus flagrante est que face à l'homme vertical, il n'y a que l'arbre vertical.

Aujourd'hui, c'est un fait prouvé, les plantes ont une forme de sensibilité et de mémoire qui est aussi une forme d'intelligence.

(*) Alter Ego signifie : un autre moi-même.

L'intelligence végétale

Au début de notre siècle, un savant indien, Sir Jagadis Chandras Bose, prouva que les plantes possédaient un «système nerveux» qui pouvait être excité par des champs électriques. Ce fut ensuite un soviétique, V.M. Pouchkine qui écrivit un article intitulé «le phénomène de Feedback dans les fleurs» en 1972 et qui affirma qu'il existait une psyché dans les cellules vivantes dépourvues de système nerveux. Aux États-Unis également, cette recherche intéresse les hommes de science. En février 1966, C. Backster utilisa un appareil construit sur le principe du «détecteur de mensonges», appareil qui servait à déceler les émotions chez un être humain. Sur les plantes, les résultats furent surprenants.

Actuellement personne n'en doute, les plantes ont des réactions émotionnelles, elles pensent et elles comprennent nos pensées. Une plante à laquelle un chercheur avait arraché une feuille en vue d'une expérience, réagit violemment lorsque plusieurs semaines plus tard, ce même chercheur entra dans la pièce où elle se trouvait. On pourrait ainsi multiplier les exemples d'expériences stupéfiantes.

Déjà, au siècle dernier, dès 1880, Charles Darwin avait fait des découvertes qu'il publia dans ses ouvrages «la faculté du mouvement chez les plantes» et «de la variation des animaux et des plantes sous l'action de la domestication». Ce grand savant traitait de la domestication des plantes qui pouvaient s'adapter à l'environnement de l'homme comme s'y sont adaptés les chiens et les chats. Il précisait dans sa conclusion que «l'extrémité de la racine d'une plante peut diriger les mouvements des parties voisines, agissant comme le cerveau d'un animal inférieur». Mais le monde scientifique n'est pas le seul à croire à l'intelligence des végétaux. Les religions et les philosophies l'affirmaient depuis fort longtemps.

Il est une coutume encore vivante dans certaines régions qui veut qu'un arbre soit planté lorsqu'un vieil arbre est abattu ; ainsi «l'esprit» du vieil arbre pourra revivre dans la jeune pousse. C'est un peu une sorte de «réincarnation». Dans les pays de l'Asie, les bûcherons offrent un présent à l'arbre qu'ils vont abattre et lui en demandent l'autorisation. On m'a cité le cas d'un bûcheron européen qui, là-bas, avait ironisé sur cette pratique et avait abattu sans aucune précaution un arbre plusieurs fois centenaire. Lorsqu'il rentra chez lui le soir, sa fillette de douze ans qu'il avait laissée le matin en parfaite santé, était mourante.

Dialogue avec l'arbre

L'arbre, cet être vertical, est un trait d'union entre les forces telluriques avec lesquelles il est en contact par ses profondes racines et les forces cosmiques qui lui apportent une autre partie de sa vitalité. Il est possible de se revitaliser en s'appuyant contre le tronc d'un arbre et en communicant avec son esprit. C'est un exercice que chacun peut faire.

1er EXERCICE : AVEC UN ARBRE

- *« Choisissez un arbre au tronc lisse et droit et d'un diamètre moyen. Assurez-vous que lorsque vous serez appuyé contre ce tronc vous ne serez pas importuné par l'éclat de la lumière du soleil ou par des insectes.*
- *Debout (ou assis), appuyez votre dos contre l'arbre. Vos bras en arrière de votre corps permettent à vos mains d'être en contact avec l'arbre. Fermez les yeux et respirez calmement, profondément, sur un rythme ralenti.*

- *Décontractez votre corps tout en envoyant des pensées d'amour au monde entier par la «prière universelle». Vous pouvez ensuite – selon votre philosophie ou votre culture – invoquer votre Maître spirituel ou vos Maîtres spirituels pour qu'ils vous aident à réussir ce contact avec l'arbre.*
- *Adressez-vous mentalement à l'arbre. Demandez-lui de vous donner de sa force, de son énergie vitale. Pensez fortement à ce que vous dites. Très décontracté, vous ne pensez qu'à cela et à l'arbre avec qui vous dialoguez.*
- *Petit à petit, laissez aller votre esprit, sans aucune pensée. Vous êtes en contact avec l'arbre, cet être vertical qui accepte de vous donner de sa force vitale.*
- *Restez ainsi de dix à quinze minutes en moyenne.*

Au cours de ce «contact», certaines manifestations se produiront. Je préfère ne pas vous en dire plus afin de ne pas risquer de vous influencer. Les sensations et les ressentis sont différents pour chacun ; mais chacun «se recharge». Au cours de mes stages, je fais pratiquer cet exercice et les résultats varient avec la personnalité et la sensibilité de chaque stagiaire. Lorsque vous terminez ce dialogue avec l'arbre, n'oubliez pas de le remercier.

PRIÈRE UNIVERSELLE

Que tous les êtres soient heureux au Nord.
Que tous les êtres soient heureux au Sud.
Que tous les êtres soient heureux à l'Est.
Que tous les êtres soient heureux à l'Ouest.
Que tous les êtres soient heureux au Zénith.
Que tous les êtres soient heureux au Nadir.
Que je sois heureux moi aussi
dans mon être fondamental et primordial.

L'énergie vitale «inonde» notre univers. Elle pénètre en nous, elle circule en nous, et nous la transmettons autour de nous. Le cosmos, notre planète, les arbres, tous les êtres vivants et toute la nature avec qui nous sommes en interdépendance nous dispensent cette énergie et sont prêts à la recevoir de nous.

Cet échange se produit mécaniquement, comme notre respiration, hors de l'intervention de notre volonté. Sans en être conscient nous y participons, mais nous ne profitons pas pleinement de tous ses possibles bienfaits. Lorsque par un savoir et par un travail sur soi, nous cultivons les propriétés que nous offre l'énergie vitale, nous pouvons mieux l'utiliser pour nous et pour les autres.

Considérons le magnétisme comme étant la partie «manipulable» de l'énergie vitale qui, en son essence, est également énergie et matière. Nous aurons alors une vision profonde des «miracles» qu'il peut opérer tant sur l'être physique que sur l'être psychique dans une complète conciliation de prétendus contraires.

Chapitre 7

DE L'ÉNERGIE À LA MATIÈRE

L'ÉNERGIE **primordiale anime le monde et les humains.** Ceux-ci utilisent dans notre civilisation six formes principales d'énergie ; ce qui nous donne le nombre sept... (coïncidence ?). Il n'y a ni création ni destruction de l'énergie, mais multiples transformations d'une forme à l'autre : énergie nucléaire, de rayonnement électrique, thermique, mécanique et chimique. Par exemple, l'énergie thermique utilise le mouvement des molécules, l'énergie électrique celui des électrons et l'énergie chimique des réactions au niveau des molécules et des atomes. L'énergie nucléaire est l'énergie enfouie dans le noyau de l'atome. Elle «libère» la force du cœur de la matière ; elle est la matière. L'homme a-t-il le pouvoir aujourd'hui de libérer l'Étoile dans le compost ? Est-ce un aboutissement ou une étape importante sur la longue route initiatique de l'humanité ?

«MATIÈRE ET ÉNERGIE» SONT ÉQUIVALENTES D'APRÈS LA CÉLÈBRE FORMULE D'ALBERT EINSTEIN : «$E = mc^2$»

- **m** signifie une quantité de matière.
- **E** signifie la quantité d'énergie équivalente à cette matière.
- **c^2** signifie que **m** et **c** sont multipliés par un facteur colossal, le carré de la vitesse de la lumière.

Il paraît fantastique d'imaginer que les noyaux des atomes d'un gramme d'uranium 235 libèrent une énergie égale à celle que dégagerait la combustion complète de deux tonnes et demie de charbon.

Cette énergie nucléaire, notre science la déclenche de deux manières, par la fission et la fusion.

- L'énergie libérée par la fission (noyau lourd scindé en deux) est actuellement la seule et la plus puissante à la disposition de l'industrie.
- L'énergie de fusion n'est pas encore en application dans la pratique.

Et pourtant, au-dessus de nous, un immense réacteur de fusion, le soleil, rayonne comme toutes les étoiles de notre univers, de l'énergie nucléaire transformée. Notre science voit se confirmer les connaissances de nos lointains ancêtres qui considéraient que le soleil est l'intermédiaire entre la source de l'énergie, la divinité et les humains qu'il fait vivre en la leur transmettant.

LES CHAKRAS : ÉMETTEURS ET RÉCEPTEURS DU MAGNÉTISME

IL est dit des chakras qu'ils sont des portes ouvertes dans le corps humain, sur le cosmos. C'est par ces portes que nous recevons inconsciemment l'énergie vitale qui nous est indispensable.

Par le yoga, le mot « chakra » s'est popularisé en Occident. Les chakras sont présentés comme étant des tourbillons tournant très rapidement.

Ils ont la forme de toutes petites soucoupes dont « la bouche» est située à la surface de la peau. Ces «tourbillons d'énergie vitale» sont nombreux sur les organes essentiels et sur les points où se rencontrent plusieurs nerfs. Ils correspondent à des points d'acupuncture.

EN MAGNÉTISME, IL EST IMPORTANT DE CONNAÎTRE LES SEPT CHAKRAS PRINCIPAUX (ENCORE LE NOMBRE SEPT).

- Les sept chakras majeurs sont situés le long d'une ligne droite appelée **SUCHUMA,** autour de laquelle s'enroulent les énergies dont la réserve se situe au bas de la colonne vertébrale.
- Cette ligne droite, ce canal, reçoit l'énergie **IDA**, énergie femelle, et **PINGALA,** énergie mâle ;
- qui correspondent aux forces contraires conciliées dans **SUCHUMA :** eau et feu, lune et soleil, ombre et lumière...
- L'énergie lovée au bas de la colonne vertébrale est la **KUNDALINI.** Elle monte par ces canaux semblables au caducée d'Hermès et permet aux différents chakras de s'épanouir et de remplir pleinement leurs fonctions physiques, psychiques et extra-sensorielles.
- La **KUNDALINI** monte de dessous le chakra **MULADHARA** jusqu'au chakra **BRAHMARANDRA** qui correspond à la flamme divine présente dans l'être humain, à la pierre philosophale et à l'étoile du compost.

Déclencher brutalement cette montée représente un réel danger. Celui qui en est victime se trouve brusquement noyé dans un feu-lumière qui peut lui être fatal et subit une illumination dont il ne supporte pas la terrible puissance.

C'est donc par un travail sur soi et par une évolution progressive que doit s'accomplir la montée de la **Kundalini,** lorsque le moment est venu. Sur le plan physique, un sportif ne peut prétendre participer à des compétitions de haut

LES SEPT CHAKRAS MAJEURS

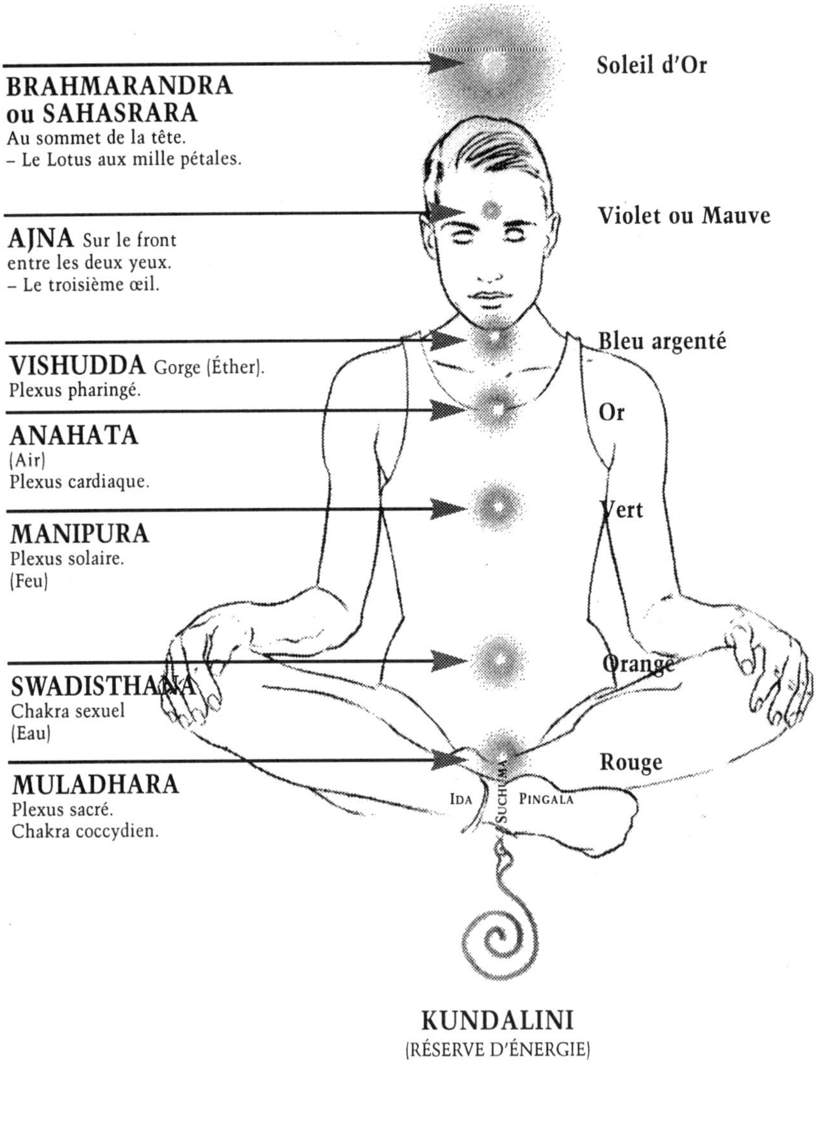

niveau, atteindre les sommets et battre des records, qu'après un long et sévère entraînement. Les forces psychiques qui sont en nous sont également un potentiel qu'il nous faut cultiver patiemment pour qu'il nous soit permis d'en connaître la plénitude. Un surentraînement, une précipitation, une impatience et c'est l'accident qui peut «bloquer la machine» pour longtemps.

Comment utiliser les chakras

CES sept centres d'énergie, ces sept chakras, auxquels les noms hindous ont été la plupart du temps conservés, correspondent à des possibilités que nous pouvons développer en nous et chez les autres. En sophromagnétisme, nous utiliserons les deux chakras de la tête qui nous permettront d'effectuer d'excellents exercices de visualisation. Au sommet, c'est **le lotus au mille pétales** et au milieu du front c'est le chakra Ajna. Les cinq autres chakras, échelonnés le long de l'épine dorsale, seront également utiles, en visualisation mais aussi lors de magnétisations pour donner, pour prendre et pour apaiser. Les impositions sur les chakras sont recommandées pour permettre au magnétisme de pénétrer plus profondément, notamment par le **Vishudda,** chakra de la gorge et par le **Manipura,** le plexus solaire.

Comment et pourquoi magnétiser le plexus solaire

CE chakra est réellement la porte principale qui relie l'être humain aux énergies extérieures à lui. Lorsque nous éprouvons une grande émotion, nous disons fréquemment : «j'ai reçu un choc au cœur». En fait, physiquement, nous avons ressenti ce choc au creux de l'estomac, au niveau du plexus solaire. De là, le choc psychique a envahi tout notre être, lui apportant la joie, la peine, la colère ou la peur. Cette porte d'entrée est également une «porte de sortie» par laquelle s'échappe notre vitalité et notre magnétisme. Nous en tiendrons compte lorsque nous examinerons différentes méthodes pour «ne pas subir». Nous constaterons l'importance de ce chakra dans de nombreuses circonstances. De plus, il est facilement accessible sur une personne allongée pendant et après une relaxation.

QUELQUES EXEMPLES :

1. **Pour apaiser une personne déprimée.**
   Poser la main gauche au-dessus du chakra en visualisant cet apaisement et en prononçant des paroles rassurantes. Continuer par une application légère qui se terminera par une rotation lente, dans le sens des aiguilles d'une montre. Ensuite faire des passes courtes et lentes en rejetant chaque fois l'énergie négative ainsi extraite.

2. **Pour inscrire une suggestion dans l'inconscient.**
   Au cours de la relaxation, formuler la suggestion en posant le majeur de la main droite sur le plexus en une légère pression.

3. **Pour supprimer les tensions, causes de maux d'estomac.**
   Après la relaxation, poser la main gauche sur le front du patient. Poser la main droite sur le cou, sous le menton, avec le pouce écarté. La faire glisser plusieurs fois lentement vers le bas en faisant chaque fois le mouvement de rejeter ces tensions. Ensuite, poser la main droite sur le plexus solaire et faire des passes lentes avec la main gauche depuis le cou jusqu'au plexus en rejetant chaque fois les tensions. Terminer en massant légèrement le plexus solaire en rotation dans le sens des aiguilles d'une montre avec les trois doigts (index, majeur, annulaire) de la main gauche.

4. Pour faire circuler le magnétisme.

- Après une relaxation suivie d'une séance de magnétisme destinée à recharger le patient, il est nécessaire de faire circuler le magnétisme qui lui a été donné.
- Pour cela, un exercice très efficace à partir des chakras nous fait utiliser la visualisation et la force de la pensée. Poser la main droite sur le plexus solaire et la main gauche sur le front. Visualiser l'énergie qui sort du plexus du patient, monte par le bras droit du magnétiseur et redescend par le bras gauche pour pénétrer par le chakra Ajna dans l'organisme du magnétisé.
- Rester ainsi de trois à dix minutes. Pendant ce temps, il est bon de visualiser le mouvement de cette énergie qui va créer un vide au niveau du plexus et une pression au niveau du front, imposant au magnétisme une circulation ininterrompue. Penser à ce mouvement et à rien d'autre en le visualisant.
- *Pour amplifier cet acte de sophromagnétisme, dire au patient ce que l'on fait, pourquoi et comment on le fait et ce qu'on ressent.*
- *L'interroger sur ce qu'il ressent et créer un dialogue autour de cette circulation du magnétisme.*

Ces quatre exemples d'utilisation du chakra Manipura impliquent de la part du sophromagnétiseur l'utilisation de ses mains en tant qu'émetteur de son magnétisme, mais aussi de la force de la pensée appuyée sur la visualisation et les vibrations de la parole.

Ces quatre éléments : magnétisme, force de la pensée, visualisation et parole sont intimement liés et donnent un résultat maximum en étroite collaboration avec le magnétisé qui en ressent immédiatement les effets.

Énergie, matière et information

Teilhard de Chardin avait affirmé qu'il n'y a pas de matière sans esprit et que l'esprit a toujours besoin du support de la matière. Mais entendons-nous bien, le mot matière ne signifie pas qu'il s'agit de la matière visible et palpable. Les alchimistes du Moyen Âge et Paracelse à la Renaissance ont affirmé la présence de l'esprit dans la matière. Ces alchimistes attribuaient aux cristaux de sel, la qualité de conserver la mémoire.

À notre époque, un physicien français, Jean Charron, qui étudie la matière au niveau des éléments qui gravitent autour du noyau d'un atome, s'exprime ainsi : « Les électrons qui nous constituent, contiennent un espace-temps qui n'obéit pas aux lois de notre univers quotidien. De plus, la totalité de notre esprit est contenue dans chacune des particules. Si l'on ajoute à cela que la durée d'existence d'un électron est sans limite et que chaque électron de notre corps recèle toute la mémoire de ses vies antérieures, on débouche inexorablement sur une certaine idée de la réincarnation. »

Ces électrons, supports de la mémoire universelle depuis leur création lors du Big Bang originel, constituent l'univers visible et invisible.

Ils sont innombrables. Il a été calculé qu'il y a plus d'électrons dans un centimètre cube d'air que d'étoiles dans tout notre univers.

Sommes-nous à la limite, à la frontière qui sépare encore l'énergie et la matière, ou irons-nous encore plus loin dans la recherche de cette relation entre ces deux notions, matière et esprit qui perdent leur traditionnelle identité ?

Cet électron immortel, porteur d'informations depuis la création de l'univers, connaît tout le passé depuis cette «explosion». Mais, selon les découvertes d'Einstein, confirmées depuis, le temps n'est pas linéaire du passé au futur, ce qui n'est qu'une «invention humaine». Passé, présent et futur se confondent, et tous les électrons que véhicule notre corps contiennent toute la mémoire du passé, mais aussi toute la mémoire du présent et du futur. L'information circule, en nous, autour de nous, libre au-delà de notre mental. Dans notre univers fantastique, nous la lançons et nous la captons sans pouvoir distinguer par nos sens à quel moment elle est énergie et à quel moment elle est matière.

Au mois d'avril 1990 s'est tenu en France, à Chinon, le deuxième symposium d'information sous le titre «Liberté et limites de l'homme» avec la participation du chercheur soviétique Vlaïl Kaznatchéev. Ce scientifique, membre de l'Académie des Sciences d'URSS et directeur de l'Institut de Médecine clinique et expérimentale de Novossibirsk, annonce une découverte susceptible de bousculer le «dogme» de la biologie moléculaire. Kaznatchéev affirme que, sans tenir compte de l'espace et du temps, «l'information» circule sous une autre forme dans l'univers.

D'après lui, au-delà des voies moléculaires classiques, les messages biologiques et psychiques semblent bien pouvoir se transmettre à distance sans aucun contact physique. Depuis plus de vingt ans, il en expérimente la réalité sans pouvoir en expliquer le fonctionnement. Il dit : « Nous sommes venus à penser qu'il existe dans la cellule une autre forme de la matière vivante : une structure de champ. Cette dernière vit dans la cellule avec les protéines (*) et détermine de nombreuses caractéristiques cellulaires. *Mais elle peut devenir indépendante* et passer d'une structure de protéine

(*) Protéine : *Macromolécule constituée par l'association d'acides aminés. Les protéines entrent dans une forte proportion dans la constitution des êtres vivants. Elles provoquent ou accélèrent des réactions chimiques.*

à une autre structure... Toutes nos expériences ont été concluantes. Ainsi, de même que les plantes sont liées par ce champ unique, *l'homme est lié aux cellules de manière directe et peut diriger leur poussée...* L'opérateur a beau se trouver au septième étage d'un bâtiment et la culture au rez-de-chaussée, ou à trois mille kilomètres de distance, l'influence s'opère. » Ces expériences qui, dit-il, n'ont pas connu d'échec, nous éclairent sur «le fonctionnement» de la force de la pensée et du magnétisme à distance.

Mais Kaznatchéev va plus loin dans ses explications. Il raconte comment des flacons contenant des cellules du foie ont été placés en un lieu débarrassé de toute influence magnétique. Dans un autre lieu, une personne capable d'exprimer fortement des qualités extrasensorielles, décide d'arrêter ou d'accélérer leur poussée et rapidement son ordre est exécuté par les cellules.

Plus étranges encore : Deux cultures cellulaires identiques poussent dans des tubes à essais en verre transparent ; ces tubes sont placés de telle façon que les cellules peuvent seulement se «voir» à travers des surfaces de quartz ; donc aucun autre contact qu'une liaison optique. La première culture est soumise à l'action d'un virus pathogène qui entraîne la mort des cellules en 24 ou 48 heures.

Et le phénomène fantastique se produit : Kaznatchéev constate que les cellules non «empoisonnées» du bocal voisin et séparées par le verre, ne tardent pas à mourir. Il dit avoir renouvelé des centaines de fois cette expérience avec des variantes et sans aucun échec. Chaque fois, la maladie mortelle injectée aux cellules du premier bocal a été transmise sans aucun contact avec celles du deuxième bocal. Et de plus, un troisième bocal peut subir le même effet par simple contact optique avec le deuxième. Il a observé également que certaines régions de la planète favorisent la réussite de l'expérience en produisant ce qu'il appelle des «ondes pathogènes». La preuve qu'il existe une molécule d'information que la pensée humaine peut véhiculer ; preuve très utile pour le magnétiseur qui voit ses actions de magnétisme à distance débarrassées du «surnaturel malsain» que ses détracteurs y avaient attaché. Mais le fait que cette molécule d'information puisse à son tour véhiculer des «poisons» non plus psychiques, mais physiques, me paraît particulièrement inquiétant. Après les armes chimiques et bactériologiques, allons-nous connaître la hantise des armes psychiques ?

Nos pensées sont des projectiles

Lorsque **nous aborderons le chapitre sur la force de la pensée, il sera important de se souvenir de ces éléments scientifiques ainsi que de ceux que des précurseurs avaient pressentis.** Les occultistes considéraient que les pensées sont des êtres. Ils appelaient «larves» les mauvaises pensées qui, disaient-ils, s'attachent à nous et nous poursuivent sans cesse. Les théosophes affirmaient que les pensées sont des corps matériels, des corps constitués de substance réelle possédant la «puissance mécanique» et «l'action moléculaire». Ainsi, d'après ces idées exprimées dans le langage correspondant à une époque, les pensées sont des «choses» ou des êtres. Elles sont animées d'un mouvement qui leur est propre.

Elles ont donc un double aspect.

1. Une particule de matière subtile.
2. Une force, une puissance, un mouvement.

De là, la découverte de lois psychiques, différentes des lois physiques.

- Lois physiques : L'harmonie résulte de la loi des contraires.

En électricité, deux pôles de même nom se repoussent et deux pôles de nom contraire s'attirent.

- Lois psychiques : L'inverse. Les semblables s'attirent et les contraires se repoussent.

Hector Durville formule ainsi cette loi :

« Les Pensées et les Actions de même nature s'attirent et font naître ou augmentent la considération, la sympathie, la confiance et l'amour que les individus sont susceptibles d'avoir les uns pour les autres ; les Pensées et les Actions de nature opposée se repoussent et donnent lieu à l'antipathie, à la méfiance et à la haine. »

Avant 1910, il écrivait déjà :

« Nos pensées peuvent être considérées comme des corps matériels ; et, à ce titre, en dehors des lois physico-psychiques, elles sont encore soumises à des lois chimiques analogues à celles qui président à la composition et à la décomposition des corps qui tombent sous nos sens. Elles se communiquent et s'échangent sans que nous en ayons conscience. »

Nos pensées, toutes nos pensées, exprimées ou non, sont de véritables projectiles qui ont une influence sur nous et sur notre entourage.

Elles transmettent des informations dont nous ne sommes pas toujours conscients, mais qui n'en sont pas moins puissantes.

À la limite de l'énergie et de la matière, la pensée humaine agit hors du temps et de l'espace, véritable projectile bénéfique ou maléfique qui ne reste jamais inactif et dont les conséquences peuvent être bienfaisantes ou tragiques.

Le sophromagnétisme utilise, toujours dans le bon sens, cette extraordinaire force de la pensée que nous approfondirons au chapitre 11.

Comment prendre sans subir

Lorsque nous tentons de soulager une affection physique par «magnétisme», nous «prenons» cette affection dont nous pouvons subir les effets, même si elle n'est pas contagieuse. *(Voir page 109).* Les pages précédentes nous mettent en garde contre le risque de transformer en énergie des éléments dangereux et de les conserver. Cette transformation est peut-être l'explication – ou une explication – de guérisons inexplicables.

Les guérisseurs philippins, les vrais, selon des témoins, retirent d'un patient des substances étranges en traversant la peau qui n'en conserve aucune trace. Dématérialisent-ils ces substances pour les retirer sous forme d'énergie avant de les rematérialiser pour pouvoir s'en débarrasser ? C'est une hypothèse qui s'accorde avec le point actuel de nos connaissances.

Le magnétiseur a-t-il parfois ce pouvoir ? J'ai été témoin du traitement par sophromagnétisme de coliques néphrétiques dues à des calculs que les traitements médicaux n'avaient pas réussi à éliminer. Une intervention chirurgicale était devenue inévitable et présentait même un caractère d'urgence. Le malade était d'autant plus dépité qu'il devait entreprendre un voyage de plusieurs semaines qu'il attendait depuis des années. Il a mis toute sa volonté à aider le sophromagnétiseur qui, après deux longues séances, lui a conseillé de se faire examiner en radioscopie. Cet examen a révélé qu'il ne restait aucune trace des calculs qui l'avaient tant fait souffrir... et il est parti en voyage.

D'autres affections, bien plus graves, ont pu être éliminées par cette profonde collaboration d'un sophromagnétiseur et de son patient.

Si nous allons plus loin dans la logique de ce raisonnement, nous pouvons penser que si la matière peut être transformée en énergie par l'action du magnétisme, le contraire peut se produire. Effectivement, des cicatrices internes, des cavités pulmonaires ont disparu après un traitement par magnétisme, comme si ce traitement avait permis aux tissus de se reconstituer.

Pourquoi ne pas admettre la possibilité de voir se transformer l'énergie-magnétisme en matière et de voir la matière se transformer en énergie capturée par le magnétisme ? Il est évident que des précautions sérieuses sont à prendre en face de telles éventualités.

Nous avons vu les deux premiers éléments de ces précautions : «Comment donner sans s'épuiser» *(voir page 89)* et «Comment se recharger» *(voir page 119).*

Examinons à présent «Comment prendre sans subir»

Se laver les mains après chaque acte de magnétisme.

- L'eau qui lave matériellement est aussi un élément purificateur sur le plan spirituel, sur le plan des énergies. La façon de procéder est décrite à la page 90.

Secouer les mains pour rejeter toutes les énergies négatives retirées volontairement, afin de s'en débarrasser.

- La question qui vient de suite à l'esprit est de se demander ce que vont devenir ces énergies négatives «jetées» à côté du magnétiseur et de son patient.

Transformer les énergies.

- Il a souvent été question de transfert. Effectivement, il est possible de transférer ces énergies et de les fixer ailleurs. Sur quoi les transférer ? Ces énergies peuvent être transférées sur un animal qui en subira les effets. Dans les Évangiles, Jésus chasse les démons qui avaient envahi un homme et les transfère sur des cochons qui immédiatement vont se noyer. Bien sûr, nous ne tenterons jamais cette expérience sur nos amis les animaux. Les énergies négatives peuvent être envoyées sur une plante, ce qui me paraît tout aussi inacceptable. Vient ensuite la bassine d'eau encombrante et peu pratique dont il faudra jeter le contenu.

Une autre méthode est beaucoup plus simple.

- Elle met en œuvre la visualisation et la force de la pensée. Avant de commencer à retirer les énergies négatives, il faut affirmer sans ambiguïté que toutes ces énergies seront transformées en énergies positives avant d'être répandues dans la pièce. En l'affirmant mentalement, il sera utile de visualiser la transformation de ces énergies.

Croiser les bras.

- Le chakra du plexus solaire est une porte ouverte sur l'extérieur environnant et sur tout le cosmos. Par cette porte peuvent pénétrer les énergies négatives émises consciemment ou inconsciemment par des gens de votre entourage. Pour protéger ce chakra, il suffit de croiser les bras, position d'isolement et de défense. Il est d'ailleurs contre-indiqué de faire croiser les bras à ceux qui devraient être dans une position de réceptivité comme c'est le cas pour les écoliers.

Cercle et cloche de protection.

- Lorsque nous devons être en contact avec des personnes négatives, malades, patients ou autres, nous pouvons avoir recours à une recette plusieurs fois millénaires ; il s'agit du cercle de protection.

À l'époque de la Renaissance, les «magiciens» s'enfermaient dans un cercle qu'ils traçaient sur le sol avec, de préférence, la pointe d'une épée.

Cette pratique était déjà connue des Sumériens dont une tablette vieille de six mille ans renferme ce texte :
« Enferme cet homme dans un cercle.
Enferme-le dans un cercle de plâtre.
Ferme la porte de clôture à droite.
Ferme la porte de clôture à gauche.
Le mauvais sort va pouvoir être conjuré.
Ainsi que tout ce qu'il apporte de mauvais.
Conjure au nom du ciel.
Conjure au nom de la terre. »
Voilà qui confirme la très grande ancienneté de cette pratique.

Si vous maîtrisez la visualisation, ou lorsque vous la maîtriserez, vous pourrez renforcer cette protection.

- Lorsque mentalement vous aurez tracé autour de vous, dans le sens des aiguilles d'une montre, un cercle sur le sol, vous le compléterez par une véritable «cloche de verre» que vous visualiserez s'élevant depuis le cercle jusqu'à une hauteur légèrement supérieure à la vôtre.
- Vous vous «enfermez» entièrement dans cette cloche où rien de négatif ne pourra pénétrer.

- **Prière et pensée positive.** Toutes ces méthodes n'excluent absolument pas la prière qui est une élévation spirituelle au-dessus de soi-même. Chacun prie selon sa religion, sa philosophie et sa culture. Des prières écrites, anciennes ou récentes, prières que l'on récite, ont parfois une grande valeur aussi par les vibrations sonores des mots qui la composent et accompagnent leur sens profond. Elles sont des formules parfois bizarres mais qui ont fait leurs preuves. Des prières qui jaillissent spontanément ont je crois autant de puissance si elles sont dites avec une grande sincérité et une authentique ferveur. Leurs mots vibrent également car c'est notre inconscient qui les choisit.

- **Enfin, la pensée positive doit nous accompagner en permanence.** Il n'est pas possible de réussir dans le doute. Douter de la réussite d'un acte de magnétisme ou de la protection qui l'accompagne, c'est être déjà sur le chemin de l'échec. Il est évident que la pensée positive ne peut s'appuyer que sur la parfaite maîtrise de ce que l'on fait.

Telle une prière formulée pour demander la satisfaction de mauvais désirs peut se retourner contre celui qui la dit, une pensée positive qui ne serait que le reflet de l'orgueil et de la vanité n'apporterait que des déceptions à l'incapable trop confiant en «ses pouvoirs». Les énergies sont toujours délicates à manipuler. C'est vrai aussi pour les énergies utilisées par les techniques de notre civilisation. Parvenir à manipuler les énergies des techniques industrielles ou les énergies psychiques, c'est acquérir le pouvoir par le savoir.

En ce qui concerne le magnétisme, il ne s'agit pas d'un savoir livresque, mais d'un savoir mis en application sur soi-même vers les autres. Comme en toutes choses, il s'agit d'agir en magnétisme avec une certaine prudence, prudence pour soi-même et pour les autres.

Cette prudence ne signifie pas qu'il existe des impossibilités. Au contraire, celui qui va doucement va loin et personne n'est à l'écart de la possibilité de pratiquer efficacement le magnétisme et le sophromagnétisme.

Chapitre 8

LE REGARD

LORS **d'un premier contact avec qui que ce soit, l'élément majeur de la découverte de l'autre, c'est son regard.** L'échange du premier regard établit les bases d'une relation, sans réflexion, spontanément. Comme pour le magnétisme, c'est un ressenti indéfinissable. Quelle est la force qui donne cette qualité à l'œil humain, à celui qui voit comme à celui qui est vu... et réciproquement ? Nous pourrions nous poser mille questions à propos de la forme de l'œil, de la couleur de l'iris ou encore de la morphologie du visage. Nous serions dans l'obligation de reconnaître que les yeux, qu'ils soient bleus, verts, gris, marrons ou noirs, appartiennent indifféremment à des individus au regard brillant, vivant et profond, comme à d'autres au regard terne et éteint. La forme de l'œil a également peu d'importance, qu'il soit bridé, rond ou globuleux. Ces éléments ont une valeur certaine en ce qui concerne l'étude de la morphologie et de la morphopsychologie, mais ils n'expliquent pas «l'impact» que peut avoir un regard. Pour que l'œil ait cette influence puissante, il faut qu'il soit «animé de l'intérieur». Comme en toutes choses, pour certaines personnes il s'agit d'un phénomène naturel, tandis que pour d'autres, c'est à la suite d'un travail qu'un résultat satisfaisant peut être obtenu. Nous pouvons comparer l'œil à une ampoule électrique qui ne s'éclaire que lorsque le courant convenable lui est fourni. Le courant de notre regard, c'est notre magnétisme et la force de notre pensée.

COMMENT UTILISER LE REGARD

LES yeux, selon le courant qu'ils reçoivent, sont deux puissants émetteurs. Dans une direction choisie, ils irradient un «faisceau de rayons magnétiques» qui peuvent avoir une influence puissante. Nous devons donc maîtriser la qualité, l'intensité et la direction de notre regard.

LA QUALITÉ. Commençons par éviter tout ce qui peut altérer l'éclat du regard. La qualité de cet éclat ne résiste pas aux intoxications dues à l'alcool, au tabac et aux drogues. Le surmenage donne au visage, aux yeux et au regard l'aspect de la maladie.

L'INTENSITÉ. Elle dépend de notre volonté et peut être modifiée d'un instant à un autre. Regarder intensément en fixant une personne peut la mettre mal à l'aise ou donner l'impression de la dominer. C'est vrai lorsque l'on fait «les gros yeux» à un enfant... Mais pas à tous les enfants. Le degré d'impressionnabilité de celui à qui s'adresse le regard détermine son impact. De plus, selon les circonstances, ce genre de regard passe rapidement de l'efficacité au ridicule. Le magnétiseur ne doit pas regarder fixement ; il n'a personne à impressionner. C'est son expression naturelle, douce et calme qui rassurera son patient et révèlera sa sincérité. L'intensité d'un regard exprime la force de la pensée. Une pensée agressive dans un regard est perçue par celui à qui elle est destinée. Elle crée dans le regard une lumière fort désagréable et donne naissance à l'expression : «avoir le mauvais œil». La puissance du regard dépasse le cadre du magnétisme curatif. Elle s'inscrit dans le domaine du «charisme» (voir le chapitre XIII) et détermine l'influence personnelle.

La direction. Des yeux fixes ou des yeux trop mobiles ne mettent pas en valeur un regard. Ce sont les circonstances qui déterminent comment il est préférable de diriger le regard. Un interlocuteur est toujours gêné par un regard fuyant qu'il n'est pas possible «d'accrocher». Un tel regard n'inspire pas confiance. Il est bon de regarder les gens en face, sans insistance. Au cours d'une conversation, regarder dans les yeux est considéré comme un gage de sincérité. Ce n'est pas indispensable pour influencer l'autre personne car le regard dirigé sur la racine du nez donne les mêmes résultats. Par contre, si vous ressentez que l'insistance manifestée par quelqu'un qui vous regarde fixement dans les yeux, risque de vous influencer, sans détourner la tête, dirigez votre regard à côté de celui de votre interlocuteur. Un regard dirigé vers la nuque d'une personne est ressenti par elle. Lors d'une filature, les policiers ne regardent jamais la tête, mais seulement les pieds. Le regard «vide», l'œil qui semble ne rien voir, est désagréable pour celui qui l'observe. Il arrive qu'un comédien, devant les feux des projecteurs et le trou noir de la salle, manifeste ce regard fixé nulle part. Saint-Granier disait de cet acteur : «il fait l'œil de perroquet».

Qualité, intensité et direction sont les trois éléments à travailler pour utiliser efficacement le regard. Ces trois éléments peuvent se cultiver :

- **La qualité** dépend de notre santé physique et psychique et de notre niveau de relaxation. Elle est le fruit de notre comportement.
- **L'intensité** se travaille par des exercices appropriés, mais aussi par le développement de «l'énergie» fournie par la visualisation et la force de la pensée.
- **La direction** doit être maîtrisée en toutes circonstances et en tous lieux.

Tout cela se travaille. Ce travail entraîne une évolution dont les heureux effets sont bientôt ressentis.

Puissance et maîtrise du regard

L'œil est un petit point brillant. En tant que tel, il possède une force hypnotique. Cette force se manifeste lorsque l'on fixe du regard ce point qui projette l'expression d'une volonté par un faisceau de rayons magnétiques. La rencontre du regard d'un serpent chasseur et du regard d'un oiseau est fatale à ce dernier. C'est par le regard que l'homme s'impose par rapport aux animaux familiers et autres.

Le regard humain possède la qualité très développée de pouvoir exprimer clairement tous les sentiments depuis l'extrême douceur jusqu'au paroxysme de la colère et de la haine. Les comédiens de notre siècle utilisent cette palette dont leurs ancêtres ne pouvaient pas jouer. L'éloignement de l'interprète par rapport aux spectateurs sur une scène de théâtre ou sur les tréteaux forains, ne permettait pas de «faire passer» les sentiments par le regard dont les expressions étaient souvent exagérées et peu naturelles.

Les premiers films de cinéma nous révèlent la technique de ces acteurs, technique peu adaptée au rapprochement par l'écran et qui nous paraîtrait aujourd'hui ridicule. Petit à petit, le jeu s'est affiné et le regard a pris la place qui lui convient sur l'écran de cinéma. Nous n'imaginons pas qu'il eût été possible, sur une vaste scène de théâtre, à cent mètres de nous, que Jean Gabin puisse murmurer à Michèle Morgan «T'as de beaux yeux, tu sais». Sur l'écran, toute la beauté et toute l'innocence de ces yeux vibraient très près de nous. Plus tard, Gabin simulera de terribles colères rien que par son visage et ses yeux.

La télévision a permis à d'autres personnages que les comédiens de «travailler» davantage avec le regard. Les artistes de variétés en ont d'autant plus profité que leurs mouvements se trouvaient forcément limités par l'utilisation d'un micro. Je me souviens particulièrement de certaines apparitions de Charles Aznavour sur le petit écran. Il fut l'un des premiers, sinon le premier, à interpréter toute une chanson en faisant prendre exclusivement ses yeux par la caméra. Successivement, tous les sentiments évoqués par le texte chanté s'affichaient dans les yeux.

Les camescopes permettent maintenant à chacun de nous de travailler l'expression par le regard. Cette expression qui révèle notre personnalité à ceux qui nous approchent. Nous y reviendrons au chapitre XIII. L'expression par les yeux peut aller très loin lorsque le sentiment qui la motive est profond, dans la joie comme dans la douleur.

Il y a quelques années, j'avais été invité aux «derniers tours de manivelle», c'est-à-dire à la fin du tournage d'un film, par une jeune comédienne de mes amies, Muriel Catala, et son metteur en scène. Ce film dont le titre était «Vous intéressez-vous à la chose ?» avait été en partie tourné à Montpellier et le tournage se terminait dans un château de la banlieue parisienne. La scène qui clôturait les prises de vue se déroulait dans une petite pièce où Muriel devait être aux prises avec Renée Saint-Cyr. La pièce, transformée en studio, était encombrée par les projecteurs, le matériel technique, les caméras et les techniciens parmi lesquels le metteur en scène dirigeait les prises de vue. Nous n'étions que trois ou quatre «spectateurs». Dans un coin, je partageais un banc minuscule avec Nathalie Delon.

Muriel Catala était concentrée sur son travail et les préparatifs : texte, positions, emplacements, mouvements, etc. La dispute devait l'amener à jeter un livre à terre et à venir pleurer près de ce livre qui contenait les souvenirs du personnage qu'elle interprétait... Alors que quelques minutes auparavant elle était réellement gaie et souriante, nous vîmes petit à petit les yeux de cette comédienne s'embuer et de grosses larmes se mirent à couler sur ses joues. Une voix l'interrompit: «Coupez»! Discussions techniques, commentaires, Muriel sourit et le metteur en scène annonce: «On reprend». À nouveau la scène de la dispute, le livre est jeté et Muriel Catala ne tarde pas à verser une nouvelle fois les larmes de son chagrin... Cette scène a été tournée quatre fois de suite, dans l'ambiance surchauffée d'une pièce où l'intimité des sentiments à exprimer ne correspondait pas à l'envers du décor. Quatre fois de suite, cette jeune comédienne a réellement pleuré et ses larmes ont coulé. Ce fut de sa part une belle leçon de maîtrise du regard par la force de la pensée et probablement la visualisation. Celui qui est en présence d'un regard intense en ressent profondément le sens. Ceci est vrai plus que pour le regard humain. De curieuses observations ont été faites avec des animaux.

À la fin du XVIIe siècle, un livre a été publié à Paris sous le titre: «Secrets et remèdes éprouvés». Son auteur, l'abbé Rousseau, raconte comment il a expérimenté ce qu'avait écrit Van Helmont, médecin, chimiste et alchimiste belge qui vécut de 1579 à 1644.

Selon Van Helmont, si l'on enferme un crapaud dans un bocal de verre dont il ne peut s'échapper et qu'on le regarde fixement, l'animal fera d'abord de multiples efforts pour s'évader. Dans l'impossibilité de fuir, il fixe à son tour son regard sur les yeux de son bourreau, un regard plein de colère et de haine, et finit par tomber mort au bout d'un temps plus ou moins long.

L'abbé Rousseau dit avoir provoqué ce face à face avec un crapaud. Celui-ci, irrité et surexcité ne succomba pas. Au contraire, ce fut l'expérimentateur qui subit la puissante influence du regard du crapaud. C'est l'homme qui fut vaincu et s'affaissa en un malaise qui faillit être mortel après avoir ressenti l'impression d'être maîtrisé par une force émanant de l'animal furieux.

L'œil, depuis des millénaires, est le symbole de la force et de la vie indestructible. Souvenez-vous du poème : « L'œil était dans la tombe et regardait Caïn. » Lorsque Samson a été vaincu, pour qu'il ne puisse pas utiliser sa force, on lui crève les yeux. Il en est de même pour le cyclope qui n'est vaincu que lorsqu'on lui crève son œil unique.

L'œil, c'est aussi l'instrument de perception et de communication entre l'homme et son environnement. La perception n'est jamais neutre car elle reçoit le magnétisme et la puissance du regard des autres. Elle diffuse également sa puissance, ses sentiments et sa volonté dans une communication muette mais éloquente. Cette perception et cette communication peuvent se tourner vers l'intérieur de soi-même ou encore regarder l'imaginaire en un rêve éveillé, en une méditation profonde ou encore en une intense visualisation.

COMMENT DÉVELOPPER LE REGARD

LE DÉVELOPPEMENT DU REGARD RÉPOND À UN DOUBLE BUT :

1. Exprimer et affirmer ses sentiments et sa personnalité et se mettre en valeur, discrètement mais efficacement.
2. Exercer une influence réelle sur les autres, rayonner autour de soi, accompagner et souligner la parole et le geste.

Ce développement et cette maîtrise sont indispensables pour, en affirmant sa personnalité, utiliser sciemment son « charisme » par la force du magnétisme ainsi projetée. Quelques exercices sont faciles à mettre en œuvre. Ils constituent un entraînement qui doit être poursuivi régulièrement, sans effort, sans fatigue et sans excès.

Je préconise une «mini-relaxation» avant chaque exercice afin d'éviter toute crispation et toute tension physique ou psychique. Celles-ci risqueraient de provoquer, par exemple, des clignements de paupières qu'il faut éviter. Une concentration sereine étant obtenue, il est nécessaire de ne penser qu'à ce que l'on fait. Cette concentration doit aider chaque fois pour commencer par créer ce «regard souriant et calme» avec lequel on se sent bien et qui attire la sympathie. Il ne faut pas oublier que le sourire qui ne s'exprime que par la bouche est très proche de la grimace, car c'est par le regard que le sourire apparaît sur un visage et l'illumine. Un simple miroir peut indiquer si ce but est atteint ; mais ce sont les gens que vous rencontrerez qui vous le confirmeront.

Les trois premiers exercices que je vous propose, ont pour but de travailler la qualité (c'est déjà commencé par le sourire), l'intensité et la direction. Ces exercices sont également le début d'un travail, d'un cheminement, vers la visualisation et le magnétisme à distance.

Je vous recommande de ne pas les négliger car ils faciliteront l'obtention de résultats satisfaisants lorsque nous aborderons les exercices de visualisation et puis le travail pratique sur la force de la pensée.

1ER EXERCICE : LE PETIT ROND NOIR

SUR UNE FEUILLE DE PAPIER, DESSINER UN ROND NOIR D'ENVIRON UN CENTIMÈTRE DE DIAMÈTRE...

1. *S'asseoir confortablement, le dos bien droit, et poser la feuille sur une table devant soi.*

- *Respirer calmement.*

- *Tenir la feuille dans les mains, inclinée à 45° et regarder fixement le petit rond noir, seulement le petit rond noir.*
- *Rester ainsi au maximum trois minutes, souriant et détendu en pensant que la force du magnétisme s'échappe par le regard.*
- *Il est préférable de penser fortement, ou mieux, de prononcer une courte phrase, par exemple celle-ci : « Mon regard projette mon magnétisme qui séduit et influence. »*

2. *La feuille de papier est accrochée au mur, et de ce fait le rond noir est fixé de plus loin, d'environ 1 m 50 à 2 mètres.*

- *Procéder comme précédemment.*

2e EXERCICE : LES TROIS PETITS RONDS

SUR UNE FEUILLE DE PAPIER, DESSINER NON PLUS UN SEUL ROND NOIR, MAIS DEUX, ESPACÉS D'ENVIRON NEUF CENTIMÈTRES. AU MILIEU, ENTRE CES DEUX RONDS, TRACER UN CERCLE D'UN DEMI-CENTIMÈTRE DE DIAMÈTRE, DONT L'INTÉRIEUR RESTERA BLANC.

- *Procéder comme pour le premier exercice, mais seulement avec la feuille tenue dans les mains et inclinée à 45°.*
- *Même durée, de une à trois minutes, en pensant ou en disant : « Le magnétisme que je projette attire le magnétisme positif et la sympathie de ceux qui le reçoivent. »*

3e EXERCICE : LE GRAND ROND NOIR

AU CENTRE D'UNE FEUILLE DE PAPIER BLANC (COMME POUR LES EXERCICES PRÉCÉDENTS) DESSINER UN ROND NOIR D'ENVIRON DOUZE CENTIMÈTRES ET DEMI DE DIAMÈTRE.

- *Veiller à ce que la surface soit bien noire, avec le moins de nuances possibles.*
- *Procéder comme pour le premier exercice mais seulement avec la feuille tenue dans les mains et inclinée à 45°.*
- *Même durée, de une à trois minutes, en pensant ou en disant : « Le magnétisme que je projette attire le magnétisme positif et la sympathie de ceux qui le reçoivent. »*

Ce disque noir est le symbole de la réalité invisible. Il est comme «la lune noire» qui, avant d'entreprendre sa remontée vers la pleine lune par son premier quartier, est là, dans le ciel, mais invisible à nos yeux.

Ce disque noir est en correspondance avec «le miroir magique». Comme l'a fait Alice, il faut, par le regard, passer de l'autre côté du miroir pour découvrir les merveilles de la vie profonde qui anime cet invisible.

En magnétisant un patient, l'application pratique de cet exercice sera utile pour, au-delà de son vêtement et au-delà de sa peau, «voir» le chakra ou toute autre partie de son être, sous forme de symboles et les effets obtenus par l'action du magnétisme. Ce troisième exercice n'est à entreprendre qu'après un entraînement de plusieurs semaines avec les précédents qui sont à faire en alternance deux ou trois fois par semaine. Le grand rond noir est un exercice qui sera repris lors du travail sur la visualisation de façon différente et complémentaire. N'effectuer cet exercice que lorsqu'on ressent qu'on y est bien disposé : relaxation, calme, disponibilité, etc. Il est évident que le travail déjà effectué crée les conditions pour que l'état de relaxation et de disponibilité soit de plus en plus fréquent.

Il me paraît utile de préciser que le fait de porter des lunettes ne diminue en rien l'efficacité de cet exercice. Il est facile de constater que le port de lunettes n'altère pas la brillance, la vie, la puissance du regard et la projection du magnétisme.

Chapitre 9

LE SOUFFLE ET LA VOIX

L'ACTION **magnétique du souffle est reconnue à notre époque comme aux époques les plus lointaines.** Le souffle communique la vie et avec elle les pouvoirs que le créateur a accordés à l'être humain. C'est par «le souffle de vie» que Dieu donna la force vitale à sa créature, l'homme.

La Bible, en son premier livre la Génèse, nous rapporte cette «création» en ces termes : « Et l'Éternel Dieu forma l'homme, poussière du sol, et **souffla** dans ses narines une respiration de vie, et l'homme devint une âme vivante. »

Transmettre la vie par le souffle est une opération pratiquée par les secouristes pour réanimer un accidenté ou un noyé.

Dans les Cévennes, au XVIIe siècle, à l'époque des dragonnades, les prophètes de la Réforme transmettaient par le «bouche à bouche» leurs convictions théologiques aux adeptes.

Symbole de la vie spirituelle, le souffle est également le signe le plus apparent de la vie physique qui commence à s'exprimer par «le premier cri du nouveau-né», pour se terminer avec «le dernier soupir». Entre ces deux limites extrêmes, l'être humain respire tout au long de sa vie.

La façon dont il utilise la fonction respiratoire détermine, pour une bonne part, son état de santé et sa possibilité de «se faire entendre». Le souffle, c'est aussi la parole qui permet d'exprimer les pensées. L'un comme l'autre sont des éléments importants en sophromagnétisme.

COMMENT MAGNÉTISER PAR LE SOUFFLE

Le souffle transmet le magnétisme avec force, puissance et efficacité. De plus, il est chargé de la force de la pensée du magnétiseur. Le magnétisme par le souffle se pratique parfois dans la vie courante sans que la personne qui «souffle» en ait conscience. Que de fois lorsqu'un jeune enfant se blesse légèrement sa maman souffle sur la partie douloureuse en disant «ça y est, tu es guéri, tu n'as plus mal». Et l'enfant cesse de pleurer, il ne ressent plus la douleur. Ce geste, c'est déjà du magnétisme accompagné de la parole et de la suggestion. Le souffle peut être utilisé de différentes façons. De très près il correspond au «souffle chaud», et d'un peu plus loin au «souffle froid». Il peut être court ou long, léger ou puissant.

• LE SOUFFLE CHAUD. **La bouche est placée contre la peau ou à une toute petite distance de la peau. La bouche forme un «O». L'expiration est très lente et doit être renouvelée plusieurs fois.** Durant cette expiration, le souffle peut être projeté sur un point ou sur une surface par un mouvement de rotation dans le sens des aiguilles d'une montre. *Ce souffle est tonifiant et accélère la circulation du sang. Il peut être appliqué sur un point douloureux et accompagné d'une application de la main gauche sur le plexus solaire. Le souffle chaud sur le plexus solaire, avec ce mouvement de rotation, est à pratiquer en fin de séance de sophromagnétisme sur un patient habituellement* *dépressif, sur un convalescent et sur toute autre personne qui a une tendance au pessimisme et au découragement. Si, pour des raisons de convenance, le souffle sur le plexus risque de mettre mal à l'aise le patient ou la patiente, le souffle chaud peut être pratiqué sur la nuque. Cependant, le souffle chaud peut aussi être projeté directement sur la région à magnétiser, préalablement recouverte par un tissu absorbant, linge de coton, ouate, etc. Le souffle doit être alors plus puissant et un peu plus long.*

• **LE SOUFFLE FROID. La bouche est placée à une quinzaine de centimètres de la peau, les lèvres sont pincées. L'expiration lente est renouvelée plusieurs fois.** Afin de canaliser le souffle, certains magnétiseurs utilisent un petit cylindre de carton ou une paille. *Ce souffle est utilisé pour calmer, pour décongestionner. Après une séance de relaxation qui a plongé le patient dans un état de conscience entre la veille et le sommeil, ce souffle sur le front accentuera le réveil. Le magnétiseur, lèvres pincées, souffle au milieu du front puis sur une ligne qui va de sa propre gauche à sa droite sur le front du patient. Des passes transversales très rapides devant les yeux peuvent être ajoutées à ce souffle froid. Le souffle froid sur le front est utilisé également dans les cas de migraine et de surmenage.*

• **LE SOUFFLE PUISSANT. Le magnétiseur se place derrière le patient qui se penche en arrière pour appuyer son dos contre la poitrine du magnétiseur.** Celui-ci assure son équilibre et pose ses bras contre les épaules du patient qu'il tient fermement contre lui en même temps qu'il lui fait baisser la tête avec ses deux mains. Ce souffle chaud va être appliqué au-dessous du cou et des vertèbres cervicales, au niveau de la troisième vertèbre dorsale. Le patient se détend et respire calmement. Le magnétiseur inspire profondément et remplit complètement ses poumons. La bouche en «O», il expire puissamment et longuement en une seule fois en maintenant fortement le patient contre lui. *Ce souffle est particulièrement tonifiant. Personnellement, je le pratique en fin de séance pour donner le maximum de tonus. Mais attention, ce procédé peut être épuisant. Si le magnétiseur n'est pas dans une condition physique convenable, il est préférable qu'il s'abstienne.*

Il est important de ne pas souffler jusqu'à la limite de ses possibilités et de pouvoir prononcer deux ou trois mots avant de reprendre son souffle. Ce souffle chaud et puissant transmet la force vitale.

Le souffle puissant.

Souffle et respiration

Le magnétisme par le souffle nécessite une excellente condition physique et une grande capacité pulmonaire. «Savoir souffler» s'apprend et se travaille. J'ai dans mes relations des musiciens professionnels qui ont pour instrument la trompette ou le trombone à coulisses. Ils savent travailler cette «colonne d'air» ininterrompue qu'ils projettent et maintiennent dans leur instrument. Cet exercice physique ne les empêche pas d'utiliser parallèlement la technique de leur doigté et les qualités de leur interprétation. Le magnétiseur doit également ajouter à son souffle la force de sa pensée et la visualisation du résultat à obtenir. Les comédiens et les tragédiens utilisent le souffle long et puissant sans que les spectateurs soupçonnent pour la plupart la performance physique qui accompagne les longues tirades du répertoire. Il est évident que les sportifs ainsi que les chanteurs dépendent de la qualité de leur souffle.

Pour posséder un souffle puissant, il faut effectuer des exercices respiratoires. En général, les gens respirent mal, sans remplir leurs poumons. Ils pratiquent souvent une respiration superficielle, incomplète, dans des positions courbées qui ne favorisent pas une bonne inspiration. La qualité du souffle dépend de la qualité de l'inspiration. C'est elle qui fournit à notre organisme l'oxygène et les éléments vivifiants que notre sang véhicule dans tout notre corps.

Dans son «Traité élémentaire de magie pratique» publié en 1893, Papus a écrit : «La respiration est le grand balancier de l'organisme chargé de rétablir l'équilibre dès que cet équilibre est détruit par une déperdition dynamique quelconque.»

Respirer à pleins poumons est une condition élémentaire pour être et paraître en bonne santé. Être essoufflé ou oppressé dénote la perte de l'équilibre physique qu'il faut absolument rétablir. Il est utile de s'entraîner à respirer calmement et profondément. C'est ce que nous pratiquons lors de nos relaxations et mini-relaxations. Les exercices respiratoires sont multiples, depuis les méthodes des gymnastiques traditionnelles jusqu'aux différentes respirations proposées par le yoga.

Par exemple, il est bon de travailler très progressivement les quatre temps de la respiration fondamentale : inspiration, rétention à poumons pleins, expiration, rétention à poumons vides.

- **L'inspiration** apporte au sang l'oxygène qu'il va diffuser dans l'organisme et le «Prana» ou force vitale qui est partout dans le cosmos.
- **La rétention** à poumons pleins permet aux chakras de transformer le «Prana» et de l'adapter aux besoins physiques et psychiques.
- **L'expiration** chasse l'air impur et les tensions psychiques dont se débarrasse l'organisme. La force vitale se fixe à chaque niveau.
- **La rétention** à poumons vides favorise l'accumulation de la force vitale dans les réserves énergétiques.

1er EXERCICE : COMMENT MIEUX RESPIRER

IL CONSISTE À PRENDRE CONSCIENCE QU'IL EST UTILE DE TROUVER UN RYTHME DE RESPIRATION OÙ LA DURÉE DE L'EXPIRATION EST SUPÉRIEURE À LA DURÉE DE L'INSPIRATION.

1. *Commencer par les deux temps principaux, sans rétentions. Tout d'abord :*

- *Inspiration 3 secondes - expiration 6 secondes.*

- *Petit à petit, allonger ces temps en conservant les proportions qui vont du simple au double.*
- *Ne jamais tenter de dépasser ses possibilités.*
- *Cette respiration s'effectue exclusivement par le nez, sauf s'il existe une impossibilité physique.*

2e EXERCICE : COMMENT MIEUX RESPIRER

CET EXERCICE SERA À EFFECTUER SEULEMENT LORSQUE L'EXERCICE PRÉCÉDENT SERA DEVENU FACILE À EXÉCUTER, DE PLUS EN PLUS LENTEMENT. AUX DEUX TEMPS PRINCIPAUX DE LA RESPIRATION VONT ÊTRE AJOUTÉS LES DEUX TEMPS DE RÉTENTION.

1. *Ces deux temps de rétention à poumons pleins comme à poumons vides seront basés sur la durée de l'inspiration. La rétention à poumons pleins sera en premier lieu de la même durée que l'inspiration. Il en sera de même pour la rétention à poumons vides. Dans ce premiers cas, c'est l'expiration qui, comme précédemment, durera deux fois plus longtemps que l'inspiration.*

- Inspir 3 - Ret. pleins 3 - Expir 6 - Ret. vides 3.

2. *Dans le deuxième cas, inspiration, expiration et rétention à poumons vides seront de même durée. C'est la rétention à poumons pleins dont le temps sera doublé.*

- Inspir 3 - Ret. pleins 6 - Expir 3 - Ret. vides 3 -

Toutes ces durées peuvent être modifiées progressivement en respectant ces proportions et sans jamais dépasser les 12 secondes. Ces exercices sont toujours à effectuer sans forcer, sans atteindre les limites de nos possibilités.

Ils doivent s'harmoniser avec notre hygiène de vie et nos besoins alimentaires réels. Ces derniers n'ont pas à être calqués sur des théories qui ne conviennent parfois qu'à ceux qui tentent de les imposer. Chacun doit adapter son alimentation à son propre tempérament en s'efforçant d'infléchir de vieilles habitudes familiales, régionales ou autres.

Saint Paul disait qu'il était bon de consommer tout ce qui est en vente au marché. À son époque n'étaient en vente que des produits naturels qui devaient comprendre : fruits, légumes, œufs, poissons, viandes et boissons. Si l'époque détermine la façon de s'alimenter, le lieu influence également les besoins en nourriture. On m'a cité le cas d'un moine bouddhiste tibétain qui, de passage à Tokyo, s'était rendu dans un restaurant avec un ami français. Sans hésiter, le moine a commandé de la viande rouge à la grande surprise de son ami qui le croyait strictement végétarien. Et le moine de lui répondre : « Lorsque je suis dans mon monastère, proche de la nature et dans le calme, je suis végétarien. Mais ici, à Tokyo, dans la pollution, le tumulte et l'agitation, j'ai besoin de manger de la viande. »

Se priver n'est pas une bonne chose lorsqu'un besoin s'impose. Un proverbe nous dit : « Il faut user de tout et n'abuser de rien. » C'est une question d'équilibre. Il est certain, par exemple, que le tabac et l'alcool ne favorisent pas une bonne respiration. Nous avons déjà évoqué le vin et les noces de Canaa. Quant au tabac, mieux vaut ne pas prendre l'habitude de fumer ou parvenir à l'éliminer ; mais le plaisir de « griller une cigarette » de temps en temps n'est pas à proscrire totalement.

Ceux qui se réfèrent à de saints moines ou ermites d'Occident ou d'Orient pour prôner un végétarisme qui leur convient, prêchent plus rarement la chasteté qui leur convient moins et se réfugient parfois dans le tantrisme pour, peut-être inconsciemment, justifier leur vie sexuelle.

La vie sexuelle doit être adaptée aux besoins véritables en fonction de condition physique, sentimentale et affective, sans abus ni frustration. Si les besoins réels peuvent être canalisés et les frustrations supprimées, il est des éléments perturbateurs qui nous agressent sans que nous puissions les éviter. La pollution sous toutes ses formes constitue un réel danger. Aussi devons-nous le plus possible nous régénérer au grand air et respirer à pleins poumons sous les arbres, à la campagne, à la montagne ou en bord de mer, lorsque les côtes ne sont pas saturées de vacanciers.

Courir au grand air, sans excès de fatigue est excellent. En courant, pas trop vite, rester décontracté et respirer sur le rythme des foulées :

- Inspiration et 2 courtes expirations.
- Puis pratiquer plusieurs respirations profondes accompagnées des classiques mouvements de bras.
- Inspir, bras en haut.
- Expir, bras en bas.

Ces respirations, déjà recommandées par Platon, peuvent se faire en deux ou quatre temps.

Des respirations profondes dans la position allongée sont aussi à retenir. Elles sont encore plus profitables si elles sont exécutées selon les techniques du yoga.

Dans tous les cas, il est important de respirer toujours par le nez car celui-ci filtre l'air dont il retient les impuretés et en fixe la température.

La pureté de l'air est à soigner autant que faire se peut.

Il est préférable, par exemple, de dormir dans une pièce bien aérée et de s'habituer à laisser la fenêtre entrouverte en toute saison.

1ER EXERCICE : AMÉLIORER SON SOUFFLE

UN EXERCICE EFFECTUÉ DE TEMPS EN TEMPS PENDANT DEUX MINUTES PERMET D'AMÉLIORER LA FAÇON DE PROJETER LE SOUFFLE.

- *Se tenir debout, le buste bien droit, la tête droite également et les mains sur les hanches, sans contraction.*
- *Inspirer lentement et profondément par le nez.*
- *Bien remplir les poumons sans en forcer la capacité.*
- *Expirer lentement, régulièrement, en faisant vibrer l'air ainsi projeté.*
- *Cette vibration se manifeste par un son qui n'est pas une voyelle mais plutôt une sorte de bourdonnement continu.*
- *La bouche est en forme de «O».*
- *Cette «colonne d'air» s'écoule régulièrement et le bruit résonne en vous. Il semble venir du plus profond de vous-même. Il vibre dans votre crâne et annonce la puissance du magnétisme projeté.*

Cet exercice est excellent pour améliorer la force et la durée du souffle.

De plus, il projette le son et constitue un travail sur la portée de la voix et la qualité de son timbre.

Ainsi, souffle, voix et magnétisme se trouvent rassemblés comme ils doivent l'être autant pour des actions de magnétisme curatif, que pour la réalisation du charisme.

Au chapitre X, traitant de la visualisation, vous trouverez quelques exercices qui vous permettront d'utiliser la respiration pour travailler sur vos chakras.

Comment magnétiser par la parole

Le souffle transformé en vibrations par la parole est particulièrement magnétique. La voix convenablement utilisée permet de *sophromagnétiser* une personne sans même qu'elle se rende compte de l'énergie qui lui est communiquée. Travailler sa voix est extrêmement important. La parole est au premier plan en sophromagnétisme. Avant d'aller plus loin dans cette lecture, reportez-vous aux chapitres III et IV qui traitent du premier contact avec un patient et décrivent en totalité la première séance de relaxation. Les cordes vocales sont un merveilleux instrument, mais comme tout autre instrument il faut apprendre à en tirer le meilleur parti, quel que soit le timbre de voix et l'accent que l'on possède. Cet apprentissage peut être basé sur les techniques de l'art dramatique, en excluant celles qui concernent l'accent.

La parole à but thérapeutique, depuis l'Antiquité. Dès le IXe siècle avant Jésus-Christ, Homère cite le «Terpnos logos» lorsqu'il parle de la parole à but thérapeutique : l'épode.

L'épode se divise en trois parties : la parole à caractère magique, les paroles prononcées par les personnages de la mythologie et le «Terpnos logos» qui peut être chanté – comme dans l'Odyssée – ou parlé.

Les bases de la psychothérapie verbale sont définies par Platon dans un dialogue entre Socrate et le jeune Charmidès. Ce dernier souffre d'un violent mal de tête et Socrate accepte de le soigner au moyen d'une plante et d'une incantation. Et Socrate (donc Platon) dit tenir ce traitement d'un médecin de Thrace qui disait, entre autres, qu'il ne faut pas traiter la tête sans l'âme. En effet, dit Socrate, tous les maux et tous les biens pour le corps et l'homme tout entier viennent de l'âme. C'est donc avant tout l'âme qu'il faut soigner si l'on veut que la tête et tout le corps soient en bon état. Or, l'âme se soigne par des incantations. Et Platon donne des indications que ne renieraient pas nos modernes sophrologues. Il dit comment le «Terpnos logos», parole douce, monotone et monocorde agit sur le thymos, état psychosomatique, en engendrant l'état «sophrosyne», «état de calme, de concentration suprême de l'esprit» produit par de belles paroles.

Toujours en Grèce, à Épidaure, on retrouve des vestiges de ces traitements. Dans le sanctuaire d'Asclépios, dieu de la médecine (Esculape pour Rome), il existe les restes d'un hôpital où les malades étaient soignés pendant quarante jours. Après les bains, ils étaient allongés dans une sorte de rotonde où pendant qu'ils se trouvaient dans un état intermédiaire entre la veille et le sommeil, des prêtres-médecins venaient leur murmurer derrière leurs têtes, par des trous percés dans les murs, des paroles de guérison.

Comment utiliser la voix en sophromagnétisme

C'EST **par la voix que nous exprimons nos pensées et nos sentiments.** C'est elle qui nous relie aux autres, même dans l'éloignement par les réalisations de notre époque : téléphone, radio, enregistrement. La voix utilise la parole et la parole s'appuie sur «la magie des mots» *(voir pages 60 - 61).* Tous les sens de chaque mot, toute la valeur musicale de chaque syllabe, sont porteurs de notre magnétisme. Nous ne sommes pas toujours conscients de leur puissance et de leur qualité. Depuis le sens exotérique jusqu'à l'interprétation profonde, le mot lourd de «significations ressenties» vibre d'une musique qui atteint l'être au-delà du mental et de l'intellect.

Cette «magie», nous la découvrons déjà dans la Bible où Moïse éprouve des difficultés de langage qui risquent de l'empêcher de sauver le peuple élu. Moïse est intériorisé, mystique. Il lui est difficile de relier par la parole le monde intérieur, le monde de Dieu et le monde matériel. Alors son épouse introduit le mot en lui. Et Moïse, qui s'exprimait par gestes pour faire jaillir l'eau d'un rocher en le frappant, Moïse trouve l'utilisation de la parole, des vibrations du souffle exprimées par le langage. Il pourra se servir de «l'éloquence» pour convaincre le Pharaon et libérer son peuple.

L'éloquence, ce n'est pas seulement le sens exotérique du discours, la valeur des idées qu'il affiche et la construction des phrases, des paragraphes et des périodes oratoires. L'éloquence, c'est d'abord la façon d'utiliser sa voix pour extérioriser son magnétisme par le charisme qui ne néglige aucune des nombreuses possibilités offertes par la parole.

Le poète Rimbaud a cherché une façon de s'exprimer, une langue qui serait de «l'âme pour l'âme». Ne s'attachant plus au sens habituel des mots, il a écrit : «J'inventai la couleur des voyelles... Je réglai la forme et le mouvement de chaque consonne et, avec des rythmes instinctifs, je me flattai d'inventer un verbe poétique accessible, un jour ou l'autre, à tous les sens.»

La parole s'adresse à tous les sens, comme le fait la poésie. Encore faut-il que l'auditeur le ressente ou que celui qui parle le place en état de réceptivité. Pour «faire passer» le message profond, pas forcément formulé, mais auquel celui qui parle pense fortement et qu'il visualise, la voix humaine dispose de sept éléments principaux... Notons au passage que la parole c'est le verbe, que le verbe c'est Dieu et que sept est considéré comme étant le chiffre divin.

Ces sept éléments principaux sont : la tonalité, la puissance, le murmure, la vitesse d'élocution, les hésitations, les répétitions et les silences.

• La tonalité. **Elle va du grave à l'aigu en passant par le médium qui est situé entre les deux extrêmes, au milieu.** Ce mot «médium» désigne aussi un être qui est au milieu. Il reçoit un message de son propre inconscient, ou d'ailleurs et le transmet. Une voix aiguë peut être criarde et désagréable si elle n'est pas maîtrisée par des intonations et des rythmes appropriés. L'aigu a tendance à éveiller. Des voyelles «piquantes» telles que le «i» et le «u» peuvent accentuer cette particularité. Ces voyelles sont toujours présentes dans les mots utilisés lors des crises de colère ou dans les invectives, insultes et menaces. Dans ces cas, réels ou simulés, il convient de monter le ton de la voix pour que le message soit mieux ressenti. Une voix grave, au contraire, calme et apaise en général ; ce qui n'empêche pas de formuler des menaces ou des réprimandes avec une intonation grave et caverneuse. Si l'aigu semble tout révéler, le grave conserve un certain mystère. La parole dans une tonalité grave, monocorde, sans nuances, mais harmonieuse, convient parfaitement pour créer l'état de conscience entre la veille et le sommeil qui est celui de la relaxation. Les voyelles «a» et «o», ainsi que les syllabes «an», «on» et «oun» soulignent la «profondeur» exprimée par une voix évoluant dans le grave. Selon les effets désirés, il est intéressant de passer en quelques phrases du grave à l'aigu et réciproquement.

• La puissance. Parler à «voix basse» donne à la parole un caractère confidentiel qui convient à la relaxation. La puissance normale est celle de la conversation. «Hausser le ton» permet de se faire mieux entendre sans avoir à «élever la voix». Une expression courante dit d'un discours catégorique qui s'impose énergiquement : «parler haut et fort». Effectivement, pour parler plus fort, pour se faire entendre de loin, il est nécessaire de placer sa voix dans l'aigu. L'aigu se prête aux cris et permet de parler très fort, jusqu'au hurlement.

• **Le murmure. À l'opposé des cris et hurlements, nous trouvons le murmure.** Murmurer d'une voix grave est caressant, apaisant et doux. Cependant, par ironie, des menaces peuvent être dites sur un ton doucereux et à mi-voix. Murmurer d'une voix dont la tonalité naturelle est aiguë, peut aussi exprimer un charme, une naïveté, une douce candeur. Le murmure qui vient après des phrases dites avec une puissance normale, crée un contraste propre à faire «tendre l'oreille» à celui à qui il s'adresse. L'écoute et la réceptivité sont renforcées par ce contraste et souvent les phrases murmurées sont «mieux entendues» que les phrases criées.

• La vitesse d'élocution. Tel un pianiste qui égrène à une vitesse folle de multiples notes sur son clavier, la voix humaine peut faire se succéder une quantité impressionnante de syllabes sans que celui qui parle éprouve la nécessité de reprendre son souffle. Encore faut-il que son souffle le lui permette... C'est peut-être votre cas si vous lisez très rapidement et d'un seul trait la première phrase de ce paragraphe... et puis les deux et les trois phrases. Une grande rapidité permet d'obtenir des effets. Elle est plus impressionnante encore s'il s'agit d'une improvisation et si toutes les syllabes, absolument toutes les syllabes, sont perçues par l'auditeur. J'aime bien comparer chaque syllabe à une note de musique sur la partition de la phrase.

Quelles que soient la vitesse d'élocution, la tonalité et la puissance de la voix, il est indispensable d'avoir toujours présente à l'esprit l'idée que toutes les syllabes doivent être prononcées intelligiblement sans le moindre chevauchement avec celle qui précède ou avec celle qui suit. Il faut ar-ti-cu-ler, et cela se travaille facilement. Il suffit de lire un texte d'abord lentement, puis de plus en plus rapidement, en détachant chaque syllabe, en ânonnant, comme le font les enfants qui apprennent à lire. Il faut ouvrir suffisamment la bouche pour articuler afin de ne pas « manger » ou faire se chevaucher les syllabes et les mots. En exemple de parfaite articulation, Fernandel est à citer, entre autres dans son enregistrement de «La chèvre de Monsieur Seguin» d'Alphonse Daudet. Que d'effets possibles avec une élocution extrêmement rapide et nette ! À l'inverse, une élocution lente permet «d'appuyer» sur chaque mot, sur chaque syllabe, pour mieux convaincre. Parler rapidement convient à la succession d'arguments, à l'énumération, à la légèreté, au dynamisme et à l'enthousiasme. Parler lentement c'est expliquer, détailler, convaincre, influencer, séduire. Entre ces deux extrêmes, toutes les nuances sont possibles.

• LES HÉSITATIONS. **Un discours bien préparé et qui coule sans heurts et sans relief a quelque chose de soporifique.** De temps en temps, il est bon de rappeler l'attention des auditeurs. Hésiter sur un mot les oblige à découvrir ce mot, à aider mentalement l'orateur, donc à «participer». Les hésitations interviennent naturellement dans un discours improvisé. Encore faut-il que ces hésitations ne soient pas précédées de nombreux «heu... heu...» particulièrement désagréables. Les hésitations ne gênent en rien et je pense qu'elles sont à cultiver. Si vous lisez un texte en public ou à la radio, ne craignez pas d'hésiter au milieu d'une phrase ou même d'un mot. Votre langage n'en sera que plus naturel et que plus vivant. L'impression d'improvisation est toujours préférable à l'impression de lecture où aucun imprévu ne peut survenir. N'oubliez pas qu'un proverbe dit : «L'ennui naquit un jour de l'uniformité».

• LES RÉPÉTITIONS. Dès l'enfance, pour apprendre les leçons «par cœur», la méthode utilisée est la répétition. Il s'agit de lire, de relire et de lire encore des textes qui finissent par se graver dans la mémoire. Il en est de même des idées et des messages que nous voulons graver dans la mémoire de ceux qui nous écoutent. Rappelez-vous, au cours de la relaxation, les mots «lourdeur», «chaleur» et «calme». Ces mots sont les «mots de valeur» qu'il est essentiel de détacher du reste de la phrase. Ces mots-clés, il ne faut pas craindre de les répéter, surtout s'ils s'adressent à une personne en état de relaxation. Les répétitions de phrases ou d'éléments d'une phrase peuvent donner l'impression aux autres que l'orateur se parle à lui-même. En fait, ces répétitions lui permettent d'insister sur ce qu'il veut faire retenir par son auditoire et, éventuellement, de préparer la suite du discours. Que de fois l'interview de nos hommes politiques, champions de la «langue de bois», nous présente cette «technique». Ils répètent la question qui leur est posée dans le seul but de rechercher dans leur propre mémoire les arguments de leur réponse.

• **Les silences.** C'est encore l'ennui qui domine lorsque les phrases lues ou improvisées se succèdent imperturbablement. Comme la tonalité, la puissance, la vitesse d'élocution, les hésitations et les répétitions, les silences participent au «relief» du discours. Un silence qui précède ou qui suit l'idée à «faire passer», ne manque pas de la souligner efficacement. Entre les paragraphes, le silence marque la frontière entre ce qui a été dit et ce qui va être dit. Mais à cette fin de paragraphe ou entre deux phrases, ou encore à tout autre moment judicieusement choisi, l'attention est renforcée si le temps d'un silence normal est doublé. Dites une phrase. Vous marquez le point d'un silence, puis vous reprenez la parole. Évaluez la durée habituelle, selon votre rythme, de votre silence entre les deux phrases. Supposons que ce silence vous ait permis de compter jusqu'à trois. Ceux qui vous écoutent ont inconsciemment enregistré votre rythme. Vous allez redire cette phrase comme si vous étiez devant un auditoire. Arrivé à la fin de la phrase vous marquez le point en comptant un, deux, trois. Mais vous ne reprenez pas, vous comptez trois de plus. Sachez que pendant ces quelques instants votre auditoire est suspendu à vos lèvres ; l'attention est relancée. Par ce moyen, mais encore plus prolongé, vous pourrez vous rendre compte du niveau d'attention de vos auditeurs. Pendant «votre silence», vous écouterez «leur silence» et vous saurez si vous avez totalement capté leur attention.

Cette utilisation de la voix très utile en sophromagnétisme est nécessaire pour projeter son magnétisme autour de soi en public et faire rayonner son charisme.

Ne pensez surtout pas que «votre voix» ne vous permet pas de «magnétiser» une personne, un groupe ou un public par ses vibrations ; ce serait une erreur. Toute voix, comme toute personne, possède des qualités qui ne sont pas toujours apparentes instantanément et dont l'intéressé peut ne pas avoir conscience. Ces qualités existent toujours et ne demandent qu'à se révéler. Ne pensez pas non plus que votre «accent» vous place dans une situation désavantageuse par rapport à ceux qui n'en n'ont pas. D'ailleurs, comment pourrait-on ne pas avoir d'accent ?

Je pense au merveilleux poème de Zamacoïs «L'accent» que j'ai bien des fois entendu dire par de talentueux comédiens à l'accent chantant : Fernandel, Charpin ou Alibert. Ce poème débute ainsi :

« De l'accent, de l'accent, mais après tout en ai-je ?
Pourquoi cette faveur, pourquoi ce privilège ?
Et si je vous disais à mon tour, gens du Nord,
Que c'est vous qui pour nous semblez l'avoir très fort,
Que nous disons de vous du Rhône à la Gironde
Ces gens-là n'ont pas le parler de tout le monde
Et que tout dépendant de la façon de voir,
Ne pas avoir d'accent, pour nous, c'est en avoir ! »

L'accent neutre, l'accent dit de théâtre enseigné dans les Conservatoires d'Art Dramatique, c'est l'accent de l'Orléanais... et c'est tout de même un accent !

Personnellement, je ne cache pas mon accent méridional qu'il me serait possible de dissimuler puisque j'ai travaillé l'art dramatique. Au contraire, dans mes cours, stages et conférences, comme dans mes émissions à la radio ou à la télévision, je le considère comme un avantage puisqu'en créant parfois la différence, il éveille l'attention. Le théâtre classique a vibré de l'accent de Toulon lorsque, peu de temps avant sa mort, Raimu a interprété «Le Bourgeois Gentilhomme» à la Comédie Française. Donc, pas de complexe en raison de l'accent, mais du travail pour toujours améliorer l'articulation et toujours mieux utiliser les sept éléments principaux de la parole tels que nous venons de les aborder.

LES ÉTRANGES POUVOIRS DES MOTS

APRÈS la «magie des mots» selon leurs divers sens et les vibrations qui les accompagnent, nous allons évoquer les pouvoirs que nous attribuons à certains mots et que possèdent d'autres mots. Il y a d'abord les mots que «nous» mettons en valeur. Il est plus facile de mettre un mot en valeur oralement que par l'écriture.

Paul Martens a consacré tout un chapitre au mot «mis en valeur» dans son ouvrage «solfège de la diction» dont voici un court extrait : « Dans un énoncé, tous les mots n'ont pas la même importance. Il en est toujours UN qui renferme plus de sens que ceux qui l'entourent ; ce mot qui exprime l'idée principale, ou qui résume une situation, ou met en relief un caractère, c'est "le mot de valeur". »

C'est ainsi que nous pouvons désigner les mots «lourdeur», «chaleur» et «calme» de notre relaxation.

Pour manifester la valorisation de ce mot, plusieurs possibilités nous sont offertes :

- Le répéter.
- Le faire précéder ou suivre d'une pause, d'un léger silence.
- L'articuler exagérément en détachant chaque syllabe.
- Ralentir le débit de la parole en le prononçant.
- Insister sur ce mot en changeant de tonalité ou en augmentant ou diminuant le volume de la voix.

Petit à petit, lorsque le charisme se développe et agit, s'instaure un état de conscience qui n'est plus tout à fait l'état de veille (ou de vigilance) autant pour une personne, que pour un groupe, un public ou une foule. La musique du mot, le rythme et le ton de la phrase prennent d'autant plus d'importance que l'impact du sens originel du mot diminue, s'estompe et disparaît.

Ainsi, la Tradition enseigne qu'il existe des mots de Pouvoir et des mots Remèdes. Ces mots, nous les trouvons dans certaines prières et dans des «recettes» pour soulager des affections. Ces mots transmis de génération en génération, de siècle en siècle et verbalement, ont souvent perdu tout leur sens... Mais ils ont conservé leurs vibrations sonores. C'est par ces vibrations qu'ils transportent l'intention de celui qui les prononce. Ils semblent posséder une très ancienne charge énergétique que réactive la force de la pensée. Nous pensons à ces vieilles formules contenues dans d'anciens récits : «Abracadabra» ou encore «Sésame ouvre-toi».

Les pouvoirs des sons se retrouvent dans les mots. Par exemple, AUM, qui se prononce OM. Ces vibrations sont connues des plus anciennes civilisations. AUM est une vibration de mise en condition qui agit hors de nous et en nous. Nous retrouvons cette vibration dans le mot AMEN utilisé dans la lithurgie chrétienne. Les pouvoirs des mots ont toujours été utilisés par les religions, par la magie et la sorcellerie. Ces pouvoirs sont toujours efficaces, même dans le langage courant. Cette façon de ressentir la puissance de la parole nous place dans le contexte du sophromagnétisme et du charisme. Notre magnétisme contenu dans chaque son, dans chaque vibration des paroles que nous prononçons, indépendamment du sens des mots, agit en provoquant un phénomène de relaxation qui facilite la transmission de l'énergie vitale. Notre charisme fait rayonner notre magnétisme et le diffuse vers un point précis (personne, animal, plante), ou vers un lieu, un groupe, un public, une foule.

Ces mots dits «de pouvoir» sont des mots usuels du langage courant. Et nous retrouvons les mots dont nous avons ressenti les effets en relaxation : lourd, lourdeur, chaleur, calme. Nous pouvons aller plus loin dans cet état de conscience avec des mots tels que sommeil, ou bien «vous dormez». Ce sont là des exemples que chacun peut compléter... après avoir ressenti toutes les valeurs du mot : exotérique, ésotérique, musical, etc.

Voici d'autres exemples qu'il convient de n'utiliser qu'avec une certaine maîtrise de «la force de la pensée» et de la «visualisation».

• **Aubaine**, augmenterait les chances de réussite au cours d'une négociation. Penser fortement ce mot, l'écrire ou le prononcer au cours de la conversation. Auparavant, exprimer la pensée suivante : «Les forces émises par mes adversaires (ou mes concurrents) ne m'atteignent plus et sont remplacées par celles que contient le mot "aubaine" qui assure ma réussite.»

• **Afflux**, attirerait l'inspiration et faciliterait la créativité.

• **Ordres** (au pluriel), pour être écouté et obéi.

• **Lotus**, attirerait l'amour, faciliterait la séduction amoureuse et maintiendrait l'harmonie.

Des mots réputés efficaces existent dans d'autres langues. Leur traduction en français est, dit-on, tout aussi valable. Parfois ces mots de pouvoir paraissent saugrenus tandis que la façon de les utiliser peut sembler farfelue. Utiliser des «mots de pouvoir», c'est mettre en œuvre la force de la pensée, ce qui est un exercice indispensable pour s'acheminer vers le magnétismc curatif et le charisme. Seul ou parmi d'autres personnes, il est toujours possible de se placer dans un état de «relaxation». Il suffit de s'y entraîner... Quand cet état est atteint, il faut faire passer «son magnétisme» dans la prononciation mentale du «mot de pouvoir». De plus, le dessin formé par l'écriture de ces mots constitue un diffuseur d'ondes de forme, sujet que nous aborderons au chapitre XII.

Avec ce chapitre «le souffle et la voix», nous avons terminé notre «première étude» sur les diffuseurs du magnétisme : les mains (et le corps), le regard, le souffle et la voix. Ces neufs chapitres constituent une base de travail. Les lire et les relire n'est pas suffisant. Encore faut-il progressivement effectuer tous les exercices qui sont proposés. Ce travail peut se faire seul, mais il est intéressant de travailler de temps en temps en groupe pour comparer les résultats et échanger les commentaires qui en découlent. J'ai constaté au cours de mes stages, que les exercices pratiques exigent ce travail de groupe pour éviter des déviations et progresser plus rapidement. Aujourd'hui, les moyens techniques tels que l'enregistrement de la voix et les camescopes offrent des avantages certains. Il est devenu possible de s'entendre et de se voir tel que les autres nous entendent et nous voient. Nous ressentons ainsi par nous-mêmes ce que peut être l'impact de notre magnétisme et de notre charisme sur les autres. Ce magnétisme diffusé par les mains, le regard, le souffle et la voix ne serait que «mécanique» s'il ne prenait pour appui, ou pour amplificateur, ces éléments essentiels que sont la visualisation et la force de la pensée.

Chapitre 10

LA VISUALISATION

APRÈS «le souffle et la voix», j'ai quelque peu hésité pour classer les deux chapitres suivants, sur la Visualisation et la Force de la Pensée.

Ces deux éléments sont intimement liés. L'un entraîne l'autre et chacun apporte une puissance aux qualités différentes et complémentaires.

Par lequel commencer ? Est-ce la visualisation qui déclenche la force de la pensée ? Oui, certainement.

Est-ce la force de la pensée qui fait naître des images mentales ? Certainement aussi...

C'est un peu l'histoire de la poule et de l'œuf. Qui a commencé ? Donc, c'est arbitrairement, sans aucune idée de considérer l'une ou l'autre comme étant plus importante, que je commence par la visualisation... Arbitrairement, peut-être, mais probablement pas par hasard... Et je ne m'en suis rendu compte qu'après.

Je crois beaucoup à la force des symboles qui sont partout dans le monde, tandis qu'un monde de symboles vit en nous. Est-ce le hasard qui m'a fait choisir le chapitre 10 pour la visualisation et le chapitre 11 pour la force de la pensée ? Les correspondances avec le symbolisme de ces nombres sont évidentes.

Le 10, c'est un tournant, c'est un nouveau cycle après l'aboutissement du 9. Des unités nous passons aux dizaines ; la roue tourne. La lame 10 du Tarot est «la roue du destin». Le temps défile et transforme les êtres. Notre imagination nous fait créer des images mentales positives que nous «visualisons». Cette visualisation est un outil de changement sur tous les plans : spirituel, psychique et physique. Elle est capable de diriger notre transformation avec l'aide de la force de la pensée.

La lame 11 du Tarot, c'est la force représentée par une jeune femme qui, sans effort apparent, ouvre avec ses deux mains la gueule d'un lion. La force n'est pas violente. La connaissance, l'esprit et la subtilité sont plus efficaces que la brutalité. La force de la pensée est puissante et insidieuse. Elle véhicule les images de la visualisation et la force du magnétisme au-delà du conscient, au-delà des blocages et des barrières des fausses évidences et des raisonnements limités. *(Voir page 123).*

La visualisation est une représentation mentale positive qui doit entraîner un changement d'état. Ce changement se produit d'abord à l'intérieur de celui qui visualise. Il transforme ses pensées et lui permet d'abandonner sans effort de vieilles habitudes, puis de modifier progressivement sa façon de vivre et jusqu'à son physique. La visualisation peut être communiquée à une autre personne qui en ressentira les bienfaits. Cette communication se fait de différentes façons que nous allons examiner.

Nous sommes tous capables de visualiser... Et nous avons tous vécu de multiples visualisations durant notre enfance. L'enfance est riche d'imagination. Ensuite vient l'âge adulte et les réalités nous accaparent dans un tourbillon incessant d'où le rêve est souvent exclu. Nous conservons la possibilité de voir en nous les images de notre passé, présentes comme si nous en revivions encore certaines scènes.

Nous pouvons même créer des images de notre futur, selon nos désirs et selon nos craintes ; futur rapproché et futur plus ou moins éloigné. Mais nous ne nous y attardons pas et nous nous méfions. Le monde concret que nous voyons de nos yeux, le monde de notre vie quotidienne, hors de nous et autour de nous, c'est la réalité.

Mais le monde intérieur, ce monde indomptable – ou que nous jugeons comme tel – ce monde lié aux mystères de nos rêves nocturnes nous paraît fait de fantasmes et de curieuses fantaisies... Nous préférons nous étourdir de bruit, de vitesse et d'images qui nous assaillent sans cesse jusque dans l'intimité de notre foyer sur des écrans où se succèdent sollicitations, fictions, informations et désinformations.

C'est notre époque. Une époque apparemment confortable où nous utilisons le visuel à l'extérieur et superficiellement en le noyant dans des valeurs artificielles et futiles où tout est dominé par la soif de pouvoir et de richesse de ceux qui manipulent les sociétés. Tout «le spectacle du monde» va dans ce sens, depuis le sport-compétition-commerce, jusqu'à la culture et la politique. Faut-il s'en retirer et vivre en soi, pour soi, à l'écart des choses et des gens ? Vivre en soi ?

Oui, mais «pour soi et vers les autres», en leur apportant notre modeste contribution par l'aide que nous leur offrons... Si nous avons su «posséder pour donner». Ainsi, à leur tour, ils posséderont et donneront dans une réelle chaîne d'union et d'amour, chaîne «sophromagnétique» qui pourra faire tache d'huile dans la société, à l'aube de l'ère du Verseau. Ce nouvel âge de l'humanité ne doit pas n'être qu'une fuite en avant. Sans renier les valeurs et les découvertes d'époques passées, proches ou éloignées, nous pouvons acquérir par la visualisation un mode de pensée qui fut celui de nos très lointains ancêtres en des temps dits préhistoriques.

La conscience de ces êtres était d'abord visuelle et en parfaite harmonie avec leur environnement. Les images de leur monde, les images concrètes avaient pour eux la même valeur que les images qu'ils visualisaient. Les deux se mêlaient dans leurs peintures où ils «voyaient» comment atteindre les animaux qu'ils chassaient et assuraient leur survie. Peut-être même accordaicnt-ils plus d'importance aux images de leurs rêves qu'à celles de la réalité... Cette vision du monde et de la vie fut celle des primitifs, des mystiques et des alchimistes. C'est une vision «réellement réaliste» que nous pouvons retrouver en maîtrisant la visualisation. Alors, par la visualisation, nous éprouverons de véritables émotions positives. Ces émotions, nous les partagerons avec ceux que nous guiderons dans leur évolution et dans leur transformation, en continuant à évoluer et à nous transformer. Développer les conditions pour «Mieux Vivre», pour améliorer la santé et le charisme, c'est créer de véritables conditions de réussite... Et c'est à la portée de tous.

APPRENDRE À VISUALISER

VISUALISER **est une propriété de l'esprit humain et chacun la possède.** Les enfants qui jouent aux gendarmes et aux voleurs se voient voleurs, dans une réalité qu'ils savent ponctuelle. Ils se projettent aussi dans le futur et se voient adultes, accomplissant les tâches de la profession qu'ils souhaitent exercer. Et de la visualisation, ils passent facilement au «rêve éveillé». Il ne faut surtout pas confondre avec la visualisation le rêve éveillé sur lequel nous reviendrons. Les enfants créent des images mentales sans aucun effort et cela leur procure un plaisir évident. Pourquoi l'adulte perd-il souvent cette créativité ? Pourquoi est-il si difficile pour certaines personnes de visualiser, alors qu'elle l'ont fait forcément dans leur enfance ?

C'est tout simplement parce qu'elles n'ont plus laissé de place à ces images intérieures, trop préoccupées par celles qui venaient de l'extérieur. Mais parfois, les exigences de la vie professionnelle ou des activités créatrices entretiennent ou font revivre le pouvoir de visualisation. Par exemple, un chorégraphe qui «travaille» sur un ballet, visualise la totalité et les moindres détails de son œuvre. Il «voit» en lui les dessins qui se succèdent, les pas et leur technique, les positions, les déplacements, les costumes, les décors et les éclairages, tandis que mentalement il «entend» la musique du ballet. Comme avec le zoom d'une caméra, il peut voir la vue d'ensemble ou s'approcher des moindres détails. Il en est de même pour un metteur en scène. L'un comme l'autre peut laisser ses notes plusieurs mois au fond d'un tiroir. Lorsqu'il les relira, il retrouvera instantanément tous les éléments de sa visualisation, jusqu'aux expressions des visages et au maquillage de ses interprètes. Pour ces créateurs, visualiser fait partie de leur vie.

Les images créées par visualisation sont quelque part en nous et nous les conservons intactes inconsciemment. Les jeunes générations visualisent peu car les images leur sont offertes en abondance. Nous vivons sous le règne de l'image : télévision, cinéma, machines des jeux électroniques, bandes dessinées, etc. Alors, pourquoi en fabriquer ? C'est ainsi que l'imagination qu'on ne développe pas, se sclérose petit à petit et que visualiser devient de plus en plus difficile.

Lorsque j'avais 13 ou 14 ans, je dévorais, entre autres, les romans de Jules Verne. J'ai lu alors quatre ou cinq fois le «Voyage au centre de la terre» et chaque fois je retrouvais mes images «fabriquées» lors de ma première lecture. Je n'ai plus relu ce roman depuis mon enfance. Mais il y a peu de temps, au cours d'une conversation, il a été question de cette œuvre de Jules Verne. Au fur et à mesure que les différents épisodes en étaient évoqués, je retrouvais instantanément les images que j'avais créées autrefois dans mon esprit et qui depuis dormaient en moi, en un coin ignoré de ma mémoire, tout au fond de mon inconscient. Ces images, nos images, sont plus fortes, plus vivantes et plus détaillées que celles qui peuvent, peut-être, rester présentes mais floues dans les mémoires de ceux qui ont découvert «Voyage au centre de la terre» sur un écran de cinéma, avec les images des autres. Les mémoires de ceux des jeunes générations qui accordent peu d'importance à la lecture et à la rêverie sont encombrées d'images préfabriquées, extrêmement abondantes et qui ne contribuent pas à développer l'imagination et la créativité de la visualisation.

Comment visualiser par la mémorisation

Nous commençons le travail pour développer la visualisation par des exercices qui mettent en jeu la mémoire.

1er EXERCICE : UNE COULEUR

LE PREMIER EXERCICE CONSISTE À RETROUVER EN FERMANT LES YEUX L'IMAGE QUE L'ON VIENT DE FIXER PENDANT QUELQUES INSTANTS.

- ***Repérer dans l'environnement immédiat une surface ou un objet dont la couleur est agréable.*** *Bien regarder cet objet ou cette surface, sans se crisper, bien détendu et sans cligner des yeux. Fermer les yeux et retrouver mentalement cette couleur.*

Je répète que pour les uns c'est d'une évidente facilité, tandis que pour les autres un tel résultat paraît impossible à obtenir. Entraînez-vous de temps en temps et vous y parviendrez.

2e EXERCICE : UN POINT BLEU

POUR ENTREPRENDRE UN TRAVAIL PLUS INTÉRESSANT.

1. ***Fixer le regard sur du bleu. Ce peut-être le ciel, un tissu ou toute autre surface.*** *En fixant cette couleur apaisante, il est possible de faire une «mini-relaxation» (voir page 120), à moins de l'avoir faite auparavant.*

- *Fermer doucement les yeux.*
- *Retrouver la couleur bleue sous la forme d'un point ou d'un petit rond qui apparaît au niveau du front, entre les deux yeux, sur le chakra du troisième œil.*
- *Conserver ce rond bleu quelques instants. Que cet exercice ait été réussi ou pas, ne pas s'y attarder pour passer à l'exercice suivant.*

2. ***Découper un rond de 5 à 7 centimètres de diamètre dans une feuille de papier bleu ayant la tenue d'une chemise de dossier.***

- *S'asseoir, si possible face au nord, le dos bien droit, sans crispation ni contraction. Être relaxé ou faire une mini-relaxation.*
- *Poser le rond bleu devant soi et le regarder quelques instants. Éventuellement, le prendre dans la main pour le rapprocher des yeux.*
- *Fermer les yeux, et calmement visualiser la couleur bleue sous forme d'un point ou d'un rond, entre les deux yeux, au niveau du troisième œil.*

Exécuter cet exercice de temps en temps, toujours décontracté et sans effort. Ne pas se fixer exclusivement sur l'un de ces exercices, mais alterner chaque fois.

3e EXERCICE : UN SOUVENIR

POUR S'ENTRAÎNER À «VOIR LES YEUX FERMÉS», LA MÉMOIRE DES SOUVENIRS CONSTITUE UN EXERCICE QUI PERMET D'EN RETROUVER CERTAINS DÉTAILS ET NOTAMMENT LES COULEURS.

- ***Penser à un événement agréable du passé. Fermer les yeux et revoir cet événement comme une photo :*** *lieu, personnages, décors, costumes, mouvements, etc.*
- *Revenir au début de la scène pour visualiser à nouveau en retrouvant chaque fois de nouveaux détails : meubles, objets, vêtements, expressions des visages...*
- *Voir l'événement dans son déroulement chronologique, comme un film sur un écran.*

4e EXERCICE : UN PAYSAGE

CET EXERCICE DE VISUALISATION EST À EXÉCUTER PROGRESSIVEMENT, SANS EN BRÛLER LES ÉTAPES, AU FUR ET MESURE DES PROGRÈS RÉALISÉS. NE PASSER À UNE ÉTAPE DE CET EXERCICE QUE LORSQUE LA PRÉCÉDENTE A DONNÉ SATISFACTION.

- **L'exercice total se déroule sur un temps plus ou moins long qui peut se compter en jours, en semaines ou en mois.**

1. ***Choisir un paysage sur une photo ou une carte postale.*** *Après une mini-relaxation, placer cette photo devant soi. La regarder calmement pendant plusieurs minutes, pour la mémoriser.*

- *Fermer les yeux et revoir ainsi ce paysage. Il pourra apparaître un peu flou, comme la projection d'une diapositive avec un appareil mal réglé.*
- *Insister pour parvenir à voir vraiment le paysage dans son ensemble. Si nécessaire, interrompre la visualisation, ouvrir les yeux, regarder la photo et recommencer toujours sans effort et sans fatigue.*
- *À force d'entraînement, le paysage apparaît, en fermant les yeux. Toutes ses formes et toutes ses couleurs sont «vues» nettement.*
- *Refaire l'exercice avec successivement les différentes parties du paysage, soit la moitié de gauche, puis la moitié de droite.*
- *Agir de même avec chaque quart, jusqu'à la visualisation des détails seulement.*

2. *Lorsque ces résultats sont obtenus, passer quelques jours après à la deuxième étape.*

- *Regarder à nouveau la photo dans son ensemble. S'il s'agit de la campagne, voir par exemple les feuilles des arbres agitées par le vent. S'il s'agit d'un bord de mer, voir les vagues et peut-être des bateaux.*

3. *L'étape suivante consiste à placer le paysage dans un contexte différent.* *Par exemple, c'est l'automne et les feuilles sont rousses ; elles tombent. C'est l'hiver, il y a de la neige, etc.*

- *Quand cette étape est franchie, placer des personnages dans le paysage : enfants qui jouent, promeneurs, pêcheurs...*

4. *Dernière étape, se placer dans le paysage. Se voir tel que l'on veut être :* *dynamique si état dépressif, calme si état nerveux ou coléreux, mince si le souci majeur est de perdre des kilos, etc.*

• ***Ne visualiser que le possible.*** *Insister sur cette dernière étape en fonction du but à atteindre par la visualisation. Profiter de l'effet de «zoom» pour «voir» des détails : expressions du visage, expression corporelle...*

• *Travailler cette image est important pour soi-même et pour les patients à qui il sera utile de transmettre une visualisation selon le but à atteindre.*

Comment créer des images mentales

L'EXERCICE **précédent a débuté par une visualisation de mémorisation à partir de la représentation d'un paysage.** Puis l'imagination a animé le paysage, l'a modifié et garni de personnages, pour aboutir à une visualisation de soi-même. La mémorisation a permis la création d'images mentales. Cette création peut s'exprimer de différentes façons, mais qui partent toutes de soi-même. Elle agit dans l'espace et le temps et ne doit poursuivre que des buts positifs. Elle sera essentielle lors des travaux de magnétisme à distance.

Visualisation du soleil

LES **premiers exercices pour se familiariser avec le fait de donner ou de prendre du magnétisme ont fait utiliser deux symboles, l'aimant et le soleil.** Pour prendre du magnétisme et pour se recharger, le symbole du soleil est un élément puissant. Rappelons qu'un symbole a autant de force que ce qu'il représente. Mais la visualisation d'un symbole a elle aussi autant de force que le symbole et donc que ce qu'il représente. Partant de cette constatation, il est possible de visualiser facilement le symbole du soleil pour se «recharger» par cette image mentale. Pourquoi visualiser ce symbole puisque nous avons la possibilité de visualiser le soleil lui-même ?

1ER EXERCICE : SOLEIL D'OR

L'EXERCICE DU «SOLEIL D'OR» A DÉJÀ ÉTÉ INDIQUÉ AU CHAPITRE VI, MAIS IL ME PARAÎT BON DE LE RAPPELER ICI.

1. *Visualiser un Soleil d'Or au-dessus de la tête, soleil dont les rayons pénètrent par le chakra Brahmarandra et se répandent dans tout le corps.*

- *Cette visualisation qui crée un ressenti peut se faire n'importe où, même en marchant. Dans ce dernier cas, visualiser ce Soleil d'Or au-dessus de la tête. Il vous accompagne et vous recharge en magnétisme.*

2. *Autre visualisation du Soleil d'Or. En état de relaxation, visualiser un Soleil d'Or dans le ciel.*

- ***Inspiration :*** *un rayon (ou une spirale) vient de ce soleil jusqu'au chakra Brahmarandra ou jusqu'au plexus solaire.*
- ***Rétention :*** *le rayon d'or se répand dans tout l'être.*
- ***Expiration :*** *le souffle répand le rayon d'or dans tout l'univers. Lorsqu'on visualise le soleil on choisit la plupart du temps le soleil à midi, le soleil d'or. C'est le soleil au zénith, dans la plénitude de sa force.*

Le soleil levant, le soleil blanc, peut être également visualisé. Mais le soleil couchant, le soleil rouge, est moins utilisé dans ces exercices. Dans sa course quotidienne, le soleil va du blanc à l'or et au rouge, ce qui correspond à une succession alchimique des couleurs : noir, blanc, or, rouge. Le soleil sort du noir de la nuit, il est l'étoile dans le compost et il apparaît blanc. Au zénith, il est l'or des alchimistes. Puis c'est le rouge de la pierre philosophale, avant que «l'alchimiste disparaisse» dans le mystère de la nuit, vers un nouveau cycle.

Visualisation depuis un point violet

Cette **visualisation est à travailler pour se préparer à projeter son magnétisme à distance.** Le violet est le symbole de l'esprit, du spirituel et de l'équilibre entre le ciel et la terre. Fait d'une proportion égale de rouge et de bleu, il est la couleur de la Tempérance et de la lame XIV du Tarot. Cette lame est la représentation de la transmission perpétuelle des énergies, donc du magnétisme.

2e EXERCICE : UN POINT VIOLET

VISUALISER UN POINT VIOLET SELON LES MÉTHODES DÉJÀ UTILISÉES POUR VISUALISER LE POINT BLEU. CE POINT VIOLET ET LUMINEUX EST VISUALISÉ AU NIVEAU DU TROISIÈME ŒIL.

- **Lorsque le point violet est parfaitement visualisé au niveau du troisième œil (Chakra Ajna), effectuer l'exercice suivant :**
- ***Inspiration*** - *12 ou 19 selon les possibilités - le point violet s'entoure de lumière dorée.*
- *Cette lumière dorée vient en spirale de l'infini. Elle est semblable à la lumière du soleil.*
- ***Rétention*** - *d'égale durée - pendant la rétention, la lumière dorée qui est autour du point violet se répand dans tout le corps comme une énergie et une lumière qui inondent tout l'être.*
- ***Expiration*** - *d'égale durée - en même temps que le souffle, la lumière dorée se répand dans tout l'univers.*

Cet exercice rassemble les propriétés de la visualisation, de la respiration et du symbolisme.

Il permet de recevoir une force cosmique, d'en faire sa propre force, de la personnaliser et de l'envoyer dans l'infini. Ce qui correspond au magnétisme. Lors de travaux de magnétisme à distance, cette force sera projetée sur le but de ces travaux : personne, groupe, animal, végétal ou lieu.

La force vitale qui nous habite, nous la recevons de l'extérieur. Nous faisons fonction d'accumulateur et de transformateur avant de la projeter. C'est une visualisation du magnétisme.

QUAND ET COMMENT UTILISER LA VISUALISATION

PRATIQUEMENT, **la visualisation accompagne tout acte de magnétisme.** Elle est indispensable en sophromagnétisme. En magnétisant, il faut penser à ce que l'on fait et rien qu'à ce que l'on fait. Mais il faut aussi «voir» ce que l'on fait ; ce qui est une aide efficace pour ne pas laisser s'imposer d'autres pensées. La visualisation offre une multitude de possibilités.

Visualiser pour soi. Pour appliquer aux autres une «technique» avec le maximum de chances de succès, il est bon de connaître cette technique, non pas seulement dans sa théorie, mais par expérience personnelle. Les occasions de pratiquer la visualisation pour soi-même sont très nombreuses. La visualisation va déclencher un changement, une transformation. Il est donc indispensable de bien connaître le point de départ, c'est-à-dire de bien se connaître, sans complaisance, avec lucidité. Ce n'est pas toujours facile d'accepter de se confronter à la réalité. C'est indispensable pour mesurer objectivement la distance qui sépare cette réalité du but à atteindre. C'est un acte d'humilité et cette humilité établit des bases solides dans un sentiment de responsabilité.

Partant de la réalité du moment présent, c'est seulement le but final qui est à visualiser. Il est possible, selon les cas, de visualiser successivement les étapes de l'évolution qui mènent à ce but ; mais il ne faut jamais visualiser les difficultés qui risquent de se présenter sur ce cheminement. Il est également important de ne pas poursuivre plusieurs buts en même temps. Un seul problème est à traiter lors d'une visualisation. Cependant, certains problèmes peuvent avoir une cause commune ; c'est cette cause qu'il faut traiter. Par exemple, le manque de confiance en soi peut être la cause de problèmes relationnels, professionnels, affectifs, etc. Il est inutile de traiter l'une après l'autre les conséquences de ce manque de confiance en soi qui est une cause rencontrée fréquemment.

PROCESSUS DE VISUALISATION :

- **Bien définir le but qui doit répondre à un besoin réel et à un désir profond.**
- Commencer et poursuivre la visualisation dans un parfait état de relaxation.
- La visualisation doit s'intégrer au psychisme au-delà du conscient, sans la moindre préoccupation quant au temps qu'elle exigera.
- **Ne fixer aucun délai.** Les effets se mettent en place sans aucune possibilité de prévision de durée.
- Le besoin et le désir poussent l'imagination à créer la représentation mentale de ce qui deviendra une réalité.
- Le résultat se manifestera par une transformation profonde de la réalité, par un changement apparent du physique dans la tenue du corps et le rayonnement du regard.

Pour simplifier, disons que l'image créée se grave dans l'inconscient qui la répercute sur le psychisme et sur l'organisme. La visualisation fait vivre une «retombée psychosomatique positive» et volontaire.

Il est important de souligner que la visualisation n'est pas un acte de volonté ni de suggestion. Il ne s'agit pas de dire et de répéter «je veux» pour que le souhait se réalise. Même la suggestion, dont nous nous occuperons, n'emploie pas de formules de commandement.

Lorsque l'imagination et la volonté se trouvent confrontées, c'est toujours l'imagination qui l'emporte. Celui qui «veut» obtenir un résultat mais qui «se voit» en train d'échouer, échouera malgré sa volonté. Celui qui se «voit» réussir, obtiendra un résultat absolument différent du précédent. La visualisation s'applique à tous nos besoins et à tous nos désirs, qu'ils concernent la vie professionnelle, familiale ou sentimentale, la réussite à un examen, l'amélioration de la santé, etc. Elle n'a pour limite que l'obligation de ne prendre pour but que ce qui est réalisable et positif.

Comment s'auto-guérir

Une personne de ma famille a ressenti un matin au réveil une forte douleur au pouce de la main gauche dont elle ne maîtrisait plus les mouvements et qui, malgré elle, se mouvait dans tous les sens. Quelques jours plus tard et progressivement, ce doigt s'est replié à l'intérieur de la main, ce qui entraînait de vives douleurs et une grande difficulté pour saisir le moindre objet.

Le médecin consulté a diagnostiqué la rétraction d'un tendon et a conseillé des séances chez un kinésithérapeute. Ces séances n'ont donné aucun résultat et le praticien ainsi que le médecin envisageaient la nécessité d'une intervention chirurgicale. Cette personne a encore consulté un ami médecin-acupuncteur qui n'a pu que conseiller l'intervention chirurgicale.

Alors, cette personne qui pratique régulièrement différentes méthodes de relaxation et qui, en tant qu'artiste peintre, maîtrise la visualisation, a décidé de s'auto-guérir. Elle a visualisé son pouce aussi normal et naturel que celui de l'autre main. Dans sa visualisation, elle le voyait et le sentait reprendre toutes ses fonctions. Effectivement, après quelques jours de ce travail, la sensation du toucher est revenue, mais sans suppression de la douleur. Celle-ci a disparu progressivement en une quinzaine de jours. Puis, dans un délai de quinze jours de plus, le pouce est redevenu parfaitement normal, sans aucune douleur et capable d'assumer toutes ses fonctions. Un an plus tard, elle m'a déclaré n'avoir jamais éprouvé la moindre douleur ni la moindre gêne par ce doigt depuis son auto-guérison.

Pour obtenir ce résultat, elle a pratiqué régulièrement, quatre à cinq fois par jour, ses séances de visualisation qui duraient chacune de cinq à dix minutes.

Comment influencer par la visualisation

Ce qui est possible pour des affections physiques, cette influence irrésistible, l'est également dans bien d'autres cas. Pour influencer les conditions et le résultat d'une rencontre, d'une démarche, d'une négociation, etc. Tout devient possible par la maîtrise de la visualisation. Dans ce domaine, je pourrais vous citer de nombreux exemples.

Supposons que dans quelques jours vous allez être reçu par une personne qui peut décider de votre avenir professionnel. Vous attachez beaucoup d'importance à cette conversation. Vous avez besoin et vous désirez qu'elle se déroule en votre faveur.

1er EXERCICE : VISUALISATION

VISUALISEZ TOUTE LA SCÈNE DE CETTE ENTREVUE COMME SI ELLE SE DÉROULAIT DEVANT VOUS SUR UN ÉCRAN.

- ***Ne commencez cette visualisation qu'après un exercice de relaxation ou de mini-relaxation.***
- *Les yeux fermés, vous imaginez le lieu de l'entrevue et la personne qui vous recevra. Si vous la connaissez, vous la visualisez telle qu'elle est. Si vous ne la connaissez pas, vous imaginez une silhouette.*
- *Vous déroulez le scénario de cette rencontre. Vous entrez, sûr de vous, et vous êtes accueilli avec sympathie et cordialité. Vous n'éprouvez aucune gêne.*
- *Vous visualisez la conversation avec les attitudes et les paroles prononcées. Vous «entendez» les arguments de part et d'autre... Vous vivez cette rencontre qui se déroule et se termine en votre faveur.*

Faites cet exercice plusieurs fois avant votre rendez-vous. Vous serez surpris de la concordance de votre scénario avec la réalité, jusque dans certains détails.

Visualisation et rêve éveillé

Nous venons de «voir» ce qu'est la visualisation, comment elle fonctionne et les résultats qu'elle obtient. Le «rêve éveillé», c'est tout autre chose, en dehors de la réalité et du possible. C'est ce que vivent les enfants qui peuvent ainsi se ressentir dans la peau des héros qu'ils admirent et dont ils accomplissent les exploits les plus extraordinaires.

C'est un film mental qui se déroule sur un écran, comme la visualisation. L'émotion qu'il produit est si intense que le rêve éveillé est souvent vécu les yeux ouverts ; des yeux qui ne voient qu'à l'intérieur. La vie habituelle est suspendue ; le rêveur se place hors du temps. Pour fuir la réalité, il arrive que des adultes connaissent cet état.

Par des fantasmes impossibles, ils se voient réglant leurs comptes avec ceux qui les dominent, réussir dans des réalisations fantastiques et des désirs habituellement inexprimés : désirs sexuels, professionnels, etc. Ils sont forts, invincibles, admirés de tous, etc. Ils accomplissent des exploits inimaginables dans tous les domaines. Rien n'est réaliste.

Mais le rêve éveillé, c'est aussi la poésie, le romantisme, la sublimation des sentiments, l'harmonie avec les autres et avec la nature, etc. Tout dépend de la personnalité du rêveur.

Il peut être bon de s'évader par le rêve éveillé qui est capable de procurer des états de joie, d'apaisement ou d'exaltation qui sommeillent au fond de chaque être. Encore faut-il savoir «s'éveiller» ensuite à la réalité.

Le rêve éveillé peut être pratiqué par un groupe sous la direction d'une personne. Il m'arrive d'animer de tels groupes au cours de stages où la différence entre visualisation et rêve éveillé est bien ressentie. Le rêve éveillé n'a pas de but réalisable, mais il peut apporter beaucoup dans d'autres domaines que ceux de la visualisation.

La confusion entre visualisation et rêve éveillé ne pourrait entraîner qu'illusions et déceptions. Dès le départ, la visualisation qui commence par une prise de conscience de ce que l'on est réellement et de la réalisation possible du but à atteindre, fixe les frontières très nettes entre ce qu'elle est et ce qu'est le rêve éveillé.

Comment transmettre sa visualisation

Nous **pouvons visualiser pour nous-mêmes et nous pouvons aussi transmettre à un patient les images mentales de notre visualisation.** La plupart des actes de magnétisme s'accompagnent d'une visualisation que la musique des mots transmet facilement. *(Voir par exemple «le casque», page 106).*

Tout le processus de magnétisation de cet exercice est à décrire au fur et à mesure de son déroulement.

Comme le sophromagnétiseur, le patient qui a les yeux fermés, "verra" le bonnet qui glisse sur sa tête et qui lui est ôté, ainsi que les tensions qui sont dispersées par les massages magnétiques.

La voix véhicule avec persuasion les images de la visualisation. Il en est de même pendant la relaxation où les phrases prononcées correspondent aux images visualisées par le sophromagnétiseur.

Dans cet état, le patient est particulièrement réceptif.

La qualité de la visualisation du sophromagnétiseur, renforcée par la force de sa pensée et véhiculée par la parole, se grave dans l'inconscient du patient d'où se déclenche un processus qui aboutit à des résultats particulièrement satisfaisants.

Mais la visualisation en sophromagnétisme ne se limite pas à la description des gestes et de ce qu'ils représentent.

Le sophromagnétiseur va pouvoir créer un scénario ou faire créer un scénario à son patient. Il va utiliser pour cela une étroite collaboration et même le dialogue au cours de la séance de relaxation profonde.

1er EXERCICE : LA VISUALISATION

Premier cas : Suggestion des images

Par exemple, le patient n'a pas confiance en lui et en la société, il se replie sur lui-même, baisse la tête, se courbe...

• ***Au cours de la relaxation, lui faire visualiser un lieu où se trouvent plusieurs personnes.*** *Lui demander de les décrire ; ce qu'il fera facilement, prouvant ainsi qu'il suit bien la visualisation. Lui dire qu'il entre dans ce lieu, sûr de lui, le corps bien droit, sans aucune appréhension. Il parle aux autres et les autres lui parlent sans qu'il en éprouve la moindre gêne. Il est à l'aise. Les gens lui sont sympathiques et il ressent qu'il attire leur sympathie, etc.*

2e EXERCICE : LA VISUALISATION

Deuxième cas :

Le sophromagnétiseur «lance» la visualisation et le patient la poursuit.

• ***Cet exercice que je pratique souvent donne toujours d'excellents résultats. Ces résultats sont encore renforcés si intervient l'interprétation des symboles visualisés par le patient.*** *Dans une relaxation profonde, il s'agit d'un rêve semi-éveillé qui apporte une amélioration dans les états dépressifs ou d'anxiété, créés par des événements du passé.*

• ***Je lui suggère qu'il descend un escalier de pierre qui tourne, qui tourne et n'en finit pas de tourner, comme***

dans une tour. La lumière est douce et agréable. *Il descend, il descend, il descend... La tonalité, le timbre, la vitesse d'élocution, la douceur de la voix et la musique des mots lui font «voir» ce que je visualise pour lui. Il descend sans s'arrêter... Et il tourne... Et il descend... Le voici sur un palier. Devant lui, une porte est entrouverte...*

- ***Je lui précise qu'il peut me parler sans difficulté****, répondre à mes questions et me dire ce qu'il voit, ce qu'il fait, ce qu'il ressent... À partir de ce moment, un dialogue s'instaure.*

- ***Je peux lui dire par exemple :*** *« Vous voyez cette porte... Vous la poussez, vous l'ouvrez, vous passez de l'autre côté... » Je m'assure chaque fois de sa participation par ses réponses. « Vous êtes de l'autre côté ? Que voyez-vous ?... » Les réponses sont chaque fois différentes selon les personnes. Elles peuvent être opposées. Certains ne voient rien. Tout est noir. Tandis que d'autres sont éblouis par la lumière. Toutes les paroles qu'ils prononcent, toutes leurs descriptions ont une valeur de symboles. C'est ainsi qu'au fur et à mesure et après la séance, je les analyse.*

- ***Le patient «se voit» de l'autre côté de la porte qu'il vient de franchir.*** *Je lui fais décrire le lieu, qu'il s'agisse d'une pièce, d'un jardin, d'une prairie, d'une plage ou autre. Je fixe son attention sur lui-même. Il me décrit ses vêtements. Je lui fais «voir» un lit ou un divan près de lui. En lui rappelant qu'il est seul, je lui demande de s'y installer et de se dépouiller de tous ses vêtements... Lorsqu'il me dit que c'est fait, je lui indique qu'il a d'autres vêtements à côté de lui... Qu'il rêvet... Et je lui demande de me les décrire... Le dialogue se poursuit selon ce qu'il voit, ce qu'il fait ou ce qu'il ressent... J'insiste sur le fait qu'en se dirigeant* *vers la porte pour sortir, il voit ses anciens vêtements qu'il abandonne sans regret... Je lui fais remonter l'escalier dans lequel il se voit léger, souriant et débarrassé du poids qui était sur lui.*

- **Ces deux cas n'ont que valeur d'exemples.** Selon les personnes et leurs problèmes, bien des scénarios peuvent être suggérés en totalité ou en partie.

Comment utiliser les couleurs par les chakras

Nous **revenons à nos premiers exercices de visualisation des couleurs.** La magnétisation des chakras que nous utilisons très souvent, s'accompagne d'une visualisation selon le symbole que nous imaginons pour chaque chakra et la couleur qui nous convient. Cette couleur dépend du but poursuivi : éveiller ou apaiser, donner ou prendre. Je pense qu'il ne faut pas trop se laisser influencer par les couleurs affectées aux différents chakras. Selon les documentations que vous consulterez, toutes plus catégoriques les unes que les autres, vous vous apercevrez que ces sept chakras passent facilement d'une couleur à une autre. Les couleurs que j'ai mentionnées sur le tableau des sept chakras, ne le sont qu'à titre indicatif *(page 136).* En chromothérapie, les couleurs sont projetées sur les chakras au moyen de différentes méthodes lumineuses. Je connais plusieurs excellents chromothérapeutes qui obtiennent des résultats toujours positifs et parfois stupéfiants. Nous pouvons ajouter à notre magnétisme la visualisation d'une couleur – ou de plusieurs couleurs – sur un chakra en fonction de la couleur que nous affectons à ce chakra, mais aussi selon le but poursuivi. Le symbolisme des couleurs est un élément de plus pour amplifier notre action. Il est très utile d'en connaître au moins les éléments essentiels en fonction de différentes sources.

- **OR** - Symbole du soleil au zénith, de la connaissance, du feu purificateur, de la richesse et de l'illumination. Tonifie et recharge en magnétisme, tel que le fait le soleil d'or et le rayon d'or.
- **VIOLET** - À utiliser pour le traitement des angoisses et des peurs irraisonnées.
- **BLEU** - Couleur qui va du bleu foncé (bleu de la nuit) au bleu clair. C'est la plus mystérieuse et la plus profonde des couleurs. Le regard s'y enfonce et s'y perd comme dans l'infini du ciel. Couleur apaisante et calmante.
- **VERT** - Couleur de la végétation et de la vie active de la nature. C'est la couleur de la communication avec la nature qui cache ses secrets. La conciliation des contraires fait souvent associer le vert et le rouge, même dans la vie courante. Dans l'apparente passivité du feuillage vert apparaît la vitalité de la rose rouge. Le vert apaise les problèmes émotionnels et mentaux, soulage l'insomnie et régénère mentalement et physiquement. Il stimule l'absorption de la force vitale lors de l'inspiration.
- **ORANGE** - Couleur tonifiante qui rappelle la couleur du soleil qui va de l'or au rouge. Favorise l'émission de pensées positives et optimistes. L'orange combat l'anémie.
- **ROUGE** - Couleur liée au principe de vie, à l'élément feu et au sang. Il stimule l'ardeur et la fougue et dispense la chaleur de la vie. Favorise la circulation du sang et combat les effets du froid.
- **BLANC** - C'est la somme de toutes les couleurs, de toutes leurs vibrations. Le blanc symbolise la pureté originelle et l'initiation. Placé au début de la gamme des couleurs, comme de la course du soleil dans le ciel, le blanc évoque un commencement, mais parfois aussi une absence. Le blanc se rapproche de l'or en tant que symbole de la conscience diurne épanouie.

Toutes les couleurs ont des propriétés curatives sur lesquelles nous reviendrons. De multiples exercices de visualisation s'offrent à nous. Il ne faut pas prétendre tout découvrir à la fois ni tout pratiquer dans un bref délai.

Il est important de maîtriser la visualisation petit à petit, sans impatience, par un travail qui donnera des résultats progressifs selon la qualité de l'entraînement.

Il serait possible d'indiquer encore de nombreuses «recettes» d'utilisation de la visualisation. Il me semble que si vous parvenez à bien mettre en pratique celles que je viens de vous indiquer, vous serez suffisamment armé pour vous servir de la visualisation pour vous-même et pour en faire bénéficier les autres.

N'oubliez pas que si le magnétisme seul produit des effets remarquables, le fait de lui apporter les compléments de la parole, de la visualisation et de la force de la pensée lui confère une puissance insoupçonnable pour la plupart des gens.

Cette puissance, vous la ressentirez, et vos patients la ressentiront aussi. Elle se développera et vous apportera, comme elle leur apportera, avec une amplification des effets du magnétisme, une satisfaction sans cesse renouvelée.

Elle vous est très utile pour aborder d'autres méthodes d'utilisation du magnétisme, par exemple le magnétisme à distance.

Elle vous est indispensable pour exercer votre magnétisme dans le domaine du charisme et pour le projeter loin de vous, sans aucune limitation de distance.

Par la visualisation de la personne à aider ou du symbole que vous serez capable de créer à sa place et de visualiser, vous pourrez agir pour elle comme si elle était près de vous... À la condition que la force de votre pensée soit de la même qualité que votre magnétisme et que votre visualisation.

Chapitre 11

LA FORCE DE LA PENSÉE

LA pensée humaine prend-elle naissance dans le cerveau ? Vient-elle d'ailleurs ? Est-elle le résultat de processus par lesquels des concepts sont élaborés à partir de contacts avec des réalités qu'elle relie entre elles ?

« Je pense donc je suis !... » Une petite phrase qui paraît refléter l'évidence... Et pourtant !...

Si vous vous reportez au chapitre 7 sur «l'Énergie et la Matière», vous relirez les quelques lignes qui sous le titre «Énergie, matière et information», rappellent que l'homme, depuis fort longtemps, affirme que «la mémoire» réside partout en nous et dans l'univers. La sensibilité des plantes révèle une forme d'intelligence sans cerveau. Des alchimistes à Jean Charon, en passant par Paracelse et Teilhard de Chardin, bon nombre d'hommes de science ont confirmé cette idée. Plus récemment, en 1990, le savant soviétique Kaznatchéev a déclaré l'avoir expérimentée.

Nos pensées nous échappent, que nous le voulions ou non. Elles sont des projectiles qui se rendent indépendants et «transportent» des idées, des suggestions et des poisons... Elles peuvent être adressées à quelqu'un et elles peuvent l'atteindre sans qu'elles lui soient destinées. Insidieusement, à son insu, elles se glissent dans son inconscient qui le transmet ensuite au conscient d'une façon subtile qui fait croire à l'intéressé qu'il s'agit de ses propres pensées. *(Page 140 et suivantes.)* Il est vrai que des pensées dont nous ne soupçonnons pas l'existence sont enfouies dans notre inconscient d'où elles nous font agir dans de nombreuses circonstances. Lorsque vous conduisez votre voiture, vous ne pensez pas à chacun des gestes qui se succèdent. Lors de votre apprentissage, vous ne pensiez qu'à ces gestes : débrayer, passer les vitesses, embrayer, tourner le volant, faire fonctionner les clignotants, freiner, etc. La répétition de ces gestes a gravé les pensées les concernant dans l'inconscient. Aujourd'hui, vous pensez à toute autre chose en conduisant votre voiture et, sans en avoir conscience, vous répétez tous ces mêmes gestes avec précision.

Certaines de nos pensées ne nous appartiennent pas. Ont-elles été émises par des êtres qui ne sont plus ? Elles agissent, d'où qu'elles viennent.

Ces «pensées sauvages» qui circulent sont peut-être la cause de curieuses coïncidences qui font dire «l'idée était dans l'air», lorsque deux chercheurs aux antipodes l'un de l'autre font en même temps la même découverte.

Comme pour les ondes de la radio, la puissance de la pensée dépend de l'émetteur. Cette force est capable de véhiculer l'information. Cette information est portée par notre magnétisme qui contient notre intention concrétisée par notre visualisation.

Chacun possède ces trois «ingrédients» : le magnétisme, la visualisation et la force de la pensée. Le nombre trois est le symbole de la réalisation. Pour «réaliser» le sophromagnétisme, ces trois éléments doivent agir simultanément, en harmonie et avec force. Si l'un d'eux est faible, il atténue l'efficacité des deux autres. Il est vrai que le magnétisme possède seul son efficacité, mais celle-ci est bien plus importante lorsque tout est mis en œuvre pour la développer.

Nous avons vu comment travailler pour découvrir ou améliorer et rendre parfaitement utilisables tout d'abord le magnétisme et puis la visualisation avec le magnétisme. Il nous reste à déterminer comment transformer notre intention en pensée forte pour l'imposer, la transmettre et obtenir des résultats complets.

COMMENT DÉVELOPPER LA FORCE DE LA PENSÉE

LES premiers exercices que nous avons travaillés au chapitre 5 *(page 77 et suivantes)* **nous ont démontré l'importance de la force de la pensée.** C'est elle qui donne ses propriétés spécifiques à notre magnétisme lorsque nous passons nos mains au-dessus d'un dessin. Avec les mêmes gestes, par orientation mentale, nous décidons de «donner» du magnétisme à l'aimant et d'en «prendre» au soleil. Nous ne pensons qu'à cela au cours de ces exercices, et notre magnétisme agit en fonction de notre pensée.

Il est important de se rendre compte que, comme toute possibilité offerte à l'être humain, la force de la pensée dépend d'un ensemble de conditions qu'un travail permet de réunir et de développer.

QUELLES SONT CES CONDITIONS ? ELLES PEUVENT ÊTRE RÉSUMÉES EN CINQ ÉLÉMENTS PRINCIPAUX :

- L'état général physique et psychique.
- La foi.
- La fixation de la pensée.
- La mémoire.
- La maîtrise des émotions.

Par l'état général physique et psychique

Nous revenons à la mise en condition, mais à une mise en condition qui ne doit pas être superficielle et momentanée. Elle doit s'appuyer sur des qualités profondes de robustesse, de maîtrise de soi, de sérénité et d'équilibre ; qualités qui sont celles du physique tout autant que du psychisme.

Ces qualités profondes sont maintenues et développées par la façon de vivre qui ne doit comporter ni excès ni privations. Si la pensée est faible parce que le magnétiseur l'est, cette insuffisance aura pour conséquence un affaiblissement des résultats et des capacités du praticien qui risque de transmettre un magnétisme neutre, livré à lui-même. La fatigue, la nervosité, la colère, la crispation, les préoccupations absorbantes et incontrôlées entraînent des vibrations particulières qui se transmettent et diminuent considérablement la puissance de l'intention.

L'état de relaxation, au contraire, favorise l'élaboration de pensées nettes, faciles à visualiser. Sans effort de volonté, ces pensées sont renforcées et transmettent un magnétisme puissamment chargé d'intentions claires et ininterrompues.

Par la foi

Il faut croire en ce que l'on dit et en ce que l'on fait. Le moindre doute atténue la force de la pensée. La foi n'est pas réservée au domaine de la spiritualité et des religions. Elle est une adhésion totale qui ne provient pas d'une démonstration rationnelle ni d'une évidence palpable. Elle consiste en une confiance absolue, en une certitude, au-delà des facultés humaines.

Un texte des Évangiles dit : « Ayez la foi comme un grain de sénevé et vous renverserez des montagnes. » **Une expression populaire ajoute :** « C'est la foi qui sauve. »

Rien n'est facile, ni même possible quand on n'y croit pas. Les sportifs, les candidats ou toutes autres personnes qui « partent battus » dans une entreprise quelle qu'elle soit, handicapent fortement leurs chances de succès. « La chance sourit à ceux qui y croient » est encore la confirmation par le langage populaire d'une réalité facile à observer dans la vie quotidienne. En médecine, les placebos en sont une brillante démonstration, autant que les rapports de confiance qui existent ou n'existent pas entre le malade et son médecin. Pour être facilement acceptée, une suggestion doit être formulée clairement, brièvement, affirmativement... Et avec sincérité. Elle déclenche chez celui qui l'exprime une visualisation nette et positive qui, véhiculée par le magnétisme, ne doit pas laisser pénétrer le doute chez celui à qui elle est adressée.

La foi, c'est aussi la force spirituelle qui place l'être humain dans un contexte religieux qui le relie à la divinité, quel que soit le nom qu'il lui donne.

Avoir la foi, c'est reconnaître que la force vitale qui est en nous vient d'ailleurs, qu'elle nous est donnée et que nous ne pourrions rien entreprendre si ses sources se tarissaient.

Croire en la vertu de la prière, c'est se donner des moyens supplémentaires pour réussir avec peut-être plus de modestie et d'humilité devant des résultats qui dépassent l'entendement.

Tous ceux qui soignent par tradition, les guérisseurs, les rebouteux et bien d'autres, adressent des prières en la force desquelles ils croient sans se poser de questions... Et leurs prières sont exaucées. Que de souffrances soulagées par des méthodes empiriques !

Mais la prière ne remplace pas l'action humaine. Il est trop facile d'affirmer: «Je demande et je reçois», puis, à l'usage, de transformer ces paroles en ordres. Si le créateur nous a accordé le libre arbitre, c'est pour que nous en usions.

«Aide-toi et le ciel t'aidera» dit un proverbe qui nous place devant nos responsabilités.

Agis d'abord et demande ensuite l'aide qui t'est nécessaire pour atteindre ton but... Comme le font les guérisseurs qui s'isolent avec leur patient, se concentrent, procèdent à des attouchements (magnétiques), donc agissent par eux-mêmes et puis demandent par leurs prières la participation d'une force supérieure.

L'énergie vitale universelle nous est donnée pour nous et pour que nous la transmettions à ceux qu'elle est susceptible d'aider de différentes façons. Ne sommes-nous qu'un canal passif et irresponsable ? Ce serait en contradiction avec les philosophies des grandes religions.

Nous sommes un canal, c'est vrai. Nous avons besoin d'aide et nous ne sommes pas des êtres supérieurs élus de Dieu. Nous dépendons de cette "distribution universelle" et, tout d'abord, c'est par notre comportement que nous devons en mériter la quantité et la qualité.

Ensuite, notre état psychique et mental nous permet d'agir tel un transformateur pour «distribuer» à notre tour cette énergie selon les besoins des êtres que nous aidons avec lucidité, sans les «prendre en charge», mais en leur offrant avec amour tout ce qui leur est nécessaire pour «se prendre en charge».

Alors, nous leur communiquons notre foi dans la certitude d'atteindre le but poursuivi en commun, par notre magnétisme, par nos suggestions et nos visualisations, portés par la force sans faille de notre pensée.

Par la fixation de la pensée

La dispersion des pensées sur différents sujets est une chose fréquente, mais elle affaiblit la pensée de base et doit être exclue de toute action de sophromagnétisme. L'être humain est une unité placée parmi une multitude d'unités semblables à lui, dans un univers semblable à toutes ces unités. Chaque force-pensée est aussi une unité parmi celles des êtres de son espèce. C'est en partant de cette idée que nous devons conserver l'unité en la préservant des «pensées parasites» qui risquent de la perturber.

C'est ce principe qui est appliqué dans les séances de relaxation par la parole qui laisse peu de place aux risques d'intrusion de pensées parasites. Tout un travail progressif est à entreprendre pour améliorer la faculté de ne penser qu'à une seule chose. Il est évident qu'il est difficile, du moins au début, de fixer sa pensée dans le bruit et l'agitation. Pour commencer ce travail, il est bon d'écrire soi-même la pensée pour l'enregistrer plus profondément. Cette pensée peut être celle de l'un de nos exercices, d'une suggestion ou de l'expression d'une visualisation. La pensée exprimée par la parole fixe l'esprit sur ce qui est dit. La décontraction physique et mentale et l'état de relaxation active sont encore une fois nécessaires pour penser à une seule chose à la fois, pour y penser fortement, sans la moindre interruption, autant de temps qu'il le faut. Lorsque, par un entraînement soutenu, cette fixation de la pensée est obtenue, il devient plus facile de fortifier et d'améliorer la mémoire, l'attention et l'imagination.

Cette fixation de la pensée n'isole pas pour autant de l'environnement, mais celui-ci ne trouble aucunement «la pensée». Un cas est souvent cité. Lorsqu'il présidait la Chambre des Députés dans les années 1930, Édouard Herriot menait les débats avec autorité et lucidité. Cependant, à sa place, il rédigeait ses textes d'écrivain pendant ces mêmes débats, ce qui ne l'empêchait pas d'intervenir lorsque c'était nécessaire. Ce fait n'est pas exceptionnel. Il nécessite un entraînement, une pratique, qui fixe l'esprit sur une voie, sans l'isoler de son environnement. Ce phénomène classe d'un côté la pensée principale, soit l'écriture et enregistre dans un domaine proche de l'inconscient les éléments qui peuvent surgir lorsqu'une sorte de programmation déclenche la réaction. Je me souviens d'avoir écrit des textes sur lesquels j'étais parfaitement concentré, tandis qu'un poste de radio diffusait près de moi une émission qui m'intéressait. J'étais tout à mes écrits, mais par la suite je pouvais répéter ce qui avait été dit dans l'émission de radio. C'est sans doute inconsciemment que j'avais enregistré les éléments qui revenaient à ma mémoire. Si vous avez visité la salle de rédaction d'un journal quotidien, vous aurez certainement remarqué que des journalistes travaillent à leur bureau, rédigent leurs articles, dans le bruit, l'agitation, les sonneries des téléphones, les appels à voix haute, etc. Alors, dans le calme d'une sophromagnétisation, il doit être relativement facile de penser fortement à ce que l'on fait et de ne penser qu'à cela. Il en sera de même pour pratiquer le magnétisme à distance.

Par la mémoire

Exercer et développer les capacités de la mémoire constitue une éducation de l'esprit qui fortifie la puissance de la pensée. Ces exercices provoquent une amélioration de l'attention, de l'association des idées, du raisonnement et de l'imagination... Et puis tout s'enchaîne, l'imagination éveille la créativité et tous ces développements se répercutent sur le choix et la qualité des visualisations d'imagination, sur la formulation des suggestions et sur la force de la pensée qui les exprime avec ou sans la parole.

Le travail à effectuer sur la mémoire a pour base la fixation de la pensée sur un but mais en approfondissant tout ce qui concerne ce but qui doit présenter un réel intérêt. Il serait inutile de tenter de travailler la mémoire en s'efforçant «d'apprendre par cœur» des textes quelconques qui d'ailleurs seraient oubliés très rapidement. Ce bachotage est stérile et n'entraîne qu'une fatigue sans résultat positif. Des méthodes de mnémotechnie permettent de retenir ce qui est nécessaire pour les activités et relations, mais il ne sert à rien de s'en servir pour l'inutile.

Chacun possède une forme de mémoire personnelle qu'il est toujours possible de développer quel que soit l'âge. Les comédiens de tous âges apprennent avec une surprenante facilité des textes très longs en peu de temps... Mais ils déclarent souvent qu'à la même époque ils oublient fréquemment de nombreux éléments de leur vie quotidienne, y compris des rendez-vous importants. Lorsque l'exercice d'une «forme de mémoire» devient une réelle nécessité, l'entraînement intensif qui l'accompagne suffit à éliminer toute notion de «l'être surdoué». La mémoire n'a rien à voir avec l'intelligence ou autres facultés intellectuelles, mais elle est à leur service. Il est certain que, selon l'intérêt que présente un sujet comme par exemple l'histoire, les dates en sont retenues plus ou moins aisément. Par ailleurs, l'oubli semble fonctionner comme une soupape de sécurité. C'est un peu comme si dans l'ordinateur qui recèle tous nos souvenirs, des circuits se libéraient par effacement, ou renvoi dans une mémoire plus profonde de tout ce qui ne présente pas un intérêt dans le présent. Travailler sa mémoire, c'est parvenir à penser avec plus de netteté. Que de témoignages, que ce soit en justice ou en d'autres circonstances, paraissent précis mais deviennent flous ou même contradictoires lorsqu'ils doivent être répétés. Les formes de mémoire étant différentes, il ne faut surtout pas établir des comparaisons avec telle ou telle personne. Il serait bien trop long d'énumérer les processus volontaires ou instinctifs qui font retrouver les souvenirs. Chacun peut essayer d'analyser sa propre démarche et ses propres résultats. Personnellement, j'ai l'occasion d'exercer ma mémoire au cours des débats qui suivent mes conférences. Quel que soit le sujet traité, les questions débordent toujours et concernent des sujets voisins ou même éloignés. Ma réaction est amusante car lorsqu'une question inattendue m'est posée, j'ai l'impression d'ouvrir un tiroir et d'en sortir une fiche. Cette fiche me permet de répondre ou d'avouer mon ignorance. Évidemment, cette fiche peut être vierge ou contenir des renseignements abondants qui viennent rapidement à mon esprit. Curieusement, en parlant, il m'arrive d'avoir l'impression de dire des choses que je n'avais pas l'impression de savoir. Bien sûr, ces tiroirs et ces fiches n'ont jamais existé. J'ai été quelque peu surpris lorsque, en apprenant à utiliser un ordinateur pour les traitements de textes, il m'a été dit qu'il fallait créer des tiroirs, des fichiers et des fiches...

1er EXERCICE

LA FIXATION DE LA PENSÉE SUR UN SUJET QUI PRÉSENTE UN INTÉRÊT POUR CELUI QUI EFFECTUE CET EXERCICE, CONSTITUE UN TRAVAIL UTILE POUR LE DÉVELOPPEMENT DE LA MÉMOIRE ET DE LA FORCE DE LA PENSÉE.

1. ***Ce sujet peut être une activité sportive ou culturelle ou encore, par exemple, un but touristique.*** *Pratiquer cette activité en s'efforçant d'en approfondir la connaissance totale par des lectures, des notes, des conversations, etc. L'esprit sera en éveil. Par des comparaisons et des critiques personnelles, des idées naîtront qui s'ajouteront à cette étude.*

- ***Considérer qu'il n'y a jamais de limite pour découvrir et apprendre même à propos de ce que l'on croit bien connaître.***
- ***Ne pas s'arrêter à ses propres convictions.*** *Imaginer un tableau, ou un écran, sur lequel un projecteur n'éclaire que ce qui correspond à ce qui a été retenu, aux convictions considérées comme définitives.*
- *Éteindre cet éclairage et éclairer tout le reste qui figure sur l'autre partie du tableau ; c'est-à-dire tout ce qui avait été délaissé, refusé ou rejeté. Examiner calmement ces éléments, les étudier avant de reprendre une vue d'ensemble. Partant de là, y ajouter de nouvelles idées et éventuellement de nouvelles hypothèses.*
- *En quelques semaines, sans trop en avoir conscience, les efforts déployés pour approfondir ce sujet intéressant porteront leurs fruits dans le domaine de la mémoire, mais aussi dans la fixation de la pensée et le profond développement de la force de la pensée.*

2. *Deuxième exercice : Développement de la mémoire par la visualisation et la respiration.*

- ***Visualisez*** *un rayon lumineux de la couleur que vous préférez. Vous «voyez» bien ce rayon directement ou en forme de spirale. Il symbolise la mémoire ; il est donc la mémoire.*
- ***Aspir*** *- en 6, 9 ou 12 secondes (selon vos possibilités). Le rayon lumineux pénètre par le chakra du 3ᵉ œil.*
- ***Rétention*** *- même durée. Le rayon lumineux se répand dans le corps tout entier, il l'envahit, il l'inonde. Comme tous les exercices de développement de la mémoire, celui-ci est à faire de préférence le soir, le plus près possible du moment de prendre le sommeil.*

Ces deux exercices peuvent être effectués dans la même période.

Par la maîtrise des émotions

Le travail proposé pour l'entraînement à la visualisation constitue une méthode à utiliser également pour fixer la pensée et pour maîtriser les émotions. Tout travail nécessite «une mise en sommeil» des préoccupations du moment. Avant chaque exercice, la «mini-relaxation» est un moyen pour effacer momentanément les pensées qui risqueraient de provoquer un effort de volonté et une crispation.

Maîtriser ses émotions ne signifie pas les ignorer ou les rejeter. J'ai en mémoire la phrase d'un chirurgien de mes amis qui disait: «Lors d'une intervention, un chirurgien doit être parfaitement insensible, mais jamais indifférent.»

La sensibilité et les émotions créent des perturbations psychiques qui peuvent se traduire par des maladresses physiques. Mais l'indifférence à la souffrance déshumaniserait toute action.

Cette maîtrise est indispensable pour ne pas laisser pénétrer, lors d'une méditation ou d'une relaxation par exemple, les idées négatives engendrées par les soucis et les problèmes trop envahissants. Il sera toujours possible de les aborder ensuite, mais différemment.

Que d'exemples pourraient être cités de personnages publics: artistes, comédiens, enseignants ou autres qui ont paru en public et effectué leur prestation sans rien laisser paraître de l'émotion causée quelques heures auparavant par la perte d'un être cher.

La maîtrise des émotions est un élément capital pour que la force de la pensée possède toute sa puissance. Il en est ainsi pour toute action de sophromagnétisme, pour le magnétisme à distance et l'utilisation du charisme.

Comment utiliser la suggestion

La suggestion est un processus qui permet de faire accepter une idée à une personne sans déclencher son raisonnement ou son sens critique. Elle est une forme de conditionnement provisoire pendant lequel la réflexion n'intervient pas. La suggestion, selon comment elle est utilisée, dépasse le mental et le conscient. Elle se grave dans l'inconscient d'où elle agit sur le psychisme et sur le physique.

Le docteur Janet, psychiatre et philosophe français, décrit la suggestion comme une croyance immédiate et surpuissante dans la mesure où elle ne passe pas par la médiation du doute que fait naître la réflexion. La suggestion est l'un des moteurs de la publicité diffusée par les moyens audiovisuels qui ne laissent pas le temps d'amorcer une réflexion. Les images évoquent des désirs réels ou provoqués, reliés au domaine de l'inconscient. Elle est utilisée avec talent par les auteurs et metteurs en scène de films d'épouvante dans lesquels souvent rien n'est réellement présenté sur l'écran, mais seulement suggéré par une ambiance créée et maintenue. L'événement tragique ou épouvantable est suggéré et c'est le spectateur qui se fait peur. La suggestion produite par le charisme qui, nous le verrons, est une forme de magnétisme, permet à des personnages publics – depuis les camelots jusqu'aux hommes politiques dont nous dépendons – d'influencer les individus, les groupes, les assemblées, les foules et les peuples. Il existe aussi des suggestions cachées mais efficaces qui sont constituées par des images que nous n'avons pas conscience de voir. La publicité subliminale vise l'inconscient du spectateur. Elle agit en intercalant dans un film de cinéma ou de télévision une image, une seule image, qui ne sera présente à l'écran que pendant un vingt-cinquième de seconde, donc au-dessous du seuil de perception de l'œil humain. L'image revient plusieurs fois au cours d'une projection et cette image du produit ou du message se grave dans l'inconscient. Elle sera ensuite «récupérée» comme représentant un désir personnel et conscient. Déclencher le besoin d'une réaction sans que les intéressés aient éprouvé ce besoin quelques instants auparavant peut être provoqué par la suggestion. Une personne qui bâille à la vue d'un groupe déclenche les bâillements de plusieurs autres personnes qui ne se rendent pas compte de la cause de cette réaction. Il en est de même pour le rire communicatif. La suggestion portée par le magnétisme et renforcée par une pensée puissante et une visualisation nette agit en présence de la personne à qui elle est destinée et l'atteint également à des distances illimitées. Le «projectile de la pensée» l'introduit dans l'inconscient, surtout lorsque le destinataire est particulièrement réceptif : sommeil, relaxation, hypnose.

La suggestion en sophromagnétisme ne doit pas créer une frustration par privation. Exemples : la boulimie, la gourmandise, l'alcool, le tabac. Elle doit tendre à supprimer l'envie par des formulations nettes, courtes et précises qui n'impliquent pas des traitements ou des régimes désagréables et contraignants. Ces derniers font appel à la volonté qui se trouve alors en conflit avec l'imagination du désir inassouvi. Dans ce cas, c'est toujours l'imagination qui prend le dessus sur la volonté. La suggestion est souvent considérée comme une possibilité négative ou dangereuse ; elle a mauvaise réputation. Pourtant, elle peut être utilisée dans de nombreux cas pour aider comme le font les placebos qui sont aussi efficaces que les remèdes mais ne provoquent pas des effets secondaires. Il faut savoir aussi que toute suggestion n'est pas acceptée par le destinataire dont le code moral ne peut être transgressé. Nous retrouverons la suggestion dans les chapitres consacrés au magnétisme à distance et au charisme.

L'auto-suggestion et la méthode Coué

Lorsque la suggestion s'applique à soi-même, on entre dans le domaine de l'auto-suggestion. Aux États-Unis, des médecins prescrivent des traitements par des «cures de paroles» que certains considèrent là-bas comme une thérapie d'avant-garde. Les Grecs l'appliquaient déjà dans l'Antiquité, et nous ne doutons pas de l'efficacité d'une telle méthode, nous qui travaillons sur le magnétisme et la force de la pensée diffusée par la parole.

Dans ces traitements, il ne s'agit pas de nommer la maladie en disant par exemple : «Je n'ai plus mal à l'estomac», ou «mon ulcère a disparu».

Non, au contraire, il faut affirmer l'amélioration progressive de l'état de santé en répétant trois ou quatre fois par jour une simple phrase telle que celle-ci : « Mon état s'améliore. » Chaque fois, la phrase est dite cinq ou six fois. Les résultats sont réels et durables. Il semble que les Américains aient fait une découverte dont les conséquences bénéfiques sont d'ailleurs confirmées par les malades guéris et leurs radiographies. Commentant ces découvertes, j'ai entendu des supporters enthousiastes les qualifier avec les mots à la mode de leur ignorance et de leur naïveté « C'est génial ! C'est super ! C'est hyper !!! »

Ces «méthodes nouvelles» d'outre-Atlantique recommandent de se décontracter, de s'installer confortablement dans une pièce peu éclairée pour répéter la petite phrase à voix basse, mais assez fort pour que l'oreille l'entende.

Cette «découverte» a permis l'élaboration de méthodes de «travail sur soi» qui sont déposées en propriétés et droits d'auteurs farouchement réservés et lucratifs.

Par cours et par stages, ces méthodes traduites en plusieurs langues sont proposées à des tarifs respectables dans de nombreux pays, y compris la France, où tout ce qui vient des État-Unis ou d'ailleurs est souvent considéré comme étant supérieur...

Et pourtant, ces «découvertes» d'avant-garde... datent du siècle dernier. Et elles sont nées en France. Le 26 février 1857 naquit à Troyes, Émile Coué de la Chataigneraie qui en 1882 devint pharmacien dans sa ville natale. Un jour, un malade vint dans sa pharmacie et demanda avec insistance un remède qui ne pouvait être délivré que sur ordonnance médicale. Pour ne pas le renvoyer déçu, Coué utilisa ce qu'il considéra comme une petite tricherie innocente. Avec le plus grand sérieux, il remit au malade un petit flacon d'eau distillée qu'il enveloppa dans une feuille de papier en lui recommandant de respecter les doses indiquées. Le pharmacien avait oublié ce visiteur, lorsque huit jours plus tard celui-ci revint pour le remercier chaleureusement, il était guéri ! Émile Coué fut frappé par cet incident qui le conduisit à conclure que «l'imagination» pouvait avoir une action sur l'organisme. Dès 1885, il entreprit des études sur ce sujet et notamment à Nancy avec le docteur Liébault qui traitait certaines maladies par le sommeil et la suggestion. C'est en 1902 qu'Émile Coué s'installa à Nancy où il mit au point sa méthode d'auto-suggestion.

Son principe de base est le suivant : «Chaque fois qu'il y a conflit entre l'imagination et la volonté, c'est toujours l'imagination qui l'emporte et, dans ce cas, non seulement nous ne faisons pas ce que nous voulons, mais nous faisons précisément le contraire de ce que nous voulons ; et plus nous faisons d'efforts volontaires, plus nous faisons le contraire de ce que nous voulons.» Donc la volonté et l'imagination ne sont pas deux forces égales, et lorsqu'elles s'affrontent, la volonté vaincue est convertie en impuissance et en contradiction. Émile Coué mourut en 1926 sans avoir fait de sa méthode un «produit d'exportation» malgré l'intérêt manifesté par des médecins étrangers. En France, ses travaux firent naître de multiples railleries qui d'ailleurs ont toujours cours. Mais ils suscitèrent quelques disciples dans de nombreux pays.

Un psychiatre suisse, le docteur Schultz, inventa le training autogène directement inspiré de la méthode Coué, et l'Europe de l'Est s'en est servi pour former ses sportifs de haut niveau.

À Los Angelès, le docteur Joseph Murphy traite ses malades par cette méthode dont il relate les bienfaits dans son livre «les miracles de l'esprit».

Et en France ?... En France, il suffit de prononcer ces mots: «Méthode Coué» pour déclencher ricanements et plaisanteries à propos de l'auto-suggestion... Ce qui n'empêche pas certains Français d'entreprendre un travail «d'amélioration de soi» ou de «contrôle du psychisme» par des techniques auréolées du prestige de l'étranger sur lesquelles plane l'ombre occultée du docteur Coué.

L'auto-suggestion permet de forcer l'imagination, d'activer la visualisation et d'utiliser des formules courtes et affirmatives exprimées par des mots prononcés à voix basse.

Il ne s'agit pas de dire «je veux», surtout pas, mais d'affirmer la réussite en indiquant le but poursuivi.

Émile Coué allait plus loin en proposant une seule phrase susceptible de guérir n'importe quelle maladie physique ou psychique, phrase qui laisse au subconscient le soin de choisir lui-même l'action qu'il doit exercer.

Cette phrase est la suivante : « Tous les jours, à tous points de vue, je vais de mieux en mieux. »

Exercice d'auto-suggestion renforcée

Cette phrase est à répéter plusieurs fois à voix basse mais audible, de préférence le soir avant de s'endormir. Il convient de la dire avec conviction en projetant par la parole la force de la pensée qui prend appui sur la fixation de la pensée.

Un symbole permet d'amplifier la puissance de cet exercice ; c'est le pentagramme ou étoile à cinq branches. Le cinq est le symbole de l'homme qui s'inscrit dans l'étoile à cinq branches, la tête dominant les quatre membres. Le symbolisme du pentagramme est très riche et basé sur le nombre cinq. Les cinq branches réalisent l'union du trois (principe mâle) et du deux (principe féminin). C'est l'union féconde et l'androgynat ; c'est l'accord parfait, la quintessence capable de réaliser la conciliation des contraires. Paracelse a dit du pentagramme qu'il est l'un des signes les plus puissants. C'est l'Étoile Flamboyante. Dans l'Étoile, l'homme est le médiateur entre Dieu et l'Univers.

Le symbolisme du nombre cinq correspond à des découvertes scientifiques qui confirment qu'il se produit quelque chose de différent lorsqu'on arrive à cinq dans l'énumération d'une série naturelle :

- Actuellement, l'univers est défini avec quatre dimensions, trois pour l'espace et la quatrième pour le temps. Au-delà, c'est l'inconnu où rien n'est évident.
- Il n'y a aucun cristal dont la symétrie soit basée sur le nombre cinq.
- Aucun noyau atomique stable ne comprend cinq particules.
- Les dresseurs d'animaux parviennent à les faire compter jusqu'à quatre, sans jamais atteindre le cinq.

- Mais le cinq est présent dans les êtres vivants. Symbole de l'homme qui a cinq doigts, il compose la symétrie par cinq des fleurs, des étoiles de mer, etc.
- Seuls les liquides ont leurs molécules arrangées en une structure en cinq, en pentagone. Ces structures font que les liquides s'écoulent et que des pentagones en matière solide, empilés au hasard, s'écoulent comme des liquides ; ce qui n'est pas le cas pour des triangles, des carrés, des hexagones ou toutes autres structures.

Or, la vie est née dans l'élément liquide, et le corps de l'être humain est composé de 70 % de liquide. La structure en cinq des liquides indique-t-elle que cinq est la structure de la vie ? Le pentagramme, représentation géométrique du nombre cinq, contient toute la puissance de ce nombre, toutes ses qualités et toutes ses possibilités.

LE PENTAGRAMME OU L'ÉTOILE À CINQ BRANCHES.

L'étoile doit toujours être représentée ou placée avec la pointe en haut. Si l'étoile est renversée (pointe en bas), l'énergie n'est pas pour autant supprimée ; elle est inversée. Alors elle devient «diabolique» car l'étoile renversée ce n'est plus l'homme ; on y voit deux cornes, deux oreilles et le bouc.

Ces remarques ne sont pas inutiles, car l'utilisation des symboles et des forces qu'ils diffusent ne sauraient être livrées au hasard ; elles ne sont pas un jeu. Il convient de ne pas s'en servir avec légèreté, d'être informé et prudent. Le nombre cinq symbolisé par le pentagramme contient la force cosmique, l'énergie qui nous vient des étoiles, du cosmos, et par là même du créateur. Cette énergie est donnée à l'être humain qui est contenu dans l'étoile avec laquelle il se confond.

Durant un cours qui traitait de ce sujet, j'avais expliqué cette particularité de l'étoile à cinq branches. Dès le lendemain, une de mes élèves me téléphonait pour me demander de la recevoir de toute urgence. Elle vint le jour même et m'apporta un Pierrot en tissu d'environ 40 centimètres de haut. Ce Pierrot était assis sur une branche d'un pentagramme et l'ensemble formait un effet décoratif agréable. L'étoile était dans le bon sens. Mais de ses branches pendaient des fils aux bouts desquels étaient accrochées de petites étoiles à cinq branches qui se balançaient avec la pointe en bas. Cette personne me déclara avoir accroché ce jouet décoratif dans sa chambre, au-dessus de son lit. Depuis quelque temps, elle et son mari dormaient mal et ne se sentaient pas à l'aise dans cette pièce. De retour à son domicile, elle ne se contenta pas d'enlever les petites étoiles ; elle se débarrassa de cet objet qui l'inquiétait. Quelques jours plus tard, je la revis, et elle me déclara que depuis qu'elle avait jeté le Pierrot et ses étoiles, tout était rentré dans l'ordre : plus d'insomnie, plus d'énervements non motivés ; l'apaisement retrouvé.

EXERCICE

NOUS EN VENONS À L'EXERCICE AVEC L'ÉTOILE. DESSINEZ UNE ÉTOILE À CINQ BRANCHES OU PHOTOCOPIEZ EN AGRANDISSANT CELLE QUI SE TROUVE À LA PAGE 227. EFFACEZ LE TEXTE IMPRIMÉ SUR LE LIVRE.

- ***Placez l'étoile devant vous, de préférence accrochée au mur et impérativement dans le bon sens.*** *En regardant le centre de l'étoile, vous pensez à la force qu'elle représente et qu'elle vous transmet. Sans en écarter votre regard, répétez plusieurs fois la phrase-clé de la méthode Coué :* ***« Tous les jours, à tous points de vue, je vais de mieux en mieux. »***

Il est facile d'indiquer ce petit exercice aux personnes susceptibles de pratiquer cette auto-suggestion et de leur donner une photocopie de l'étoile à cinq branches. En leur expliquant comment procéder, insistez particulièrement sur le fait qu'il est très important de placer l'étoile dans le bon sens.

POURQUOI ET COMMENT MAGNÉTISER ALIMENTS ET BOISSONS

TOUTE matière est susceptible de recevoir le magnétisme, de le conserver et de le diffuser. Cette propriété révélée par Mesmer dans ses «propositions», nous l'abordons par les aliments et les boissons. Les aliments contiennent des éléments nutritifs, mais ils possèdent aussi cet élément immatériel, cette force vitale, que les hindous appellent «prana». Cette force comparable à l'énergie du magnétisme est neutre, sans intention particulière. Le magnétisme humain se superpose à cette énergie sans l'altérer, en la rendant plus active, plus assimilable. En magnétisant les aliments, nous ajoutons la force de la pensée qui apporte avec le magnétisme une intention précise à la force vitale des aliments.

Les aliments

- **La magnétisation peut se faire au moment du repas ou au cours de sa préparation.**
- Le magnétisme n'est pas altéré par la chaleur. Il est donc possible de magnétiser les mets chauds dans l'assiette tout de suite avant de les consommer.
- Il est à noter que le magnétisme conserve toute sa valeur lorsqu'il est pratiqué avant la cuisson ou l'ébullition.
- La durée de magnétisation des aliments contenus dans un plat ou dans une assiette est d'environ deux minutes.
- La consommation peut intervenir dans un délai de plusieurs jours sans que le magnétisme et l'intention donnés diminuent d'intensité.
- La magnétisation s'opère par imposition des mains, des passes lentes ou les deux en alternance. Elle se fait en répétant mentalement ou à voix basse l'intention.

Les boissons

- **La magnétisation peut se faire au moment de la consommation, plusieurs heures ou plusieurs jours avant, sans que l'effet du magnétisme soit modifié ou altéré.**
- Elle peut se faire à travers le verre d'un flacon, même si celui-ci est bouché. Verre ou flacon peuvent être tenus d'une main et magnétisés de l'autre.
- Pour magnétiser un verre de liquide, former avec les doigts de chaque main une pointe souple dirigée vers la surface du liquide. Les mains ne doivent pas se toucher. Un verre ou tout autre récipient peut permettre de magnétiser le liquide qu'il contient également avec des impositions des mains à plat et des passes lentes.
- La durée de magnétisation est de deux minutes par les doigts en pointe. Elle peut être réduite pour les passes et impositions.
- Cet exercice ne nécessite pas un grand apport de magnétisme. Éventuellement, il est possible d'indiquer à un malade comment il doit procéder avec ses mains et avec sa pensée. Insister toujours sur le fait que pour magnétiser, la décontraction et la concentration sur l'intention sont nécessaires et que cette intention doit être exprimée par une formule brève, simple et affirmative. Aliments et boissons peuvent être magnétisés pour des animaux. Il en est de même pour l'eau d'arrosage des plantes d'appartement.

Périodicité

Il n'est pas utile, ni même recommandé, de magnétiser constamment aliments et boissons. Il n'est pas non plus utile de les magnétiser pour des personnes en bonne santé. Il convient de réserver ces magnétisations à des malades ou convalescents. Et même dans ce cas, il est préférable de ne magnétiser qu'un seul repas et qu'une seule boisson par jour ; et cela un jour sur l'autre. Des périodes actives alternant avec des périodes de répit permettent au patient d'assimiler ce qui lui est donné et à son organisme de réagir. Il en est de même avec les séances de magnétisme qui, en général, ne sont pas à pratiquer quotidiennement sur un patient.

Formulation

Sans aucun effort, sans aucune tension, sans aucune contraction, la magnétisation s'effectue calmement. Elle est soutenue par l'intention qu'il est bon d'exprimer à voix basse. Lorsque l'intention est exprimée mentalement, elle nécessite une bonne fixation de la pensée : « Penser fortement à ce que l'on fait et ne penser qu'à cela. » La phrase est répétée durant le temps de la magnétisation.

Exprimée à la première personne, l'intention commence toujours par les mots : « je magnétise... » suivis de l'indication de ce qui est magnétisé « ... cette boisson... » et de l'intention elle-même « ... pour mieux dormir ».

Si la magnétisation est effectuée pour une autre personne, il est bon de la nommer : « Je magnétise cette boisson pour que Jacques dorme mieux. » Selon le niveau de visualisation, il peut s'ajouter la visualisation de Jacques dormant paisiblement.

Nous retrouvons les éléments habituels : magnétisme, force de la pensée, parole et visualisation.

Sachant que la boisson conserve toutes les qualités du magnétisme qui lui est donné, il est possible, par exemple, de magnétiser un verre d'eau pour le jour même et un autre pour le surlendemain si nous ne devons pas revoir plus tôt l'intéressé. Ne pas oublier qu'il est facile de lui expliquer comment il peut lui-même procéder.

Comment agir par magnétisation de la matière

Le magnétisme se fixe sur la matière qui le conserve avec toute la force de l'intention qui lui a été donnée. Cette propriété offre de multiples applications. Quelques-unes sont traditionnelles, tandis que d'autres sont moins connues mais tout aussi efficaces.

Deux cas peuvent se présenter lorsque vous aidez quelqu'un qui est en un lieu éloigné ou que vous ne pouvez voir que rarement. Si, pour des raisons de relations familiales, d'incrédulité ou autres, il n'est pas possible d'informer l'intéressé de cette action, il n'est pas exclu d'agir sans le lui faire savoir. Tout peut être magnétisé à son intention : un livre qui lui sera prêté et qu'il tiendra dans ses mains, un vêtement ou un mouchoir, un bouquet de fleurs, ou encore une boisson magnétisée à travers sa bouteille et qui conserve sa fermeture d'origine.

Ouate et coton hydrophyle

Lorsque l'intéressé est informé de l'action entreprise pour l'aider, nous pouvons choisir «le support» excellent que constitue la ouate ou le coton hydrophyle. Facile à transporter ou à expédier, ce coton est aussi facile à magnétiser puisqu'il peut s'étaler en plaques qui seront ensuite aisément maintenues sur le corps du malade. Il peut s'agir de la partie où réside l'affection ou il peut être placé simplement et maintenu contre le corps, sous les vêtements et de préférence sur un chakra.

À l'effet de la magnétisation s'ajoute la suggestion si cette personne a confiance en celui qui a magnétisé le coton et en ses capacités. Il est évident que plusieurs méthodes peuvent être utilisées simultanément, par exemple en plus du coton, l'étoile et la méthode Coué.

Pour prolonger l'effet d'une séance de magnétisme, il m'arrive de préparer une petite plaque de coton hydrophyle (10 cm x 10 cm) en présence de l'intéressé ou hors de sa présence (selon sa personnalité) et de la lui remettre afin qu'il l'utilise comme un relais, quelques jours après cette séance. Ce coton maintenu contre la peau se détériorera assez vite et devra être détruit assez rapidement. Un mouchoir ou une petite pièce de tissu naturel peuvent être employés comme le coton.

Les cristaux

Les cristaux peuvent devenir des auxiliaires précieux des magnétiseurs. Le cristal est vivant, il a une mémoire et une puissance qui s'imposent de plus en plus à la science de notre époque et qui sont susceptibles de révolutionner encore une fois les années à venir (*).

Un cristal «programmé» pour aider le magnétiseur, diffuse sans cesse cette aide. Il suffit qu'il soit posé à proximité, dans la pièce où se déroule la magnétisation ou la sophromagnétisation.

Selon les actes de magnétisme, il peut être tenu dans une main, par exemple pour appliquer le souffle long et puissant. Personnellement, très souvent j'ai tout simplement «mon cristal» dans une de mes poches.

(*) Voir mon ouvrage «Manuel d'utilisation de la Boule de cristal» et les chapitres consacrés à la vie des cristaux, la mémoire des cristaux, comment créer des cristaux.

Librairie de l'Inconnu – Éditions, 84, rue du Cherche-Midi – 75006 – Paris.

Les galets

Une possibilité encore peu exploitée malgré son efficacité, est le petit galet personnel. Je l'utilise en maintes circonstances en raison des résultats très intéressants que j'ai souvent constatés. Dans son mémoire, Mesmer nous donne «la recette» par ses onzième et douzième propositions. Il indique que l'action et la vertu du magnétisme peuvent être communiquées à des corps inanimés. Il ajoute que cette action et cette vertu pourront être renforcées et propagées par ces mêmes corps (voir page 30).

Ces affirmations ont été confirmées en 1959 par M. H.O. Busby qui publia un article intitulé «Comment imprégner des galets de forces très puissantes», dans la revue «la radiesthésie pour tous». Les méthodes qu'il a proposées ont évolué depuis.

Certaines sont simples et d'autres assez compliquées. Je me suis efforcé d'établir une synthèse d'après des «recettes» d'origines différentes et d'y apporter au fur et à mesure les fruits de mes propres expériences et observations.

Le principe est le suivant :

Un vulgaire galet peut être chargé d'une énergie très puissante par un magnétiseur possédant ou ayant acquis les qualités indispensables : décontraction, force de la pensée, puissance du magnétisme et visualisation. Une fois chargé d'une intention (d'une seule intention) nette et précise, ce galet va l'émettre comme une pile électrique émet le courant, mais avec cette différence qui est que le galet ne se décharge pas.

Tout se passe comme si sa puissance se renouvelait automatiquement sans jamais s'affaiblir. Son «signal» est maintenu indéfiniment.

Les radiesthésistes ont observé que le choix par le pendule d'un nombre actif, trouvé à l'aide de dessins, augmente la puissance et la précision de l'intention. Cette méthode qui nécessite une grande expérience en radiesthésie me paraît pouvoir être compensée par la concentration, la visualisation et la force de la pensée.

Le choix du galet ne doit pas être déterminé par sa forme, par sa couleur ou sa nature. En fait, de simples cailloux peuvent être chargés. Le risque qui intervient, réside dans le fait que des pierres que nous trouvons en quelque endroit que ce soit, peuvent être chargées d'images, de sons ou d'émotions dont elles ont été les témoins. Si nous ajoutons une nouvelle charge à celles qu'une pierre contient déjà, nous ne pourrons pas obtenir des résultats satisfaisants. Il me paraît donc utile de n'utiliser que des galets vierges de toute intention ou charge.

Ces galets, je les trouve au bord de la mer, de préférence après les tempêtes d'équinoxes qui les emmènent du large. Je les cueille début octobre ou début avril, à une époque où les plages sont lavées des pollutions de l'été.

Pour l'usage personnel, je choisis des galets plats, de petites dimensions, pouvant être placés dans un portefeuille, dans une poche ou accrochés à une chaîne.

Comme nous l'avons vu pour le coton, le galet peut être chargé en présence ou hors présence de celui à qui il est destiné. Un galet n'est chargé que d'une seule intention, mais il est possible de posséder plusieurs galets car leurs effets ne se contrarient pas.

L'intention peut concerner une personne précise dont l'identité sera citée dans cette intention. Ce galet sera strictement personnel et ne pourra pas être réemployé, même en conservant l'intention.

Pour charger le galet

- Se placer de préférence face au Nord.
- Le poser devant soi sur une table.
- Se décontracter par une mini-relaxation et dire la prière universelle.
- En répétant l'intention et en la visualisant, faire alterner des passes lentes, des impositions mains ouvertes, puis doigts en faisceaux, pendant deux ou trois minutes.

S'il arrive que le galet soit oublié dans une poche et qu'il passe dans une machine à laver, ne pas s'en inquiéter car sa charge est intacte comme celle d'un aliment magnétisé avant la cuisson.

Les galets d'Ibis

Toujours en ce qui concerne les galets à usage personnel, j'ai remarqué que certaines intentions reviennent souvent et correspondent à des généralités. J'ai pensé qu'il devait être possible de charger ensemble une série de galets (7 de préférence) d'une même intention qui pouvait se rapporter à une situation, à une demande souvent rencontrée.

Les expériences ont été concluantes et j'ai appelé ces galets : **les galets d'Ibis** (*).

Dans la Tradition, Ibis est l'incarnation du dieu Thot qui a été assimilé à Hermès. Thot est le dieu de la parole créatrice, des astronomes, des magiciens, des guérisseurs et des enchanteurs. Quel meilleur nom trouver pour ces galets qui protègent et favorisent la réussite !...

(*) *Vous pouvez vous procurer les galets d'Ibis aux adresses suivantes :*
Librairie de l'Inconnu – Éditions, 84, rue du Cherche-Midi – 75006 – Paris.
Chez l'auteur : Charly Samson, la Pommeraie – 9, rue Lapérouse – 34970 – Lattes.

J'AI IMAGINÉ SEPT SÉRIES, ET POUR LES DIFFÉRENCIER, LES GALETS DE CHAQUE SÉRIE SONT COUSUS DANS UN TISSU D'UNE COULEUR QUI AJOUTE SES VIBRATIONS AU MAGNÉTISME DIFFUSÉ PAR LE GALET.

- **BLEU** - Apaisement en soi et autour de soi. Contre la nervosité, les anxiétés et les angoisses. Les pensées positives se développent.
- **VIOLET** - Développement de la spiritualité, de l'intuition et des perceptions extra-sensorielles notamment en voyance et divination. Réussite dans les études. Amélioration de la mémoire et des facultés intellectuelles.
- **ORANGE** - Développement des pouvoirs de séduction, tant sur le plan affectif que sur le plan des relations amicales et professionnelles. Réussite sentimentale. Protection des amours.
- **ROUGE** - Récupération des forces, du tonus et du dynamisme. Amélioration des capacités d'activité. Réussite dans les affaires et protection contre les mauvaises influences.
- **JAUNE** - Réussite matérielle. Amélioration et développement de la situation dans ce domaine. La réussite dans le commerce est favorisée.
- **VERT** - Amélioration et conservation de la santé. Récupération physique et psychique après des périodes difficiles. Pour la protection de la santé et contre les risques d'accident.
- **BLANC** - Protection générale. Des conditions de vie satisfaisantes sont retrouvées ou conservées. La poursuite de l'épanouissement est favorisée.

Ces séries sont magnétisées par la formulation d'une intention qui exprime la synthèse des indications données ci-dessus.

C'est par un entraînement continu que le magnétisme que diffusent ces galets, contient toute la force de la pensée du magnétiseur. Au cours de mes stages, il a été constaté de très nombreux résultats positifs et parfois même surprenants. Je ne vous en citerai qu'un seul exemple.

En hiver, j'anime un stage de sophromagnétisme qui se déroule en trois week-ends : vendredi soir, samedi et dimanche toute la journée. Entre ces week-ends, un délai d'environ cinq semaines permet aux stagiaires d'exécuter les différents exercices proposés pour ensuite en comparer les résultats.

Un week-end se déroulait au cours des vacances scolaires d'hiver et les stagiaires en étaient arrivés à la pratique pour magnétiser des galets que je leur avais distribués. Nous rédigions en commun les formulations des intentions propres à chacun. Une jeune femme nous dit qu'elle allait magnétiser un galet, pour qu'à la rentrée, sa fillette âgée de huit ans soit plus sage à l'école. Elle nous précisa que l'institutrice la trouvait insupportable car elle n'écoutait pas, parlait et dissipait les autres élèves de la classe dont elle était l'élément perturbateur. La maman confia le galet à sa fille en lui expliquant la raison et en lui recommandant de le garder toujours avec elle.

Une dizaine de jours après la rentrée, cette personne me téléphone pour me dire : «En accompagnant ma fille à l'école, ce matin j'ai rencontré sa maîtresse qui m'a fait des félicitations. Elle m'a dit : "Je n'en reviens pas, depuis la rentrée votre fille est sage, elle écoute bien, elle ne dissipe plus ses camarades..." Ma fille l'a interrompue en s'écriant : "C'est le galet maman !" »

D'autres possibilités entrent dans le cadre de l'utilisation des galets magnétisés.

PAR EXEMPLE :

- **Protection d'une maison**, d'un appartement, d'un bâtiment ou d'un commerce. Des galets sont placés dans chaque mur maître ou enterrés devant chaque mur maître et près de la porte d'entrée.
- **Pour attirer la clientèle**, ou les acheteurs lors d'une vente. Un galet à l'extérieur et un autre à l'intérieur, près de la porte d'entrée.
- **Amélioration de la santé et de la croissance des plantes.** Ne pas placer le galet à moins d'un mètre de la plante ou de l'arbre. Pour les plantes en pots, placer un seul galet dans la pièce où elles se trouvent.
- **Pour la protection d'une culture.** Galets autour de la culture, dans les clôtures et sans contacts avec les plantes. En plein air, l'action d'un galet a été mesurée jusqu'à plus de cent mètres par radiesthésie.
- **Pour la protection contre les influences nocives :** ondes provenant du sous-sol, de la télévision, d'appareils ménagers, de lignes à haute tension, etc.

Ne pas saturer par la pause exagérée de galets trop nombreux ou trop rapprochés.

Charger et placer des galets exige une certaine pratique. Il est évident que le galet n'agit que s'il a été chargé correctement et placé en un lieu judicieusement choisi.

Lorsque c'est possible, il est bon de choisir celui-ci à l'aide d'un pendule... à la condition de «savoir» utiliser le pendule.

Il est à noter également que dans la plupart des cas, l'influence d'un galet n'est ressentie que progressivement, parfois après quelques jours.

Comment s'entraîner pour progresser

La force de la pensée peut toujours être développée. Pour cela, il faut se souvenir des cinq éléments, principaux, cités au début de ce chapitre. Ces cinq éléments sont à travailler sans se fixer de délai. Chacun doit progresser à son rythme. Vouloir raccourcir le temps nécessaire ou brûler les étapes ne peut que nuire à la qualité des résultats. **Re-lisez encore une fois le début de ce chapitre :** «Comment développer la force de la pensée». Sans vous créer des obligations contraignantes, faites et refaites tous les exercices proposés au long des onze chapitres que vous avez parcourus.

Travaillez calmement les cinq conditions: l'état général physique et psychique, la fixation de la pensée, la foi, la mémoire, la maîtrise des émotions. Vous ressentirez progressivement l'évolution qui se manifestera en vous. Ne pensez jamais que vous avez atteint le but, mais efforcez-vous de progresser encore pour aller toujours plus loin dans votre évolution. J'estime que c'est très stimulant de penser qu'il y a toujours à apprendre, à expérimenter et à progresser. Des tests vous confirmeront vos progrès. Répétez-les assez souvent. Notez les conditions d'exécution, la durée et les résultats.

Par les momifications

Le dictionnaire donne la définition suivante de la momification : « Ensemble de phénomènes qui se produisent dans un cadavre quand l'action des bactéries responsables de la putréfaction se trouve entravée. » Notre magnétisme et la force de notre pensée sont capables d'entraver et d'arrêter l'action des bactéries, puis de détruire ces bactéries définitivement.

1er EXERCICE : LE CITRON

PRENEZ DEUX CITRONS DE MÊME ORIGINE ET DE MÊME GROSSEUR.

1. *Le premier sera placé là où vous rangez vos fruits et il n'y aura pas lieu de s'en occuper.*

- *L'autre citron sera placé sur un meuble ou sur une étagère dans une pièce où personne ne séjourne : grenier, souillarde, pièce inoccupée, etc.*
- *Chaque jour, pendant trois à cinq minutes, magnétisez ce citron par passes lentes et impositions des mains avec l'intention d'arrêter la prolifération des bactéries.*
- ***Visualisation :** « Le citron diminue de volume et se dessèche. »*
- ***Notez la date de début de l'expérience et toutes les autres conditions :** durée, température, orages éventuels, conditions de température, positions de la lune, équinoxes, etc. Il est bon d'accompagner chaque exercice de ces observations, non pas seulement dans cette première expérience, mais aussi dans celles qui suivront.*
- *Au bout d'un certain temps, le premier citron se couvrira de moisissure et pourrira normalement.*
- *L'autre, celui que vous magnétisez, se desséchera jusqu'à devenir aussi dur qu'une pierre ou à ressembler à un ballon dégonflé. Il diminuera considérablement de volume.*
- *Poursuivez l'expérience jusqu'à la momification complète. Ce citron pourra être conservé ainsi pendant plusieurs années.*
- *Vous pouvez faire cet exercice avec une orange ou une mandarine.*

2. *Lorsque vous aurez effectué cette expérience, peut-être plusieurs fois, vous pourrez l'entreprendre avec un poisson ou un morceau de viande. Veillez toujours à ce que le témoin soit dans une autre pièce que celle où vous magnétisez. Il arrive parfois que le poisson momifié devienne quelque peu lumineux dans l'obscurité.*

Mon ami le parapsychologue et radioniste Roger Nicot a obtenu, au cours de ses recherches, des résultats stupéfiants et encore scientifiquement inexpliqués dans ces domaines.

La conséquence logique de ces deux exercices permet de penser que si la prolifération des bactéries est radicalement supprimée dans un fruit ou un animal, le même phénomène doit se produire lorsque le magnétisme, la visualisation et la force de la pensée sont appliqués à un être humain victime d'une «prolifération parasite». Ce n'est peut-être pas la seule explication de soulagements spectaculaires, mais c'est une constatation dont il faut tenir compte.

2e EXERCICE : LES 2 POTS DE FLEURS

ENCORE UN EXERCICE QUI PERMET DE TESTER ENSEMBLE MAGNÉTISATION, VISUALISATION ET FORCE DE LA PENSÉE.
IL EST DIFFÉRENT DES PRÉCÉDENTS, MAIS TOUT AUSSI SPECTACULAIRE.

- ***Prendre deux pots de fleurs de mêmes dimensions que nous appellerons A et B.***
- *Les remplir de la même terre et de la même quantité. Semer dans chaque pot un nombre égal de graines de même provenance.*

- *Placer les deux pots dans les mêmes conditions climatiques mais hors la vue l'un de l'autre. Souvenez-vous de ce qui a été dit de la molécule d'information.*
- ***Dispenser exactement les mêmes soins aux deux pots :*** *arrosage, température, lumière, ensoleillement, etc.*
- *Magnétiser les pots* ***A*** *et* ***B*** *de la même façon mais avec des intentions et visualisations différentes :*
- ***A. Intention :*** *« Que les graines germent et que les plantes poussent rapidement. »*
- ***A. Visualisation :*** *« La terre du pot recouverte par les plantes ou par les fleurs. »*
- ***B. Intention :*** *« Que les graines se dessèchent totalement. »*
- ***B. Visualisation :*** *« La terre du pot est stérile. Elle ne change pas d'aspect. »*
- *Cet exercice est à faire régulièrement chaque jour pendant cinq minutes jusqu'à l'obtention du résultat.*

PAR LA «MAIN MAGNÉTIQUE»

VOICI **un exercice qui prépare à la pratique du magnétisme à distance. Il met en œuvre le magnétisme, la visualisation, la force de la pensée et l'extériorisation de la sensibilité.** Selon les théories chères à mon regretté ami Wilfried Chetteoui, qu'il expose dans son ouvrage «La nouvelle parapsychologie» (*), le corps humain peut prolonger sa sensibilité à une distance assez grande du corps apparent.

«La main magnétique» prolonge le bras à l'infini. Elle est capable de «voir» et de «toucher», loin du corps, comme notre magnétisme est capable d'atteindre «sa cible» sans qu'intervienne la distance.

(*) Éditions F. Lanore, Paris.

3e EXERCICE : LA «MAIN MAGNÉTIQUE»

EFFECTUER CET EXERCICE DE PRÉFÉRENCE AVEC UNE PERSONNE QUI POURSUIT LA MÊME ÉTUDE, LE MÊME CHEMINEMENT.

- ***Se placer en un lieu assez élevé d'où la vue embrasse un horizon assez vaste.*** *Le sommet d'une colline est tout indiqué, mais à défaut d'une telle possibilité, l'exercice peut se faire à partir d'une fenêtre s'ouvrant sur un espace assez large.*
- ***Choisir un point précis à n'importe quelle distance :*** *cime d'un arbre, toiture, clocher, cheminée, antenne de télévision, etc.*
- *Regarder attentivement le point choisi et ne penser qu'à lui afin de bien le mémoriser.*
- *Fermer les yeux et visualiser ce point. Respirer calmement et lentement. Décontracter tout le corps.*
- *Envoyer des pensées d'amour au monde entier en disant mentalement «la prière universelle».*
- *Selon la philosophie de chacun, invoquer son maître ou ses maîtres spirituels pour leur demander d'aider à la réussite de cette expérience.*
- *Lorsque celui qui fait l'expérience ferme les yeux, l'autre personne pose sa main gauche sur l'épaule droite de l'expérimentateur, sans y exercer de pression. Elle écarte légèrement le bras droit, paume de la main vers le ciel, pour capter et transmettre l'énergie vitale.*
- *L'expérimentateur pense que sa main va prolonger son bras pour le guider jusqu'au point choisi sur lequel il ira réellement pour le voir et le toucher. Il pense fortement à cela et ne pense qu'à cela tout en restant parfaitement décontracté.*

- *Alors, son bras se lève, sans qu'il l'aide ou le retienne. L'expérience est personnelle. Chacun va la vivre différemment. Parfois le bras se lève lentement, d'autres fois brusquement. Il peut désigner le point choisi ou ne faire qu'un léger mouvement, ou encore se dresser à la verticale.*
- *Ne pas interrompre l'expérience. Le bras tendu durant un long moment ne provoque en général aucune fatigue. Ce qui est important, c'est de se projeter sur le point choisi.*
- *Le «retour» s'effectue assez rapidement. Le bras descend plus ou moins brusquement et parfois lentement. Les yeux s'ouvrent et l'intéressé reprend conscience de la réalité.*

C'est une expérience à vivre. Elle peut se faire seul, éventuellement. Il est alors préférable de s'installer dans un fauteuil, car, debout, il risque de se produire une attraction vers le point choisi qui entraîne un déséquilibre du corps.

Que se passe-t-il lorsque le bras est tendu et la sensibilité projetée ? C'est très variable. Pour en donner une idée, je citerai, parmi de très nombreux cas, trois expériences intéressantes que j'ai étudiées très attentivement puisqu'elles se sont déroulées au cours de mes stages. Elles sont différentes, rigoureusement authentiques et particulièrement éloquentes.

Premier cas. Il s'est produit à Vittel, en Lorraine. Je faisais faire cet exercice à un groupe de stagiaires. L'un des premiers à l'effectuer me dit après avoir ouvert les yeux qu'il avait atteint le lieu qu'il avait choisi, un petit espace d'herbes à environ 800 mètres entre quelques buissons et un bois. Nous étions au sommet d'une colline d'où la vue s'étendait très loin.

Il me dit avoir eu la nette impression d'être réellement sur le lieu choisi et m'a même précisé que derrière les buissons il avait vu quelques champignons blancs. Je me suis occupé des autres stagiaires, non sans remarquer que celui qui m'avait indiqué ce qui se trouvait derrière les buissons s'y rendait à grandes enjambées. Quelques minutes après il est revenu... avec, dans ses mains, les champignons blancs.

Deuxième cas. C'était au Sud de Montpellier, à Lattes exactement. L'exercice se faisait depuis la terrasse de mon domicile, et les stagiaires qui l'effectuaient étaient tournés vers l'Est. Une jeune femme de la région d'Annecy, qui venait pour la première fois dans le Midi, choisit la cime d'un arbre à une cinquantaine de mètres. Progressivement, elle leva les deux bras, mais pas devant elle, sur les côtés, comme pour figurer les ailes d'un oiseau ou d'un avion. Elle semblait mimer un vol, penchant tantôt d'un côté, tantôt de l'autre... Cela dura plus de cinq minutes... Je sentais que petit à petit sa respiration devenait haletante, comme si elle souffrait. Brusquement elle ouvrit les yeux, baissa les bras et se courba en avant, comme si elle allait vomir. Quelques instants plus tard tout était rentré dans l'ordre. Voici ce qu'elle me raconta : «Je me suis vue survolant l'arbre que j'avais choisi. Je l'ai dépassé pour aller beaucoup plus loin... Je survolais une grande plaine où les prairies étaient coupées par de petites rivières...» Sans la connaître, elle me décrivait la Camargue distante de moins de cinquante kilomètres à vol d'oiseau. «... J'ai survolé des arènes et j'ai pensé que j'étais à Nîmes. Mais j'ai réalisé que ces arènes n'étaient pas rondes mais ovales. Je ne savais pas où j'étais...»

Elle ignorait qu'aux portes de la Camargue les arènes d'Arles sont de forme ovale. «... Enfin, dit-elle, je me suis sentie mal à l'aise et j'ai réalisé que lors de mes rares voyages en avion j'avais toujours souffert du mal de l'air. Alors, je suis revenue.»

Troisième cas. Très différent, mais tout aussi fantastique. C'était non plus de ma terrasse, mais d'une fenêtre au premier étage, toujours dans la même direction. Un stagiaire, étudiant en médecine, âgé d'une vingtaine d'années et doué d'une grande sensibilité, effectua à son tour l'expérience de «la main magnétique». Il choisit un lampadaire de l'éclairage public, à une trentaine de mètres. Son bras se leva sans tarder et à nouveau je n'avais plus qu'à attendre son récit car aucune réaction ne révélait ce qu'il vivait.

«À son retour», c'est-à-dire lorsqu'il ouvrit les yeux, voici ce qu'il me dit : « J'ai vu ma main qui se prolongeait jusqu'au lampadaire. Je suis entré dans l'ampoule électrique, cette ampoule a éclaté et j'ai été projeté chez des parents dans la région d'Arras. J'ai bien reconnu toutes les personnes qui se trouvaient dans leur salle de séjour. L'un de mes parents s'est levé et a décroché le téléphone pour m'appeler... C'est tout. » Ma première réaction a été de lui demander de téléphoner à Arras pour vérifier l'exactitude de sa vision... Effectivement, tous les gens qu'il avait vus étaient bien ensemble dans cette pièce ce jour-là. Comme il l'avait vu également, un de ses parents l'avait appelé au téléphone ; mais il était absent. Tout était exact... Avec cependant un décalage de 45 minutes.

Tirer des conclusions définitives de ces expériences ne me paraît pas possible. Elles prouvent seulement que l'extériorisation de la sensibilité est une réalité qui dépasse le domaine des expériences pour nous servir lorsque nous devons projeter notre magnétisme. Le magnétisme à distance n'a rien de surnaturel. Il est une des possibilités humaines, une possibilité trop longtemps assimilée aux pratiques de magie et de sorcellerie. C'est vrai qu'on peut y trouver des ressemblances. Mais il est temps de les démystifier... Et aujourd'hui nous en avons les moyens !

Chapitre 12

LE MAGNÉTISME À DISTANCE

MESMER n'était ni un «charlatan», ni un sorcier. Il était un docteur en médecine et en philosophie qui avait su dépasser la science médicale de son époque. S'appuyant sur un savoir que nous qualifierions de «parallèle» et sur des connaissances transmises par des voies ésotériques et initiatiques, il affirmait des possibilités humaines qui ne pouvaient être admises que par une profonde remise en question des vérités du moment.

En 1770, ce scientifique visionnaire utilisait un langage que ses contemporains ne pouvaient ou ne voulaient pas comprendre. Il annonçait avec deux siècles d'avance l'apparition de nouveaux thérapeutes dont certaines méthodes étaient classées parmi les manifestations inquiétantes de la magie et de la sorcellerie.

L'action du magnétisme à distance fait partie des possibilités affirmées par Mesmer, mais encore soupçonnées à la fin du XXᵉ siècle de prendre naissance dans un surnaturel malsain et dangereux.

Il ne me paraît pas superflu de reprendre la lecture des propositions de Mesmer au chapitre II (Évolution des connaissances).

Les propositions 1 - 2 - 3 et 4 traitent de cette force vitale, de ce fluide universel qui ne souffre aucun vide, qui est présent partout dans l'univers et qui participe activement à l'interdépendance de tous les éléments de notre univers avec des effets de flux et de reflux. Il précise par la huitième proposition que l'être humain éprouve les effets alternatifs de ce «fluide» qui s'insinue, dit-il, dans la substance des nerfs pour l'affecter immédiatement.

Il est très important de se souvenir du fait que la pensée véhiculée par ce fluide (le magnétisme) n'atteint pas le mental et qu'elle s'insinue dans l'inconscient. Mais attention, elle peut aussi être rejetée par le phénomène de flux et de reflux. C'est là la base de notre travail pour pratiquer le magnétisme à distance en sachant très bien que les pensées, les suggestions que nous envoyons, sont susceptibles de nous revenir. C'est ce qui en langage habituel est appelé «le choc en retour».

Je crois indispensable d'aborder ce travail par une nette mise en place des éléments qui risqueraient de perturber nos actions de magnétisme à distance.

Que de fois ai-je entendu employer des expressions telles que : « Ça ressemble à des pratiques très dangereuses des sorciers et des magiciens ! » « Ça peut permettre de pratiquer des envoûtements ! » ... Et voilà le grand mot lâché : «l'envoûtement». On en parle beaucoup, mais peu de gens se sont efforcés d'en comprendre le mécanisme en dehors des idées reçues, lesquelles privilégient des forces surnaturelles masquant et occultant des responsabilités bien humaines.

Il est grand temps de remettre en question toutes «les idées reçues», et cela, à la lumière des découvertes encore trop peu diffusées des Mesmer, Durville, Charon et autres Kaznatchéev. Leurs principes qui vont dans le même sens ne doivent pas nous paraître strictement matérialistes. N'oublions pas que toutes les recherches actuelles tendent à confirmer l'idée déjà exprimée au Moyen Âge et reprise par Teilhard de Chardin : « La matière est le support de l'Esprit. Matière et Esprit sont indissociables. » À tous les niveaux, il n'y a pas de matière sans Esprit et réciproquement.

Pourquoi refuser de se remettre en question et ne pas accepter de considérer que les notions de matérialistes et spiritualistes sont aujourd'hui dépassées ? Au-delà de cette conception Esprit-Matière, toutes les spiritualités religieuses sont concevables sans qu'il soit nécessaire de voir en toutes choses des interventions divines ou autres.

Le magnétisme à distance, c'est l'esprit et la matière subtile intimement liés pour agir de façon toujours bénéfique à partir de la force de la pensée et d'autres éléments que nous allons examiner.

NE PAS CONFONDRE MAGNÉTISME ET ENVOÛTEMENT

LA meilleure façon de ne pas se laisser entraîner vers des confusions regrettables consiste à bien connaître de quoi il s'agit lorsqu'il est question d'envoûtement. Certains dictionnaires donnent de ce mot des définitions fantaisistes ou incomplètes dont quelques-unes ont été relevées par mon ami Serge Hutin dans son ouvrage : «Techniques de l'envoûtement» (*). Dans ce livre, comme toujours très documenté, Serge Hutin révèle toutes les pratiques depuis l'Antiquité jusqu'à nos jours, et donne cette définition de l'envoûtement : « L'envoûtement consiste en l'ensemble des procédés magiques qui ont pour but de forcer la volonté d'autrui.»

(*) «Techniques de l'envoûtement» de Serge Hutin. Éditions Belfond – Paris.

Il y a donc le but de forcer la volonté et de le faire à partir de «forces magiques». Comment devons-nous entendre le mot «magique» ? Si la magie consiste en la maîtrise des forces de la nature, elle utilise des procédés «naturels» et non surnaturels pour atteindre des buts précis. Nous écartons déjà l'intervention ponctuelle et sur commande du Diable et du Bon Dieu pour reconnaître, une fois de plus, que le créateur a mis à notre disposition des forces extrêmement puissantes, dont les effets sont évidents, mais que l'homme ne parvient pas, ou parvient difficilement à comprendre et à maîtriser habituellement. La conception d'un être humain, la naissance d'une plante, la force de la pensée, l'équilibre universel, etc., peuvent être qualifiés de magiques, comme la plupart des grands événements encore inexpliqués. Longtemps, la foudre fut considérée comme la conséquence de la colère des divinités.

Donc, s'appuyant sur des forces peu connues ou laissées volontairement dans l'ombre, l'homme peut avoir une influence à distance. Il s'agit d'une influence limitée qui ne lui permet pas de changer une citrouille en carrosse, tel le magicien des contes de fées.

Quelles sont ces forces ? Son magnétisme bien sûr, qui est porteur d'un message exprimé par la force de la pensée et la foi qui l'anime et amplifié par la visualisation.

Déjà, les chasseurs de la préhistoire connaissaient l'efficacité de ces méthodes, eux qui vivaient très près de la nature. De nombreuses peintures qui ornent les parois des grottes préhistoriques présentent des animaux atteints par l'arme d'un chasseur. Ils s'efforçaient ainsi de rendre la chasse plus fructueuse par des actions à distance qu'ils effectuaient sans en connaître les principes comme d'ailleurs la plupart des «sorciers» d'aujourd'hui. Le dessin de l'homme de la préhistoire représentait l'animal à atteindre ; il en devenait «le témoin».

L'Égypte antique connut des magiciens professionnels qui commercialisaient leurs procédés pour agir à distance sur un sujet. Cette civilisation connaissait bien la valeur des symboles, aussi ses «envoûteurs» utilisaient-ils des figurines représentant l'individu à atteindre. La petite statuette, qui n'avait pas à présenter la moindre ressemblance avec la victime, en devenait le symbole. Et nous savons qu'un symbole contient toute la personnalité de celui ou de ce qu'il représente. Au musée du Louvre à Paris, dans les vitrines des salles réservées aux antiquités égyptiennes, chacun peut voir ces figurines dont l'utilisation s'est transmise jusqu'à nos jours sous le nom de «dagyde». Mais dans ces figurines peuvent être placées des témoins réels... et nous allons voir par quel fonctionnement naturel ils sont utiles.

Fonctionnement de l'envoûtement... et danger réel... pour l'envoûteur

L'envoûtement existe, c'est vrai, mais il est bien plus rare que ce qui est souvent affirmé. Cela pour deux raisons :

1. Celui qui possède toutes les qualités requises y est parvenu par un travail qui lui a révélé les dangers réels que court, non seulement «la cible», mais aussi l'émetteur de la suggestion, si elle est négative.
2. Pour qu'un message puisse atteindre l'inconscient d'une personne il faut que ce message soit porté par un magnétisme puissant, véhiculant une pensée précise et très forte. Malgré les vantardises de pseudo-sorciers, ce n'est pas à la portée du premier venu. En fait, celui qui serait capable de le faire ne s'y risque pas. Quant à celui qui dit le faire, soit il n'en a pas les moyens, soit il dit agir sans aller plus loin.

La question la plus importante est de savoir comment un message peut s'insinuer dans l'inconscient d'un individu. Le message part de l'émetteur dont le magnétisme le véhicule sous la forme d'une pensée forte que contient ce qu'il est convenu d'appeler «la molécule d'information». Ce message s'insinue dans le subconscient du sujet qui le diffuse au niveau du conscient. Le sujet ne se rend pas compte que cette pensée vient de l'extérieur ; il est persuadé que cette pensée est la sienne. Et le message est ainsi assimilé. Ensuite, ce qu'il contient est appliqué concrètement par l'organisme ; par exemple au niveau des fonctions psychiques et physiques s'il s'agit d'une action sur la santé. De plus, le message peut s'appuyer sur un phénomène de synthonie qui est aujourd'hui explicable et qui justifie l'utilisation de témoins naturels.

Le principe est le suivant : « Toute partie détachée d'un tout continue de vibrer en synthonie avec ce tout. »

La vibration du témoin véhicule le message jusqu'au subconscient du sujet, avec l'énergie du magnétisme. Ce subconscient est alerté par le champ vibratoire du témoin dans lequel il reconnaît sa propre vibration. C'est le «Sésame ouvre-toi» et le témoin joue le rôle du Cheval de Troie en introduisant le message dans le subconscient.

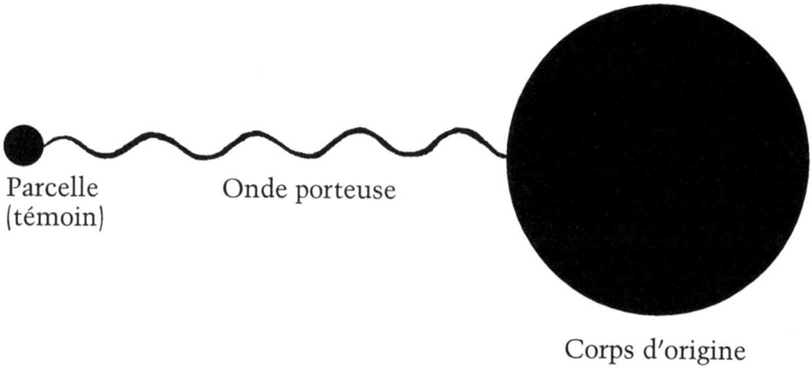

Mais le message qui parvient à l'inconscient avec ou sans témoin n'en est pas pour autant accepté automatiquement et, pour diverses raisons, l'inconscient peut le rejeter. Ce rejet intervient notamment lorsque l'ordre contenu dans le message risque de porter atteinte à l'intégrité physique ou morale du sujet. Il en est ainsi avec l'hypnose où un sujet n'obéit pas à un ordre si celui-ci lui impose de faire ce qu'il ne ferait pas en état de veille consciente.

Alors, que se passe-t-il lorsqu'un message n'est pas accepté ? Le message rebondit comme une balle contre un mur. La pensée de celui qui l'a émis a également marqué ce message de la vibration de l'émetteur ; et c'est vers lui qu'il revient avec force. C'est le fameux «choc en retour» qui obéit à une loi physique valable pour les vibrations comme pour les corps matériels. Rien de surnaturel, inutile d'invoquer une justice divine, c'est une simple application d'une justice immanente... et prévisible.

Le choc en retour, ce reflux évoqué par Mesmer, est d'autant plus dangereux que le message rejeté était chargé de mauvaises intentions. Il est évident que si ce message était bon pour le sujet, son «retour à l'envoyeur» ne comporte aucune conséquence pour l'émetteur. Mais dans le cas contraire, la pensée négative rejetée revient avec d'autant plus de force qu'elle a été fortement exprimée. Cette force amplifiée par le tremplin qui l'a rejetée lui fait atteindre profondément le subconscient de l'émetteur dont elle possède le même champ vibratoire.

Ainsi, la tentative d'envoûtement devient plus dangereuse pour celui qui en est l'auteur que pour celui à qui elle est destinée. Il est vain de prétendre savoir se protéger contre son propre champ vibratoire.

Un vieux proverbe dit : « Le diable finit toujours par étrangler le sorcier. »

Pourquoi se cacher derrière un prétendu surnaturel alors que les forces qui peuvent être qualifiées de diaboliques résident parfois dans un être humain ? Celui-ci par prudence, par ignorance ou par intérêt préfère en attribuer la responsabilité à des puissances surnaturelles... Et puis cela impressionne davantage les personnes sensibles et crédules...

Comment traiter envoûtement et auto-envoûtement

Malgré ce fonctionnement, existe-t-il de véritables envoûtements ? Oui, il en existe, car certains sujets s'y prêtent et de plus y sont sournoisement préparés. Dans les risques d'emprise sur l'inconscient, il convient de distinguer des éléments différents que l'expérience m'a fait classer en cinq catégories.

1. **La possession ou incorporation.** S'agit-il du diable comme l'affirment les traditions chrétiennes ? Il est certain que des êtres sont envahis par des énergies terribles qui ne leur appartiennent pas. Nous l'avons évoqué en mettant en parallèle les conséquences dramatiques de séances de spiritisme et les légendes des incubes et succubes. Les exorcistes travaillent dans ce domaine, mais les résultats ne sont pas toujours évidents quant à l'identité des énergies provoquées et rejetées par les victimes de ces agressions. Les faits existent, mais le vocabulaire est différent selon que le «traitement» est administré par un ecclésiastique, un psychiatre ou un guérisseur. Être possédé ou subir une incorporation représente le sommet des risques réels d'agressions psychiques encourus par le fragile être humain.

Selon les lois psychiques différentes des lois physiques, les corps matériels que sont les pensées, obéissent à l'attirance des semblables et repoussent les contraires *(voir*

Chapitre 7). Donc, une personne qui émet des pensées négatives attire les pensées semblables, les retient et s'en «habille». Par contre, elle repousse à son insu toutes les pensées positives. Si l'on admet l'idée que «les molécules d'information» qui véhiculent ces pensées, comme elles peuvent véhiculer un poison, se rendent indépendantes et «vivent de leur propre vie», nous ne sommes pas loin de certaines théories qui considèrent que ces pensées, ces molécules, ou encore ces énergies peuvent se constituer en entités vivantes, indépendantes... et possédant une forme d'intelligence. Si l'accumulation de ces «énergies» les fait se constituer en un être fixé sur un être humain et vivant aux dépens de ce dernier, nous nous trouvons devant un cas de possession et de «vampirisme» qu'il eut été possible d'éviter.

2. L'ENVOÛTEMENT. Nous avons examiné son fonctionnement. Il n'est heureusement pas facile à réaliser et la plupart du temps ceux qui veulent le pratiquer s'adressent à une tierce personne. Si celle-ci n'est pas compétente – ce qui est souvent le cas –, ce qu'elle fera sera sans effet. Si elle est compétente, à moins d'être suicidaire, elle se gardera bien d'entreprendre une action réelle.

Je citerai encore Serge Hutin avec les extraits d'un passage de son ouvrage «Techniques de l'envoûtement». Il écrit ceci : « Si quelqu'un déteste furieusement un homme, s'il désire une femme qui s'est refusée à lui, il pourrait donc (par l'envoûtement) réaliser son souhait, soit par lui-même, soit s'il n'a pas suffisante confiance en ses possibilités en faisant appel – moyennant finance – à un professionnel de la magie ? Si cela était le cas, nous nous trouverions assurément dans un monde absurde qui dépasserait toutes les limites concevables de l'absurdité et de l'horreur, un monde où nulle liberté n'existerait plus.»

Oui, l'envoûtement existe, mais il est relativement rare.

3. **L'AUTO-ENVOÛTEMENT.** Ce qui est beaucoup moins rare, et je dirai même très fréquent, c'est l'auto-envoûtement. Celui-ci entraîne toutes les conséquences d'un véritable envoûtement mais il a été créé différemment, sans aucun risque pour celui qui le provoque et qui est souvent celui qui propose un désenvoûtement.

Que de fois j'ai reçu des gens en proie à une véritable panique et qui me déclaraient : «Je suis envoûté.» Persuadés de subir cette terrible pression, ils me citaient leurs déboires successifs : santé, affaires, sentiments, etc. En ajoutant parfois que tel ou tel désenvoûteur avait tenté vainement de les libérer. Manifestement, dans la plupart des cas, ces gens étaient victimes d'un auto-envoûtement provoqué. Lorsque quelqu'un de très réceptif – pas forcément faible ; réceptif –, peu informé et inquiet se trouve en face de celui qu'il croit être compétent, il attend que lui soit donnée une explication quant à l'origine des problèmes auxquels il est confronté. Semi-inconsciemment, il pense déjà à une possibilité d'envoûtement.

Et l'autre le lui dit ou le lui confirme : « C'est très clair, vous êtes envoûté. » Aussitôt, c'est un soulagement, car d'une part il a une explication qui le déculpabilise ; il n'est pas responsable de ses malheurs.

D'autre part, il va être «guéri». Et l'autre ajoute : « Je vais vous désenvoûter. » Alors, le soulagement mental se double souvent du soulagement du portefeuille. Mais à partir de ce moment précis, «la victime» s'auto-envoûte et subit réellement tout ce que lui ferait subir un véritable envoûtement.

La première forme d'auto-envoûtement est une autopersuasion. C'est la certitude forgée par l'intéressé lui-même qu'il est envoûté. Lorsqu'il lui arrive d'en parler, il n'écoute pas ceux qui ne pensent pas comme lui et il finit par trouver celui qui lui confirme cet état.

Il me serait possible de citer de multiples cas d'escroqueries de prétendus désenvoûteurs qui, déclenchant sciemment un auto-envoûtement, en ont retiré ensuite de substantiels revenus.

Je pense notamment à une famille de condition modeste que j'ai connue en Martinique. La fille est venue me trouver lors de mon séjour dans cette île pour que j'aide ses parents. Cette jeune femme se rendait compte qu'ils étaient victimes d'un «désenvoûteur». À titre amical je me suis rendu à leur domicile dans la campagne à quelques kilomètres de Fort-de-France. Ils vivaient dans une maison de construction récente mais inachevée faute de moyens financiers. Plusieurs fenêtres étaient fermées par des planches. Ce n'était pas la pauvreté, mais une gêne entretenue par une escroquerie permanente. Pour des raisons de santé, la mère de famille, qui pouvait être âgée d'environ 55 ans, s'était rendue chez un mauvais quimboiseur (*). (Je précise «mauvais» car j'en ai rencontré d'honnêtes et généreux.) Cet homme l'avait persuadée qu'elle était envoûtée. Depuis, il «s'occupait d'elle» pour atténuer les effets de ce soi-disant envoûtement afin qu'il ne prenne pas des proportions qui, disait-il, pouvaient être fatales. Ainsi, régulièrement, elle lui remettait de fortes sommes et ce véritable chantage n'était pas près de s'arrêter. Cette famille avait alors dépensé de cette façon plus de dix millions de centimes.

Plusieurs longues conversations ont été nécessaires pour que je parvienne à un début de démystification. Mais cette personne m'a déclaré ne pas pouvoir arrêter ses versements que le quimboiseur sollicitait aussitôt qu'il y avait du retard. « Si je ne lui donne pas ce qu'il demande, m'a-t-elle dit, il se vengera sur moi et sur ma famille car il est puissant ! » J'ai tenté de lui expliquer que cette puissance n'était pas aussi importante que ce qu'elle croyait. J'ai même insisté en lui

(*) Aux Antilles, «Quimboiseur» est l'équivalent de sorcier.

prouvant que depuis mon arrivée dans l'île, au cours de mes conférences, émissions de radio et de télévision, j'avais fréquemment dénoncé ces pratiques. Les mauvais quimboiseurs le savaient, et avec mes photos parues dans la presse de l'île, ils pouvaient agir contre moi s'ils en étaient vraiment capables... Rien n'y a fait. C'est l'auto-envoûtement entretenu qui a été le plus fort.

Toujours aux Antilles, j'ai rencontré une personne qui exploitait une petite entreprise avec une dizaine d'employés. Il s'était aperçu que l'un de ses ouvriers le volait régulièrement. Cet ouvrier était père de famille, des parents à lui travaillaient aussi dans l'entreprise et il ne voulait pas le licencier car il lui aurait fallu en donner le motif. Un soir, il a découpé un journal en tous petits morceaux et il a mis ces petits papiers dans le casier de son ouvrier. Quand celui-ci est arrivé le lendemain, il a ouvert son casier et a blêmi. Il a tout de suite pensé qu'on lui avait fait «quelque chose»... Et il a démissionné le jour même.

Devant un cas d'auto-envoûtement, comment est-il préférable de réagir ? Ce n'est pas facile. Je crois qu'il n'y a pas de règle absolue et je ne puis citer que ma propre expérience. La première réaction, du moins celle que j'ai eue lorsque pour les premières fois j'ai été confronté à des cas relevant de l'auto-envoûtement, m'a servi de leçon. Malgré mon insistance et mes arguments je n'ai pas réussi à démystifier la conviction de quelqu'un à qui une relation amicale avait déclaré avec légèreté : «Tout ce que tu subis n'est pas normal. Tu dois être envoûtée». Mais cette personne intelligente, instruite et cultivée n'avait plus la même logique. Elle m'a écouté poliment sans trop me répondre. Par la suite, par une de ses relations, j'ai appris qu'elle avait été persuadée que j'étais incapable de discerner son envoûtement ou que je ne voulais pas la désenvoûter. Peu de temps après, elle s'est rendue chez un marabout qui dans sa publicité se disait désenvoûteur... Et cela lui a coûté très cher.

Depuis cette rencontre, j'ai décidé de ne plus "envoyer" ceux qui se croient envoûtés chez les désenvoûteurs comme j'avais le sentiment de l'avoir fait une première et seule fois. Lorsque quelqu'un m'affirme être envoûté, je l'écoute sans le contredire car je sais que je ne puis rien faire pour supprimer cette conviction. Cependant, je ne lui confirme pas ce qu'il croit et je n'emploie jamais les mots «envoûté» ou «envoûtement». Je m'efforce de rester évasif sans désapprouver. Je laisse entendre que j'ai bien compris la situation et je place le sujet dans une position de confiance pour le persuader que je vais «agir avec lui» pour remettre tout en ordre. Nous nous comprenons de mieux en mieux. Devant l'insistance des questions, il m'est parfois arrivé de répondre : « Il y a des mots que je n'aime pas prononcer. Ils feront bientôt partie de votre passé. Oublions-les. » Ainsi, sans le tromper, je feins d'entrer dans son raisonnement pour l'en faire sortir. Ensuite, nous entamons des séances de sophromagnétisme avec des suggestions appropriées et des éléments concrets tel qu'un galet que je magnétise en présence de l'intéressé à qui je donne le maximum d'explications. Dans certains cas, il ne faut pas hésiter à créer une ambiance propre à le rassurer puisqu'il a en tête que ce qui est entrepris est un désenvoûtement. C'est alors le résultat qui compte dans son profond intérêt. Rien n'empêche de le faire se relaxer à la lumière vivante d'une bougie ou encore dans une pièce légèrement embaumée par de l'encens. L'essentiel est que le sujet ne se sente plus dépendant de qui que ce soit, qu'il reprenne confiance en lui et qu'il soit persuadé que le désenvoûtement a réussi. En fait, c'est l'auto-envoûtement qui a été supprimé.

4. **La suggestion.** *(Voir page 216.)* Les suggestions peuvent être bonnes ou mauvaises, elles peuvent être utilisées violemment ou insidieusement. Comme c'est le cas pour l'auto-envoûtement, une suggestion exprimée fortement à l'adresse d'une personne en état de réceptivité

s'inscrit dans son inconscient et agit ensuite sur elle par le mental, le psychisme et le physique. Les suggestions exprimées violemment vont de ce qu'il était convenu d'appeler «le mauvais œil» jusqu'au «lavage de cerveau». Il est évident qu'en ces domaines, les suggestions ne sont pas destinées à faire s'épanouir le sujet, mais à lui nuire ou à le placer sous dépendance.

Lorsqu'une personne est persuadée que d'autres veulent lui nuire, elle est prête à interpréter tout ce qui lui arrive comme la conséquence de l'envoûtement ou du mauvais œil. J'ai connu une commerçante très sensibilisée à cette crainte permanente et qui n'avait pas que des amis dans son quartier. Connaissant ce trait de son caractère, il arrivait qu'un voisin casse un œuf avant l'ouverture contre la porte de son magasin. Lorsqu'elle arrivait, elle manifestait son inquiétude, nettoyait son devant de porte et n'ouvrait pas son magasin au moins de la demi-journée. **Contre l'envoûtement et le mauvais œil, le meilleur remède et probablement le seul, c'est encore de ne pas y croire.**

5. L'INFLUENCE. Elle est une suggestion indirecte et non exprimée. Utilisée dans la propagande, elle s'adresse au psychisme superficiel mais aussi aux instincts et aux imaginations profondes. Influencer fortement et durablement par une propagande pernicieuse a été qualifié de forme moderne d'envoûtement. Ce fut le cas pour le nazisme. Cette propagande assure son influence par l'effet de charisme d'un personnage placé dans un contexte et dans une ambiance qui lui assurent l'adhésion des groupes, des publics, des foules et parfois des peuples.

Cette influence ne fonctionne pas en déclenchant des réactions intelligentes ou intellectuelles, mais en excitant l'imagination et l'affectivité. Nous l'étudierons particulièrement dans le chapitre XIII qui traite du charisme, source très importante de l'influence.

Comment magnétiser à distance

Pratiquer le magnétisme à distance est une possibilité naturelle qui utilise des méthodes que dans toutes les régions du globe des «sorciers» ont employées sans en comprendre le fonctionnement et en leur attribuant des origines surnaturelles. Il n'en faut pas plus pour que le magnétisme à distance ait été taxé de sorcellerie et jouisse encore parfois d'une mauvaise réputation. C'est vrai, mis à part les rituels et les invocations parfois grand-guignolesques, il existe des points communs entre les travaux effectués en sorcellerie et le magnétisme à distance.

Mais celui-ci ne peut être efficace qu'à certaines conditions qu'il convient de préciser.

- Comme toute action en sophromagnétisme, le magnétisme à distance ne se pratique que dans un état d'excellente santé physique psychique et de décontraction.
- Il ne doit être pratiqué que pour des buts précis et légitimes. Définir un but précis est relativement facile. Il n'en est pas toujours de même en ce qui concerne la légitimité. Pour celui qui sait interroger le pendule, il est possible de poser la question : « Ai-je le droit de faire ceci ou de faire cela ? » Il convient d'être vigilant et prudent lorsque, par exemple, l'aide concerne la situation professionnelle ou des problèmes sentimentaux et familiaux. Il ne serait pas légitime de faciliter un avancement dans une situation professionnelle au détriment d'autres personnes qui l'auraient mérité. Il n'est pas légitime de provoquer un «retour d'affection» dans certaines conditions, au détriment d'une troisième personne pour un résultat qui risquerait de ne pas être durable si l'une des deux personnes du couple n'éprouve plus un sentiment sincère et fort. Attention au reflux, ou au choc en retour...

- La distance ne limite pas et ne réduit pas l'efficacité du magnétisme qui reste la même envers un sujet placé dans une pièce voisine ou à des milliers de kilomètres.

L'action du magnétisme à distance s'étend à toutes les circonstances de la vie : santé, famille, sentiments, études, affaires, commerces, etc. Elle concerne également les animaux, les plantes, les lieux et tout ce qui est matière. Donc, cette action se manifeste sur des êtres ou des éléments sur lesquels la suggestion semble ne pas pouvoir s'appliquer : bébé, animal, plante, etc.

Modalités d'application du magnétisme à distance

Imaginons une séance de magnétisme à distance pour aider la convalescence d'un malade que nous appellerons Henri. Deux cas peuvent se présenter :

1. **Henri est au courant de votre intervention.** Vous lui indiquez à quel moment vous agirez sur lui. Il le ressentira, ce qui augmentera la confiance et accélérera le succès.
2. **Henri n'est pas informé de votre intervention.** Vous agissez de préférence la nuit pendant son sommeil pour mieux atteindre son inconscient.

1er EXERCICE : MAGNÉTISME À DISTANCE

Dans les deux cas, vous vous retirez dans une pièce bien chauffée et éclairée par une lumière douce. La flamme d'une bougie constitue un éclairage suffisant.

- *Vous vous orientez de préférence face au nord.*

- ***Devant vous, sur une table, vous placez les éléments qui constituent les témoins d'Henri :*** *cheveux, ongles, etc. Une photo peut être utilisée, mais elle n'est que le reflet du sujet, alors que les véritables témoins sont ceux qui vibrent en synthonie avec lui.*

- *Éventuellement, faute de témoin, vous pouvez écrire sur un bristol blanc à l'encre ou au feutre bien noir, le nom et le prénom du sujet.*

- *Placez devant vous la phrase que vous allez dire pendant votre magnétisation.*

- *Avant de procéder à la magnétisation, vous devez éliminer toutes les pensées qui étaient les vôtres jusqu'à cet instant.*

- *Allumez la bougie et éteignez la lumière.*

- *Assis devant votre table, faites calmement une mini-relaxation. Ensuite, dites avec sincérité la «Prière Universelle» ou toute autre prière selon votre foi ou votre religion. Chacun peut établir son propre «rituel» de mise en condition.*

- *Pensez fortement à Henri. Désormais, vous n'allez penser qu'à lui en disant à voix basse la phrase courte et affirmative qui se transforme en vibrations et en force pensée.*

- *C'est là que votre visualisation entre en jeu. Cette visualisation n'a pas à être précise. Il suffit que vous imaginiez devant vous une ombre, une silhouette humaine. Il n'est pas non plus nécessaire que cette silhouette corresponde à celle d'Henri. D'ailleurs, il est possible que vous ne connaissiez absolument pas le sujet. Cette silhouette que vous visualisez, vous la magnétisez comme vous le feriez s'il s'agissait d'une personne.*

- *Pour visualiser une silhouette humaine, vous pouvez être aidé par un dessin que vous tracerez et qui aura un format assez grand (au moins 50 cm de haut). Placez cette silhouette devant vous, sur un support quelconque. Vous donnez alors à cette silhouette la valeur de symbole de la personne à magnétiser.*
- *Tout au long de votre magnétisation, vous répétez la petite phrase que vous avez rédigée, vous la répétez à voix basse en pensant fortement ce qu'elle affirme. Vous voyez ce qu'elle affirme.*
- *Cette séance de magnétisme doit être intense bien que vous restiez parfaitement décontracté. Aussi est-il nécessaire de ne pas la prolonger au-delà de cinq minutes.*
- **Lorsque vous terminez, vous prononcez :** *« C'est fait. »*
- *Avant d'éclairer la pièce, vous dites la Prière Universelle. Puis vous rangez tous les éléments qui sont sur votre table : témoins, écrits, photo, etc. Vous les placez dans une enveloppe.*
- *Veillez à ne jamais mélanger des éléments concernant plusieurs sujets.*

Comment établir un plan d'action

Nous **prenons toujours l'exemple d'Henri qui entre en convalescence. Il est alité depuis plusieurs semaines et il ne peut pas encore bouger dans son lit.** Votre action doit être progressive. Il ne s'agit pas d'affirmer qu'il se lève et qu'il marche. Ce serait visualiser un sportif battant un record avant qu'il ait commencé son entraînement. En fonction de l'état actuel du sujet, établissez une progression sans vous imposer des délais précis. Commencez par une phrase qui peut être : « Henri souffre moins, il dort mieux la nuit. » Vous le visualisez dormant paisiblement, et ce peut être cette visualisation que vous magnétisez. Prenez des nouvelles d'Henri au fur et à mesure de la progression. Informez-vous aussi du traitement médical qu'il suit, et réservez une visualisation à l'efficacité de ce traitement médical « sans effets secondaires défavorables ».

2ᵉ EXERCICE : MAGNÉTISME À DISTANCE

LES AUTRES SÉANCES DE MAGNÉTISME POURRONT PAR EXEMPLE SE SUCCÉDER COMME SUIT :

- *« Le moral d'Henri s'améliore. »*
- *« Les douleurs d'Henri disparaissent. Il s'alimente de mieux en mieux. »*
- *« Henri reste hors de son lit. Il commence à marcher. »*

... et ainsi de suite jusqu'à la reprise des activités.

- ***D'autres cas peuvent se présenter qui ne concernent pas la santé : sentiments, affaires, profession, études, etc. Établir toujours une progression logique. S'il s'agit d'une personne qui connaît une situation matérielle difficile et qui perd l'espoir de la redresser, les séances peuvent se succéder ainsi :***
- *« La combativité et l'espoir renaissent. »*
- *« L'esprit plus clair fait naître des idées nouvelles. »*
- *« Ces idées entraînent des aides nouvelles. »*
- *« La situation se normalise et l'optimisme s'installe. »*
- *« La chance qui survient est mise à profit. »*
- *« L'action se développe et c'est le succès. »*

Prenons un autre cas qui serait celui d'un homme ayant quitté son foyer en raison du caractère difficile de son épouse (ou le contraire bien entendu). Il convient tout d'abord de s'assurer que cette cause est bien la seule et que les liens affectifs profonds ne sont pas rompus. En même temps que les séances de magnétisme se déroulent sur celui des conjoints qui est parti, il est indispensable de préparer l'autre au résultat positif afin qu'au retour les mêmes difficultés ne surgissent pas à nouveau.

Les séances peuvent alors se succéder avec les suggestions suivantes : Lassitude de la situation créée par la séparation – Regrets des anciens jours – Naissance du projet de reprendre la vie en commun – Développement de ce projet – Désir intense de le réaliser – Retour dans les meilleures conditions – Apaisement dans le foyer.

Lorsque les séances de magnétisme à distance s'adressent à des animaux, des plantes ou des lieux, les témoins utilisés peuvent être une touffe de poils, une feuille, un plan orienté.

Comment pratiquer le magnétisme de groupe

Il est possible de pratiquer le magnétisme à distance à plusieurs magnétiseurs, à condition que ceux-ci basent leur action sur les mêmes principes. J'ai maintes fois constaté l'efficacité de ces séances qui peuvent se dérouler de deux façons que j'appellerai : directe et indirecte.

1. **La façon directe.** Le sujet à traiter est connu de tous les participants. Il peut être une personne, un animal, des végétaux ou un lieu. Si les magnétiseurs sont dans la même pièce, ils agissent comme pour une séance individuelle de magnétisme à distance. Par visualisation, ils envoient la force de leur pensée vers le sujet. Cette action

peut être comparée à celle que pratiquaient les Chevaliers de la Table Ronde lorsqu'ils soutenaient et rendaient invincible leur compagnon parti en mission. Si les magnétiseurs ne se réunissent pas dans la même pièce, ils conviennent d'une heure précise pour magnétiser en même temps, chacun depuis le lieu où il se trouve.

2. La façon indirecte. Certains ne connaissent pas la personne ou le sujet à traiter. Dans la même pièce, ou chacun chez soi, c'est à nouveau exactement à la même heure qu'ils vont pratiquer la séance de magnétisme à distance. Mais cette fois, ils utilisent un relais. C'est-à-dire qu'ils envoient leur magnétisme à une personne du groupe qui le reçoit et transmet l'ensemble des énergies reçues et son propre magnétisme au sujet.

- **Dans les deux cas, il convient de fixer une heure précise et de convenir d'une même pensée contenue dans la même phrase. Chaque membre du groupe doit se préparer à cette action par son propre rituel :** mini-relaxation, prière universelle, etc. Il est préférable de fixer la durée de la séance à trois minutes.

J'ai observé des résultats satisfaisants et parfois spectaculaires dans des circonstances très diverses :

- Sujet dans un état comateux.
- Cicatrisation.
- Mise en état psychique favorable avant une intervention chirurgicale.
- Compétition sportive.
- Maladie grave d'une chienne.

Ces séances ont été effectuées par des groupes de stagiaires qui d'ailleurs sont restés en contact et continuent occasionnellement de pratiquer ensemble le magnétisme à distance.

COMMENT UTILISER LES ONDES DE FORMES

Le magnétisme à distance peut être complété par l'utilisation des ondes de formes et de la radionique. Mais attention, cette utilisation est délicate et nécessite une connaissance réelle des éléments employés.

Tout vibre dans l'univers dont tous les éléments sont interdépendants. Toutes les formes émettent des ondes, des ondes subtiles qui n'en sont pas moins très actives et peuvent causer des perturbations importantes à notre psychisme comme à notre physique. Jacques Lamaya estime que 50 % des maladies sont d'origine vibratoire (*). Effectivement, où que nous soyons, ces ondes nous entourent et nous parcourent. Elles violent les frontières de notre personnalité dont elles peuvent modifier la destinée. Nous ne pouvons les contrôler ni par notre conscience ni par notre volonté. Cependant, des chercheurs, des pionniers, parviennent à maîtriser et à utiliser ces énergies qui naissent dans le sous-sol, dans l'habitat et dans l'environnement.

Citons quelques noms : Chaumery, Bélisal, Jean de la Foye, Roger de Lafforest et surtout Jacques Lamaya. D'autres noms moins connus méritent d'être cités et notamment celui de mon ami Roger Nicot, éminent parapsychologue, grand humaniste et infatigable découvreur en radionique qui nous a quittés en 1993.

Toutes ces recherches aboutissent à «redécouvrir» des connaissances que des civilisations antiques maîtrisaient parfaitement. Elles sont stupéfiantes et ont fait naître une «science» appelée radionique qui utilise la puissance des

*(*) **Livre de Jacques Lamaya :** «La Médecine de l'Habitat». Comment détecter et neutraliser les ondes nocives pour retrouver mieux-être et vitalité. Éditions Dangles.*

ondes de formes, le phénomène de synthonie et la force de la pensée avec le magnétisme de l'opérateur. Pour pratiquer le magnétisme à distance, «les pouvoirs» de la radionique offrent des possibilités qui doivent être manipulées avec une extrême prudence. Laissons les expériences à ceux qui se consacrent à ces recherches et contentons-nous de suivre leurs directives et leurs conseils.

La pyramide et le magnétisme à distance

Parmi les instruments de radionique les plus simples à se procurer ou à confectionner, nous choisirons la pyramide. Elle nous révèle que l'Égypte des Pharaons possédait une véritable science des ondes de formes. Une science dont nous ne soupçonnons probablement que quelques bribes et que nous a révélé la grande pyramide de Gizeh, dite pyramide de Chéops.

À propos de l'héritage spirituel de Chéops, mon regretté ami Jean Groffier – qui avait vécu pendant vingt ans au Moyen-Orient – a écrit un ouvrage qu'il faut connaître pour mieux saisir l'importance de ce monument pour notre civilisation : «Chéops, Pharaon du début et de la fin des temps» (*).

Comment s'est-on rendu compte des «pouvoirs» de la pyramide de Chéops ?

Au début des années 1930, un Français, M. Bovis, visite la pyramide de Chéops. Dans la partie appelée «chambre du Roi», où l'humidité est importante, il est intrigué par des cadavres de chats, de rongeurs et d'insectes morts après s'être perdus dans les galeries. Ils sont intacts, sans la moindre

(*) Éditions Henri Peladan - 30700 UZÈS (Gard).

pourriture. Ils sont «momifiés naturellement». Le visiteur estime alors que seule l'architecture du monument est pour quelque chose dans ce phénomène. Il émet l'idée que les initiés des premiers temps de l'Égypte Antique possédaient des connaissances sur les propriétés de certaines lignes de force et de certaines formes capables de modifier un processus naturel tel que celui de la décomposition des matières organiques. Les soins apportés à l'embaumement des corps étaient-ils complétés par les structures mêmes du tombeau ? Ces tombeaux étaient-ils parfois protégés par des «énergies» indécelables et puissantes ? Nous pensons, entre autres, à ce qui a été appelé «la malédiction des Pharaons» et aux décès qui ont suivi la découverte de la sépulture de Toutankhamon.

Comment l'expérimenter

Une petite pyramide à l'échelle (ou presque) de la pyramide de Chéops est un excellent auxiliaire pour prolonger dans le temps l'action du magnétisme à distance. Cette pyramide peut être en bois, en carton ou en tout autres matériaux, c'est sans importance ; elle fonctionne. Une pyramide transparente telle que vous pouvez en trouver dans le commerce est intéressante au début pour suivre le déroulement de vos expériences. Il est préférable de s'entraîner à l'utilisation de la pyramide avant de lui confier des actions de radionique.

- **Orientation de la pyramide.** Cette orientation est différente selon que vous désirez obtenir un résultat à l'intérieur ou à l'extérieur de la pyramide. Pour obtenir un résultat à l'intérieur, orientez une face au nord. Pour obtenir une action à distance, orientez une arête au nord. C'est ainsi que l'on opère traditionnellement, mais vous vous rendrez compte rapidement que vous devez patiemment établir vos propres codes.

• **Action à l'intérieur de la pyramide.** Commencez par des expériences qui vous permettront de constater l'efficacité de la pyramide fonctionnant seule, on pourrait dire «mécaniquement». Ne faites intervenir ni la force de votre pensée, ni votre visualisation. Restez neutre, laissez agir la pyramide.

Son énergie se manifeste de différentes façons que vous pourrez expérimenter :

- Momifier par déshydratation la matière organique qui peut ensuite être conservée indéfiniment : viande, fromage, etc.
- Empêcher la prolifération et la croissance des bactéries.
- Conserver la nourriture.
- Donner meilleur goût à l'eau du robinet.
- Rehausser les saveurs naturelles.
- Adoucir le café et le thé.
- Bonifier le vin.
- Accélérer la germination des graines. Etc.

1ER EXERCICE : LA PYRAMIDE

POUR CETTE PREMIÈRE EXPÉRIENCE, PRENEZ UN MORCEAU DE VIANDE ET COUPEZ-LE EN DEUX PARTIES ÉGALES.

- ***Une moitié servira de témoin que vous placerez dans une pièce autre que celle de votre expérience, mais dans des conditions climatiques identiques.***
- *Placez l'autre moitié dans la pyramide, de préférence au 1/3 de la hauteur. Un petit support en bois ou en carton est facilement confectionné.*
- *Orientez votre pyramide avec une face au nord, dans une pièce ou vous ne vivez pas constamment.*
- *Dans un délai variable, autour d'une quinzaine de jours, sous la pyramide le morceau de viande se sera solidifié. Sans qu'il dégage la moindre odeur vous pourrez le conserver très longtemps.*
- *L'autre morceau, celui qui n'était pas sous la pyramide, aura subi le sort normal de la dégradation.*

En renouvelant cette expérience vous pourrez dégager des constantes et des variantes qui vous seront utiles pour vos actions de magnétisme à distance.

COMMENT RELEVER CONSTANTES ET VARIANTES. POUR CHAQUE EXPÉRIENCE, NOTEZ LES SEPT ÉLÉMENTS SUIVANTS :

- **DATES.** Date de début et de fin de l'expérience. Ces dates feront apparaître des éléments cycliques : saisons, équinoxes, positions de la lune, etc. Il se peut, entre autres, que les résultats soient différents selon que l'expérience débute en lune montante ou en lune descendante.

- **Objectifs.** Il peut s'agir de momifier, d'adoucir, etc.
- **Matériaux.** Viande, fromage, fleur, lame de rasoir, etc.
- **Processus.** Durée de l'expérience. Orientation. Position dans la pyramide (par exemple au 1/3 de la hauteur).
- **Environnement.** Température. Luminosité. Temps sec. Temps pluvieux. Orages. Etc.
- **Résultats.** À mentionner dans les moindres détails.
- **Conclusions.** Observations particulières. Comparaisons avec d'autres expériences. Ainsi, vous constaterez certaines influences en plus ou en moins et vous pourrez en tenir compte par la suite.

Comment construire sa pyramide

Lorsque **vous serez familiarisé avec le fonctionnement de la pyramide, vous aurez parfois à utiliser plusieurs pyramides en même temps pour amplifier des actions de magnétisme à distance.** Il vous sera alors utile de construire vous-même vos pyramides. Il existe pour cela plusieurs méthodes. Celle que je vous propose est simple et ne nécessite pas d'être particulièrement adroit ou bricoleur.

Cette pyramide se confectionne d'une seule pièce ; donc un seul découpage et un seul collage.

Utilisez du carton assez fort mais pouvant se plier, dans le genre du «cartonnage de Lyon». La plaque que vous utiliserez doit faire au minimum 50 cm de côté.

Au centre du carton, vous placez la pointe de votre compas pour tracer un cercle de 20 cm de rayon. À défaut de compas, vous pouvez utiliser un petit clou que vous fixez au centre du carton. En attachant une ficelle autour du clou et à l'autre extrémité un crayon qui sera maintenu bien vertical, vous tracerez facilement votre cercle.

Du centre du cercle, vous tirez une ligne jusqu'au bord du cercle. Ensuite, dans le sens des aiguilles d'une montre, en partant du point N°1, vous tirez un trait qui doit aboutir à 23,8 cm, puis de la même façon un deuxième, un troisième et un quatrième trait. Le cinquième trait doit vous ramener à votre point de départ.

Vous reliez chaque point au centre par des pointillés. Le décrochement en trait plein qui figure à la gauche du point N°2 indique le rabat qui servira au collage. Les parties hachurées ne sont pas à conserver.

Découpez le carton selon les traits pleins du dessin. Vous faciliterez le pliage en piquant légèrement selon les pointillés avec une lame de rasoir, sans traverser le carton. Pliez ensuite le long de ces pointillés et collez fortement le rabat.

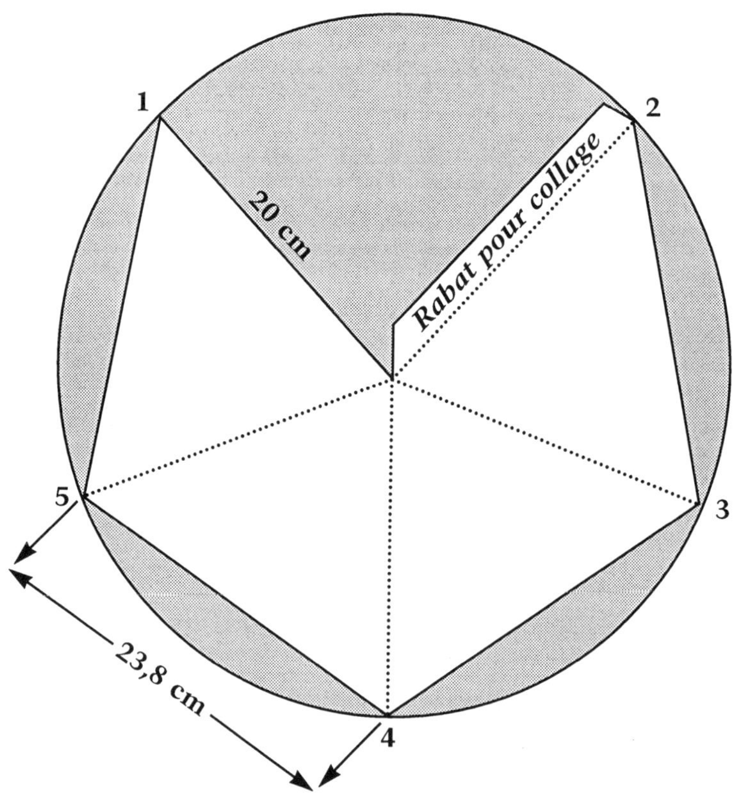

Si vous devez construire d'autres pyramides, conservez ce qu'il vous reste du carton qui pourra servir de «patron». Éventuellement, des pyramides de couleurs différentes peuvent être confectionnées pour que, selon l'usage auquel chacune est destinée, s'ajoutent les vibrations de la couleur.

En «construisant» votre pyramide, vous l'imprégnez de votre magnétisme. Sachez que la précision des dimensions n'est pas indispensable pour un bon fonctionnement. Il a été maintes fois constaté que ni les dimensions plus ou moins précises, ni les matériaux utilisés ne modifiaient les qualités d'utilisation. Roger Nicot a construit, entre autres, une pyramide en fil de fer qui fonctionne parfaitement.

Magnétisme à distance avec la pyramide

COMME **nous l'avons vu pour les expériences, c'est, un support au 1/3 de la hauteur de la pyramide que vous placerez vos messages, témoins, photos et dessins.**

La radionique a parfois été qualifiée de sorcellerie moderne parce qu'elle utilise des procédés qui ressemblent à ceux des sorciers d'autrefois. Ceux-ci leur attribuaient des origines surnaturelles.

Mon ami Roger Nicot travaille en radionique depuis de nombreuses années. Sa grande expérience lui a fait établir des principes de base dont voici quelques extraits :

MESSAGE. L'onde porteuse doit avoir un message à transmettre. Ce message, c'est celui de l'opérateur. La volonté de l'opérateur doit être exprimée mentalement d'une manière très forte avant de la transcrire en une formule brève sur un bristol blanc avec si possible de l'encre de Chine. La parole étant l'expression terminale de la pensée, en y ajoutant sur le plan de la manifestation la consécration par l'existence, il est recommandé à l'opérateur d'exprimer sa volonté à haute voix avant de la transcrire et de confier le message à l'appareil. La plupart des échecs en radionique proviennent du fait que la volonté de l'opérateur n'a pas la force vibratoire voulue. Dans ce cas, le support matériel ne peut transmettre que ce qu'il a reçu, c'est-à-dire un message manquant d'intensité.

Témoins. Le meilleur témoin c'est le sang. Quelques gouttes de sang suffisent sur un buvard. Ensuite : l'urine, la salive, les poils, les cheveux non colorés, les rognures d'ongles. Contrairement à ce que l'on croit, les photos ne sont pas des témoins très valables. Mais il existe une méthode pour valoriser ce genre de témoin artificiel. Le témoin représente l'onde porteuse qui permet d'atteindre le sujet.

Témoins artificiels. Lorsqu'il n'est pas possible d'avoir un témoin naturel, un témoin artificiel peut être confectionné. Il s'agit de préparer une solution saline à faible dose, environ 6 %. Écrire sur un buvard blanc le nom et le prénom du sujet et imprégner ce buvard de quelques gouttes de la préparation. Pour valoriser un témoin artificiel ou rendre plus efficace un témoin naturel, il suffit de le placer pendant quinze minutes sur un décagone. Vous trouverez ci-dessous la figure d'un décagone. Vous pouvez la photocopier et l'utiliser pyramide. Vous pouvez confectionner un décagone en bois ou en relief... Ou simplement un dessin. Entre les séances de magnétisme ou en diverses circonstances, vous pouvez utiliser une pyramide pour prolonger votre action. C'est par l'expérience que vous déterminerez le temps nécessaire pour chaque opération.

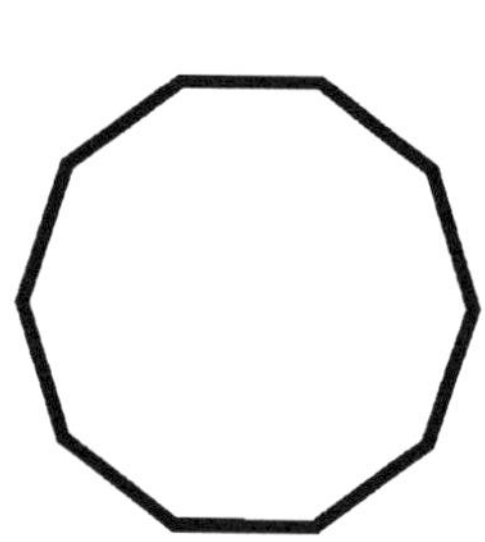

Figure d'un décagone.

Ne pas jouer avec les pyramides

TOUT appareil de radionique, y compris la pyramide, exige une certaine prudence dans son utilisation.

Il faut éviter de laisser une pyramide sur son socle dans une pièce ou l'on séjourne souvent. Les ondes de formes auxquelles le psychisme et le physique sont exposés ponctuellement ne sont pas comparables dans leurs effets insidieux à des expositions prolongées qui entraînent de sérieux désagréments. Personnellement, je n'utilise jamais de pyramides dans mon logement. De plus, je renverse sur une face, donc je couche, celles qui ne sont pas en activité.

Certains sportifs ont affirmé poser sur leur tête pendant quelques minutes une petite pyramide avant une compétition. Ils disent en retirer des effets bénéfiques. Pourquoi pas ? Mais attention, pas trop longtemps. Pensez à l'effet produit par une pyramide sur un morceau de viande...

J'ai été témoin d'une mésaventure causée par l'imprudence de quelqu'un qui était ignorant et irresponsable. Lors d'un festival réunissant voyance, parapsychologie et médecines énergétiques, un bricoleur était fier de présenter et de vendre des objets auxquels il attribuait des pouvoirs qui n'étaient pas tout à fait les leurs. Il présentait notamment une pyramide construite en bois et qui avait une face transparente. Une personne pouvait aisément s'asseoir dans cette pyramide. Il l'avait installée au milieu d'une pièce dans laquelle six voyants devaient pendant quatre jours recevoir des visiteurs en consultations.

Plusieurs de ces voyants, avertis des dangers réels des ondes de formes, refusèrent catégoriquement cette présence. La pyramide fut installée dans le hall d'entrée à environ trois mètres du stand d'une librairie.

Je fus surpris et choqué lorsque j'aperçus devant la pyramide une pancarte sur laquelle était écrit : «Pour cent francs venez vous régénérer pendant une heure dans la pyramide». Lorsque je fis remarquer à cet apprenti-sorcier les risques qu'il allait faire prendre aux visiteurs, il ne me contredit pas et modifia sa pancarte : «Pour cent francs venez vous régénérer pendant un quart d'heure dans la pyramide». S'il ignorait comment orienter sa pyramide, il ne perdait pas le nord quant à son intérêt.

Le stand de la librairie était tenu par la fille du libraire et son amie, deux jeunes filles de 17 ans. Après la deuxième journée du festival, elles passèrent une assez mauvaise nuit : insomnie, nausées, anxiété, etc. Le lendemain, elles étaient totalement épuisées. Dans la journée, elles fermèrent leur stand et rentrèrent à leurs domiciles. Le festival se termina sans librairie... Mais avec la pyramide.

À signaler, une expérience de Roger Nicot qui me permet de clore ce chapitre, comme nous l'avons commencé, avec Mesmer.

Dans sa quinzième proposition, Mesmer affirme: «L'action du magnétisme est augmentée ou réfléchie par les glaces comme la lumière.»

Roger Nicot a construit un ensemble d'appareils de radionique avec lesquels il dirige et amplifie son propre magnétisme qui vient heurter un miroir, lequel le réfléchit sur le but à atteindre.

Les résultats qu'il a obtenus sont convaincants et confirment une fois de plus la rigoureuse exactitude des 27 propositions dans lesquelles Mesmer a placé tous les ingrédients d'une véritable médecine énergétique que ses contemporains et leur successeurs n'ont pas eu le courage d'étudier et d'expérimenter.

Chapitre 13

LE CHARISME

LE magnétisme ne se limite pas à des actes destinés à soulager des maux physiques ou psychiques. Au tout premier niveau, il apparaît comme étant la propriété de donner de l'énergie, de «guérir» avec les mains. Nous avons vu que non seulement les mains, mais tout le corps et tout l'être étaient impliqués dans une action de magnétisme. L'être tout entier rayonne – ou peut rayonner – d'un magnétisme exprimé par l'ensemble de la personnalité, le corps, le regard, la voix et l'expression corporelle.

Ce rayonnement – ou cette absence de rayonnement – révèle les qualités réelles ou les faiblesses de l'individu. Il donne aux autres l'image qu'ils en reçoivent, qu'ils mémorisent et d'après laquelle ils fixent leur opinion et leur jugement. Il est donc indispensable que cette image soit positive pour que les relations avec la société soient empreintes de sympathie et d'acceptation. Dans le cas contraire, ce ne peut être qu'indifférence, antipathie ou rejet. Certaines personnes sont toujours au centre d'un groupe, les autres sont attirées vers elles, les entourent et les écoutent. D'autres au contraire sont effacées, comme absentes, nul ne les remarque, on les oublie, elles deviennent invisibles. Il est certain que ces dernières éprouvent des difficultés pour s'intégrer, pour se placer selon leurs qualités profondes... Et pour réussir.

Le travail sur soi et sur le magnétisme amène au développement d'une qualité souvent délaissée parce qu'elle figure dans ces éléments classés dans le domaine des «dons». Et le don est considéré comme une qualité exceptionnelle, une grâce reçue à la naissance, définitivement acquise et immuable.

Le charisme est-il seulement un don ? Je le crois d'autant moins que de nombreuses évolutions vécues et que j'ai pu observer, m'ont confirmé la possibilité de l'acquérir ou de le développer.

Comment définir ce qu'est le charisme ? C'est le fait de rayonner tout autour de soi d'un «charme» qui séduit ; dans le bon sens du mot «séduire».

Trois mots pour cinq résultats :

- Charisme.
- Charme.
- Séduire.

Ces cinq résultats :

- Retenir l'attention.
- Attirer vers soi.
- Imposer sa personnalité.
- Influencer.
- Convaincre.

Au total huit éléments capables de propulser un être très loin vers l'infini. Examinons les définitions curieuses et complémentaires qu'un dictionnaire nous donne de ces trois mots : charisme, charme, séduction.

• **Charisme : du grec kharisma, atos = grâce.** Influence sur les foules d'une personnalité dotée d'un prestige et d'un pouvoir exceptionnels. Ensemble de dons extraordinaires.

• CHARME : ORIGINE LATINE : CARMEN, INIS = FORMULE MAGIQUE. Attrait singulier exercé sur quelqu'un par quelqu'un ou quelque chose. Mais aussi : moyen matériel ou psychique d'une action magique naturelle ou non. Influence occulte et magique, sortilège.

• SÉDUCTION : DU LATIN SEDUCERE = TIRER À L'ÉCART. Attrait irrésistible. Charme provenant d'un pouvoir plus ou moins définissable.

Les résultats obtenus par le charisme peuvent paraître magiques et le dictionnaire Larousse le confirme. Si nous considérons que «la magie» est l'utilisation des forces de la nature sans intervention surnaturelle, nous nous rendons compte que ces forces sont en nous, à notre disposition et qu'elles nous ont été «données» à plus ou moins forte dose.

Nous avons aussi reçu «le don» de pouvoir les travailler et les développer comme tous les autres talents, comme toutes les dispositions naturelles dont le créateur a doté l'être humain avec le libre arbitre de les exploiter ou de les délaisser.

Se convaincre de ne pas posséder de charisme, c'est ne pas travailler pour en bénéficier, c'est se résigner, c'est se voir perdant... Et c'est perdre.

S'il est évident que le charisme est indispensable pour ceux qui entreprennent une carrière en contact avec le public, il est non moins indispensable pour chaque individu, quelle que soit sa position sociale.

Hommes politiques, comédiens, commerçants, représentants, cadres, responsables, employés ont tous besoin de s'affirmer et de s'imposer. Leur réussite en dépend autant que ce qu'elle dépend de leur compétence... Et peut-être souvent davantage.

Tous ceux qui travaillent pour acquérir un savoir sophistiqué, des diplômes recherchés, une érudition et un savoir exceptionnels, ne peuvent éviter des situations dans lesquelles ils sont jugés au-delà de leur savoir et de leurs compétences. À savoir égal, ou parfois inférieur, celui qui aura supprimé ou saura occulter sa timidité et qui saura donner de lui l'image que l'autre souhaite recevoir, celui-là sera grandement favorisé par son charisme.

Avoir du charisme, c'est rayonner d'une parfaite confiance en soi. Ce n'est pas un «don» exceptionnel. C'est une qualité qui s'obtient ou se développe par un travail sur soi accessible à tous. C'est une utilisation du magnétisme.

Pour travailler le charisme, je propose tout d'abord les méthodes que nous avons étudiées en sophromagnétisme : vie saine, état de relaxation, maîtrise du magnétisme à distance, etc.

Il convient d'ajouter à la pratique de ces exercices, d'autres éléments que nous trouvons dans l'apprentissage du travail du comédien, dans l'art dramatique (*).

L'art dramatique contient un ensemble de techniques permettant de projeter sa personnalité – ou la personnalité interprétée – vers chaque individu qui compose le public, de la lui faire accepter et de la lui faire aimer ou détester selon la nature du personnage interprété. Ces techniques reposent sur le talent de l'acteur et sur ses possibilités de transmettre des émotions par son charisme qui est une forme de magnétisme.

Dans la vie, que nous le voulions ou non, nous sommes tous des comédiens... Et il est important d'en prendre conscience.

(*) Charly Samson a été admis à l'âge de 18 ans à la société des Auteurs Dramatiques (Sacd) et à 20 ans à la Société des Auteurs et Compositeurs (Sacem). Auteur, interprète et metteur en scène, il a été instruit par des professionnels en ce domaine et a ajouté à la théorie, la pratique active du spectacle dans des styles différents.

Nous nous trouvons perpétuellement dans la nécessité de jouer le rôle qui est nécessaire à un moment donné. Non, ce n'est pas de l'hypocrisie... ne confondons pas. L'hypocrisie consiste à dissimuler pour inspirer confiance dans l'intention de tromper et d'en retirer un profit aux dépens de l'autre.

Dans l'hypocrisie il y a une notion de méchanceté et d'exploitation d'une «victime». Un bon comédien serait-il un fieffé hypocrite ?

Que deviendrait un commerçant qui manifesterait sa nervosité ou les séquelles de ses querelles conjugales en recevant ses clients ? Il doit jouer le rôle de quelqu'un de calme, avenant, décontracté et souriant... Et cela ne s'impose pas que dans le commerce...

Nous retrouvons des qualités que nous avons travaillées avec «la maîtrise des émotions» et «la fixation de la pensée». Elles ne sont pas les seules.

Nous allons les évoquer et y ajouter d'autres éléments importants afin d'en retirer des applications pratiques.

Bien sûr, ce n'est pas un chapitre, mais tout un gros ouvrage qui serait nécessaire pour découvrir et exploiter l'ensemble des ressources de cette forme de magnétisme qu'est le charisme ! Et encore !...

Un ouvrage, pour aussi complet et détaillé qu'il soit, ne peut pas apporter ce qu'offre le vécu d'un travail réel et en groupe, que ce soit en magnétisme, en sophromagnétisme, en art dramatique... ou dans le domaine du charisme (*).

Le livre, le cours et les documents sont des éléments de base importants et des compléments très utiles.

(*) Pour tous renseignements sur les cours et stages animés par C. Samson : Charly Samson «La Pommeraie» 9, rue Lapérouse – 34970 Lattes.

COMMENT DÉVELOPPER SON CHARISME

POUR **rayonner de tout son magnétisme, il faut le ressentir et avoir confiance en soi.** Il ne s'agit pas de se surestimer mais d'avoir une connaissance de soi suffisante pour connaître ses possibilités et ses limites sans complaisance mais aussi sans complexe d'infériorité par rapport aux autres. Comme nous l'avons pratiqué lors du travail sur la visualisation pour soi-même, il faut partir de ce que l'on est réellement. Puis il faut «visualiser» l'image que les autres doivent recevoir, l'image que nous voulons qu'ils reçoivent. Pour imposer ce que l'on veut «paraître», il est indispensable de savoir ce que l'on est. C'est ce cheminement de «être» à «paraître» qui doit être maîtrisé afin de ne pas se perdre dans des rêves éveillés, hors des réalités et engendrant des phantasmes irréalisables. La lucidité doit être à la base de ce travail.

Comment jouer consciemment ses rôles dans la vie

LORSQUE nous connaissons le mieux possible notre personnalité profonde avec ses qualités, ses défauts et ses particularités, nous pouvons considérer qu'à partir d'elle il nous est possible «d'interpréter les rôles» que nous imposent notre vie sociale et notre vie professionnelle. Jouer un rôle, ce n'est pas s'identifier au personnage.

J'ai en mémoire une phrase du grand maître que fut Sacha Guitry : « Un comédien ne doit jamais oublier que jouer c'est faire semblant. »

Effectivement, «être dans la peau du personnage» est une perte de lucidité qui peut entraîner de graves conséquences. L'acteur peut alors ne plus tenir compte des limites du faire-semblant et de la quatrième des lignes qui l'entourent et au-delà de laquelle se trouvent les spectateurs. Il peut leur tourner le dos ou ne plus parler et agir pour eux puisque son personnage n'en a que faire. Il peut aussi être désagréable pour ses partenaires et par exemple leur asséner des gifles sans que ce soient des gifles de théâtre. Il peut également sortir du champ de la caméra. Ce qui est arrivé, c'est que des acteurs s'étant identifiés à des personnages tels que Napoléon ou Frankenstein et les ayant interprétés très souvent finissent par en perdre la raison.

Oui, «jouer c'est faire semblant» et c'est surtout rester lucide, rester soi-même derrière le «paraître» d'un rôle ou d'une fonction.

Dans la vie, s'identifier au personnage, ce peut être devenir à cent pour cent un policier ou un contrôleur, vingt-quatre heures sur vingt-quatre et raisonner en permanence en fonction d'un état qui confère une supériorité sur les autres. J'ai connu de tels personnages particulièrement appréciés parfois par leurs supérieurs, mais extrêmement désagréables pour les gens placés sous leur autorité et pour ceux qui les approchaient.

J'ai toujours pensé qu'il était possible d'agir sérieusement sans se prendre au sérieux.

Pour développer son charisme il est bon d'observer ceux qui manifestement possèdent du charisme.

Que font-ils pour cela ?

Sont-ils plus beaux ou plus éloquents ? Pas forcément, mais on se souvient d'eux, on les écoute, ils sont des leaders. Pourquoi ne pas entrer dans cette catégorie ?

Alors, il faut observer la société à différents niveaux et être attentif aux désirs des gens que nous côtoyons et de ceux dont nous dépendons. Qu'ont-ils de plus que nous ? Souvent un peu de vernis qui laisse apparaître peu de choses intéressantes lorsqu'on le gratte. Mais ils sont là, comme les spectateurs en face des acteurs.

Efforçons-nous de les comprendre, de percer leurs motivations et leurs désirs et acceptons de «jouer le rôle» qu'ils apprécient pour leur donner au moins l'apparence de ce qu'ils souhaitent recevoir. Cela, bien sûr, sans oublier qu'il s'agit d'un rôle. Je connais les arguments que certains peuvent avancer. Je les ai entendus bien souvent. Avant de «jouer un personnage» ou de «se coiffer d'une casquette», il faut en ressentir et en déterminer la nécessité et la légitimité. Des gens qui affectent d'être gais auprès du lit d'un malade condamné doivent parfois le faire et ont un rôle très difficile à jouer. Nous pourrions multiplier les exemples.

Parfois, le rôle joué devient l'image de marque d'un personnage qui risque d'en rester prisonnier. Nos hommes politiques en sont de vivants exemples. Pouvons-nous imaginer un Chaban-Delmas montant des escaliers sans courir, un Raymond Barre ou un François Mitterrand se mettant à courir et n'incarnant plus une «force tranquille» qui se veut rassurante, ou encore un Jacques Chirac indolent, sans l'ombre de dynamisme ? Les acteurs aussi sont parfois prisonniers du style des personnages qu'ils ont souvent interprétés avec beaucoup de vérité même s'ils sont en totale contradiction avec leur personnalité, leur caractère et leur tempérament. Que de braves gens ont passé leur vie à jouer les traîtres et les méchants... Et vice versa.

Il est parfois bon de ne pas afficher des qualités qui pourraient être interprétées comme des faiblesses. Celui qui afficherait altruisme et générosité dans une négociation financière ne se placerait pas en position avantageuse.

Pour réussir il faut se mettre en valeur. Cela commence par la représentation très nette du personnage que l'on veut représenter ou que l'on veut « paraître »... Ce qui revient au même. Bien étudié, ce personnage, notre personnage, est bien celui qui réunit le plus de chances de succès. À partir de cette lucidité, il est possible de prendre un certain recul, de survoler les événements pour ne pas s'y impliquer totalement.

Comment afficher sa confiance en soi

La première qualité du charisme est d'extérioriser une parfaite confiance en soi. Cette confiance, il est indispensable de l'acquérir. Tout le travail qui a été entrepris en sophromagnétisme la fera naître et se développer. Quand cette confiance en soi n'est pas encore installée... Il faut agir comme si elle existait. Nous possédons déjà des bases solides. La relaxation permet d'être calme dans une situation stressante. Pas plus que le trac chez un acteur, la timidité ne doit jamais paraître devant qui que ce soit.

Tout l'être participe à la mise en évidence de la confiance en soi :

- Le corps est droit et souple.
- Les mouvements ne sont pas saccadés mais harmonieux.
- La silhouette et le visage sont décrispés.
- Le regard est assuré. Il fait face à tous les autres regards sans laisser percevoir le moindre sentiment d'infériorité.
- La voix mieux timbrée porte davantage. Elle est plus claire et plus nette.
- L'impression de calme laisse percevoir une activité maîtrisée sans énervement ni nonchalance.

Nous retrouvons là des éléments que nous avons travaillés en sophromagnétisme : calme, maîtrise, parole, regard. La force de la pensée est toujours présente. L'élément nouveau c'est ce qui pourrait être appelé *l'expression corporelle.*

Au début, c'est par une attention soutenue et un travail sur soi qu'il devient possible de donner l'impression d'être à l'aise. Et puis, petit à petit, ce rôle devient plus naturel et c'est avec lucidité que nous entrons dans la peau du personnage qui est réellement à l'aise, personnage qui sommeillait en nous. Pour accélérer les résultats, vous pouvez travailler avec une vidéo qui vous permet d'être votre propre juge lorsque vous étudiez votre personnage sur l'écran. C'est ainsi que je fais travailler les stagiaires qui reçoivent ainsi la même image que les autres reçoivent d'eux. Dans un miroir, l'image est inversée, sur un écran elle est la réalité. L'allure, les gestes, le regard et la parole sont tels qu'ils se manifestent. Dans la plupart des cas, les personnes qui participent à ces travaux sont surprises de se trouver mieux que ce qu'elles imaginaient, tout en prenant conscience du travail à faire.

Le charisme s'exprime d'abord par la confiance en soi et celle-ci doit se manifester en permanence, sans la moindre interruption. Avant d'aborder un sujet, avant de prendre la parole, aussitôt que l'autre ou les autres peuvent vous voir, vous devez être le personnage. Que de fois j'ai pu recommander à de futurs candidats à un examen d'afficher cette confiance dès leur entrée dans la salle, même s'ils doivent attendre un long moment sur une chaise. Tout en interrogeant un autre candidat, l'examinateur le voit pénétrer, s'asseoir et attendre. Inconsciemment, il se fait une opinion sur la personnalité du prochain candidat et cette opinion laisse forcément une trace qui peut se traduire par un préjugé favorable ou défavorable... Alors, autant qu'il soit favorable. Avoir confiance en soi ne signifie pas être effronté, autoritaire ou envahissant. Être à l'aise – ou paraître à l'aise – en toutes circonstances laisse place à l'écoute et au respect de l'autre, ce qui ne manque pas d'accentuer la sympathie. Dans sa personnalité profonde, avec sincérité, il faut aimer les autres pour se faire aimer d'eux. Cela nécessite beaucoup d'authenticité... Ce qui n'empêche pas de savoir jouer son rôle pour être convaincant.

COMMENT ÉVITER CERTAINS PIÈGES

Nous ne reviendrons pas sur tout ce qui concerne le regard et la parole. Examinons plutôt quelques situations susceptibles de voiler le charisme. Il n'existe pas de règle absolue en ce qui concerne l'attitude du corps à adopter, mais il faut que celle-ci corresponde à la personnalité et aux circonstances. La chanteuse Édith Piaf, seule sur une grande scène, bougeait très peu, mais son immobilité mettait en valeur la fragilité de sa silhouette et faisait concentrer l'attention sur sa voix.

LA SILHOUETTE EST IMPORTANTE CAR ELLE PRÉSENTE UNE VUE D'ENSEMBLE D'UN PERSONNAGE ; ELLE EXPRIME SA VITALITÉ OU SA FAIBLESSE.

- **LE TRONC.** Selon les particularités à mettre en valeur il peut être, droit, raide, souple ou courbé. Chaque attitude révèle ces particularités.
- **LA TÊTE.** Elle suggère le caractère et les intentions. L'arrogant tiendra sa tête haute et le timide la baissera, etc.
- **LES BRAS.** Ils sont très éloquents par leurs mouvements ou par leur immobilité. Pour paraître à l'aise, il faut éviter les gestes qui laissent les coudes collés au corps. Il est bon de savoir que les gestes au-dessous de la ceinture sont «comiques» ou ridicules. Etc.

- **Les mains.** Elles trahissent l'embarras et la nervosité. Toujours savoir où mettre ses mains est important. Tout est à utiliser, les poches, un objet que l'on tient, etc. Ils aident à cacher l'inquiétude ou la timidité. C'est parfois l'origine de l'attrait de la cigarette qui, dit-on, donne une contenance. Nous pourrions développer sur de nombreuses pages la façon de «jouer» avec les mains dans l'écoute, la conversation et le discours.
- **Les jambes.** Un personnage debout peut avoir les jambes serrées, écartées, pliées, arquées, etc. Chaque attitude est interprétée par ceux qui le voient, même sans l'observer. Assis, ce personnage se révèlera aussi par les positions de ses jambes.

Ce ne sont là que quelques éléments de base auxquels beaucoup de gens ne pensent pas alors qu'ils les ressentent par rapport aux autres. Dans le calme et la maîtrise des émotions, il est possible de s'observer et de veiller à éviter certains «pièges» qui dévalorisent. Je le répète, un travail progressif peut être entrepris avec une vidéo et de préférence en groupe pour que les commentaires de chacun soulignent les réussites et les points à perfectionner. Pour parvenir à présenter l'image que l'on souhaite, il faut toujours partir de soi-même, puis interpréter d'autres images dans ce qu'il est convenu d'appeler des «rôles de composition». Dans ces exercices, la parole occupe une place importante. Elle doit être soulignée par tout le corps ou c'est elle qui confirme et appuie les attitudes. Tout cela doit se faire en parfaite harmonie.

L'improvisation est un excellent moyen d'expression et nous sommes tous appelés à improviser dans de nombreuses circonstances, depuis une réunion de famille ou de travail. Savoir improviser est une activité ou l'absence de dispositions naturelles peut être totalement compensée. Avoir, d'une certaine façon, réponse à tout, réagir sans avoir le temps de réfléchir, peut s'acquérir par l'expérience ou peut s'obtenir par un travail et un entraînement. André Maurois répondit un jour avec sérieux : « Comment voulez-vous que j'improvise, je ne m'y suis pas préparé ! » Ce n'est pas tout à fait une boutade car «savoir improviser ne s'improvise pas».

Pour s'y entraîner, il est bon d'improviser seul, puis à deux et en groupe et de se placer dans des situations plus difficiles que celles qui seront rencontrées dans la vie, de façon à pouvoir les affronter aisément. Il est préférable qu'un «animateur» expérimenté dirige ces exercices comme le ferait un metteur en scène.

Le charisme s'extériorisera d'autant mieux que le travail sur la maîtrise du magnétisme aura été effectué jusqu'à obtenir des résultats évidents.

Tous ces «pièges», toutes ces «recettes» ne sont pas à raconter, car il ne suffit pas de les écouter ou de les lire, il faut les vivre.

Le magnétisme projette le charisme et la personne rayonne, plaît et séduit dans son domaine, ce qui lui permet d'influencer et de convaincre.

N'oubliez pas que la visualisation, la force de la pensée ainsi que la parole et la musique des mots sont des ingrédients indispensables pour que le magnétisme donne au charisme la puissance qui doit être la sienne.

Parfois, une entrevue peut être difficile parce que le personnage à rencontrer est imposant, célèbre, puissant, intimidant, etc. Si vous maîtrisez la visualisation, vous pouvez avec humour l'imaginer dans des épisodes de la vie quotidienne qui ne le mettent pas en valeur jusqu'à le ridiculiser et le descendre de son piédestal. Lorsque vous serez en sa présence, vous reverrez ces images et malgré sa prestance et sa position sociale il ne vous intimidera plus.

Il peut arriver que vous ayez à rencontrer des personnes qui possèdent un réel charisme et qui se plaisent à placer les autres dans des situations embarrassantes. N'acceptez pas ces situations et n'hésitez pas à les contrer aussitôt qu'elles vous sont imposées...

EXERCICE

PAR EXEMPLE, VOUS ÊTES REÇU PAR QUELQU'UN DONT VOUS DÉPENDEZ.

- ***Un supérieur hiérarchique, un homme d'affaires, une personne avec qui vous devez négocier, etc.***
- *Il se peut qu'il vous invite à vous asseoir dans un fauteuil où vous vous enfoncez profondément alors que l'autre s'installe sur un siège moins bas. Il faut toujours éviter d'avoir à lever la tête pour regarder l'autre. Automatiquement, celui qui regarde vers le haut est en infériorité par rapport à celui qui regarde vers le bas et se sent en position de le dominer.*
- *Ne laissez pas paraître le moindre embarras. Ne vous installez pas sur le bord du fauteuil, vous y seriez contracté. Laissez-vous aller très naturellement jusqu'au plus profond du siège, sans manifester la moindre gêne.*
- ***À la première occasion – que vous créerez d'ailleurs – levez-vous sous un prétexte acceptable :** prenez un document dans votre serviette, par exemple. Restez debout, approchez-vous du bureau pour faire des commentaires ; c'est alors vous qui êtes en position favorable.*
- *Vous trouverez plusieurs «astuces» pour créer cette situation. Pensez également à maîtriser vos mains. C'est très facile en tenant simplement des lunettes ou un stylo.*

Le ressentiment, comment s'en débarrasser

Nous avons insisté sur l'utilisation de la visualisation pour libérer le magnétisme sous sa forme relationnelle qui est le charisme. Mais il est une visualisation involontaire qui risque de retarder les résultats positifs. Nous l'avons évoquée dans les rapports volonté-imagination.

Par exemple, quelqu'un qui ne veut pas être malade mais qui se voit malade chemine vers cet état. Souvenez-vous : « L'imagination prend toujours le pas sur la volonté. »

Nous irons plus loin avec l'élément le plus pernicieux qui nous lie à des êtres ou à des événements de notre passé, leur donne un certain pouvoir sur notre vie et crée un état de stress parfaitement inutile.

Le ressentiment, c'est la rancune, c'est en vouloir à quelqu'un et le visualiser dans ce contexte en maintes circonstances : conversation, rencontre, etc. Spontanément, pour une phrase, pour l'évocation d'une époque, nous «revoyons» la personne dans la situation stressante que nous avons vécue, ce qui déclenche un réel mécanisme de création de stress avec toutes les conséquences qu'il entraîne.

Même si nous sommes en état de relaxation, une telle évocation est suffisante pour que notre organisme se place en état d'affronter un danger présent qui en fait n'existe pas.

Le ressentiment peut ainsi hypothéquer et détériorer une longue période de la vie. Il nous fait gaspiller une énergie physique et psychique, il nous fait gaspiller notre magnétisme dans le présent pour des événements de notre passé en réactualisant une personne, un groupe, une institution ou bien d'autres choses.

La «légitimité» de son origine n'est pas mise en cause. Nous avons eu de justes réactions de déception et de colère dans certaines circonstances où régnaient l'indifférence, l'égoïsme et même la méchanceté.

Que ces réactions aient été justifiées n'est pas à mettre en doute. Mais qu'elles se perpétuent dans notre mémoire et dans nos visualisations involontaires les rendent plus destructrices que l'événement qu'elles évoquent. Nous «revivons» sans cesse cet événement et risquons parfois de l'amplifier.

C'est par la visualisation que nous parviendrons à nous défaire de ce ressentiment, même si son origine est ancienne. Cette visualisation n'est pas très facile car elle exige une remise en question, une fixation de la pensée et la maîtrise des émotions.

C'est Carl Simonton qui a imaginé une méthode pour combattre le ressentiment.

EXERCICE : LE RESSENTIMENT

POUR NOTRE PART, NOUS UTILISERONS UN CHEMINEMENT À PARTIR DU TRAVAIL RÉALISÉ EN SOPHROMAGNÉTISME.

- ***Étendez-vous ou asseyez-vous dans un fauteuil confortable.***
- *Respirez calmement, puis fermez les yeux.*
- *Dites mentalement ou à mi-voix la Prière Universelle en visualisant les pensées d'amour que vous envoyez au monde entier.*
- *Faites une mini-relaxation.*

- *Visualisez nettement la personne envers qui vous avez du ressentiment. Visualisez-la hors du contexte qui avait créé ce ressentiment.*

- *Imaginez que de bonnes choses lui arrivent et visualisez-les.*

- ***Si vous la connaissez bien, vous savez ce qu'elle peut apprécier :** affection, admiration, argent, etc... Restez conscient de vos réactions car cette visualisation peut être difficile. Rien ne doit vous empêcher de la réussir.*

- ***En réfléchissant loyalement au rôle qui a été le vôtre dans la scène stressante, réinterprétez l'événement :** votre comportement et celui de l'autre personne.*

- *Visualisez comment cet événement et ses conséquences peuvent apparaître du point de vue de l'autre personne.*

- *Vous parviendrez à être moins irrité, plus détendu et vous l'apprécierez.*

- *Suggérez-vous de conserver définitivement cette nouvelle compréhension et ces nouveaux sentiments. La force de votre pensée et votre visualisation vous aideront efficacement.*

- *Cet exercice de visualisation ou «d'imagerie mentale» ne doit pas dépasser cinq à sept minutes.*

- *Lorsque vous avez ouvert doucement les yeux, étirez-vous comme après une relaxation.*

CETTE VISUALISATION
PEUT VOUS PARAÎTRE DIFFICILE
SI VOTRE RESSENTIMENT EST FORT ET ANCIEN.

- ***Il vous sera peut-être nécessaire de le défouler en exprimant fortement votre irritation et votre colère.***

Deux méthodes sont à votre disposition

- **1.** *Défoulez-vous en écrivant des lettres violentes, sans la moindre retenue, en libérant votre colère. Ces lettres sont à l'adresse de la personne physique ou morale, objet de votre ressentiment.*
- **2.** *Plus facilement que l'expression écrite, enregistrez une cassette où la parole exprimera avec encore plus de force ce défoulement.*
- ***Brûlez les lettres et effacez totalement la cassette. Cela doit se faire immédiatement.***
- *Faites une profonde relaxation. De plus en plus facilement vous exécuterez cet exercice...*

Alors, quel soulagement et quelle victoire sur soi-même ! À partir de ce résultat, il est bien sûr plus aisé de vivre positif, ce qui ne s'accorde pas avec le ressentiment.

S'il arrive que le souvenir de l'objet de votre ancien ressentiment revienne à votre mémoire, répétez cette courte formule : «Paix à ...» (en nommant la personne). Dites-le avec sincérité comme vous le diriez intérieurement en présence d'une personne désagréable ou antipathique.

La «magie des mots» opérera un changement en vous-même, mais aussi chez l'autre personne car la force de votre pensée éclairée par votre visualisation et portée par votre magnétisme pénétreront jusqu'à son inconscient. C'est vrai, le ressentiment peut être basé sur des raisons valables. Il ne tient qu'à nous de les dépasser en nous rendant compte que ce ressentiment est inutile et nocif et qu'il détériore notre charisme. Le travail que nous avons déjà effectué en sophromagnétisme nous permet d'avoir les qualités utiles pour effectuer tous les exercices en vue de le supprimer. Ainsi, nous rétablirons la paix et l'harmonie dans toutes nos relations et en nous-mêmes.

Comment influencer les gens

Indépendamment des méthodes de magnétisme à distance que nous avons étudiées, notre charisme agit pour exercer une influence tout autour de nous. Il peut s'adresser à une personne, à un groupe, à un public ou à une foule. De nombreux exemples dans l'histoire des peuples en témoignent.

Aujourd'hui, le charisme s'exprime aussi par les moyens audiovisuels qui ont bousculé les limites d'espace et de temps. Il ne peut être question de charisme à notre époque pour celui qui ne maîtrise pas ces moyens audio-visuels.

Souvenez-vous de la dix-septième proposition de Mesmer : « Cette vertu magnétique peut être accumulée, concentrée, transportée. »

Les enregistrements audio-visuels facilitent cette possibilité de concentrer et de transporter le charisme, expression du magnétisme.

Pour que ce charisme s'exerce dans la vie courante, sept facteurs interviennent qui doivent retenir notre attention :

- Confiance en soi.
- Maîtrise des moyens d'expression.
- État d'esprit basé sur les relations de sympathie avec tous.
- Attitude basée sur le calme et l'enthousiasme.
- Une bonne culture intellectuelle.
- La maîtrise des relations avec les autres.
- La présentation et les règles de vie.

Reprenons ces titres à partir du dernier: Présentation et règle de vie

La règle de vie, nous l'avons examinée précédemment. La présentation est importante et est déterminée par trois facteurs principaux : notre personnalité, notre image de marque, le milieu et son environnement.

Notre personnalité peut être décontractée ou à tendance stricte ou mondaine. Elle nous influence pour le choix spontané de notre présentation. Mais voilà, il faut savoir l'adapter à notre image de marque et au rôle que la société nous fait jouer selon les circonstances.

Et puis il y a le milieu et l'environnement dans lequel nous avons à évoluer ponctuellement ou pour des périodes plus ou moins prolongées.

Que de fois un candidat a créé un préjugé défavorable auprès des examinateurs par sa tenue négligée, son allure désinvolte et peut-être même une propreté douteuse ! Il est arrivé à des personnages publics dont l'image de marque est l'élégance et les mondanités de se ridiculiser en apparaissant sur des écrans vêtus d'un pull à col roulé pour faire «plus populaire».

Quand on joue un rôle, il faut veiller à ne pas en faire trop. De même, une tenue guindée n'est pas en harmonie pour s'intégrer à un groupe de sportifs au cours de leur activité. En fait, c'est une question de bon sens. Dans les relations rapprochées, la propreté des vêtements et le respect des règles d'hygiène sont importants. Une mauvaise haleine ou une légère odeur de transpiration sont des éléments qui peuvent faire échouer une entrevue.

La maîtrise des relations avec les autres

(VOIR CHAPITRE 3)

Puis nous revenons aux pièges à éviter et aux moyens pour les contrer. Ces relations dépendent aussi de ce qui a été évoqué dans la partie de ce chapitre : «Comment développer son charisme».

Une bonne culture intellectuelle

La culture est indépendante de l'instruction ; elle peut en être un complément essentiel. S'il faut bien connaître le sujet principal qui occupe une grande partie de notre vie, soit professionnellement soit accessoirement, il ne faut pas s'en tenir là et se désintéresser de tout le reste.

Pascal a écrit : «Il est bien plus beau de savoir quelque chose de tout que de savoir tout d'une chose.»

Il ne nous est pas possible d'exercer une réelle influence sur les autres s'ils relèvent des énormités ou des contresens dans nos affirmations. Cela éveille leur esprit critique à notre égard s'ils sont compétents en ce domaine.

Il est préférable d'orienter les conversations ou les débats vers des sujets que nous possédons bien. Dans le cas contraire, il convient d'avouer son ignorance et de développer sa culture en interrogeant les gens compétents.

Dans le monde moderne, la culture passe en grande partie par l'information. Il faut donc dominer une sur-information inassimilable.

La culture générale permet d'aborder un grand nombre de situations. C'est pour cela qu'il faut diversifier les intérêts. La vulgarisation a du bon en de nombreux domaines car elle «prédigère» des sujets réservés à des érudits. En de nombreux cas, lire en soulignant les passages essentiels, avoir recours au dictionnaire et rédiger des résumés, facilitent la mémorisation.

Découvrir n'est pas suffisant. Il faut retenir, et ce n'est qu'au bout de quelques jours qu'il devient possible de se rendre compte de l'efficacité de la mémoire.

Enfin, cette culture doit être une aide pour que votre charisme fasse de vous celui qui parle et non celui qui ne fait qu'écouter. Ne prenez pas pour acquis définitif ce que vous connaissez en différents domaines. À notre époque, tout évolue très vite et toute information se dévalue rapidement.

Attitude basée sur le calme et l'enthousiasme

Le calme caractérise celui qui parle et agit après réflexion. L'enthousiasme est communicatif par le charisme.

Il faut que les gens ressentent que vous ne doutez pas de vous et de ce que vous exposez.

Vous croyez en vos idées et en vos projets. Vous n'hésitez pas, et chacun est persuadé que chez vous l'action va suivre la réflexion.

Il arrive que des gens dont la vie intérieure est intense paraissent tristes et ennuyés malgré leur sincérité et leur conviction de réussir. Ils peuvent difficilement communiquer cette conviction.

TROIS EXERCICES PERMETTENT DE DÉVELOPPER RAPIDEMENT LES QUALITÉS D'UNE IMAGE CALME ET ENTHOUSIASTE :

1. **Dès le matin, devant votre miroir, souriez à votre visage.** Ce sourire, vous le savez, doit apparaître sur vos lèvres et dans vos yeux. Prenez l'habitude de commencer ainsi votre journée quelles que soient vos préoccupations et votre humeur.
2. **Lorsque le premier exercice fait partie de votre vie, faites votre toilette et habillez-vous en chantant, en sifflotant** ou en fredonnant, sans vous soucier de la justesse de vos mélodies. Cet exercice peut se répéter chaque fois que c'est possible, par exemple en voiture ou lorsque vous êtes seul chez vous.
3. **Accueillez avec empressement les gens que vous rencontrez,** que ce soit en famille, à votre travail ou en toute autre occasion. Les gens, quels qu'ils soient, doivent ressentir que vous éprouvez un réel plaisir lorsque vous les rencontrez ou les recevez. Adaptez votre gentillesse à toutes les situations, que ce soit celles des autres ou les vôtres. Appliquez ce principe qui se trouve dans l'Évangile : « Quand vous jeûnez, ne vous rendez pas triste. »

État d'esprit basé sur les relations de sympathie avec tous

SANS atteindre «le ressentiment», il existe des antipathies et des rejets qui peuvent être atténués puis supprimés en s'efforçant de découvrir les qualités de ces gens. Pensez que certains défauts peuvent être des qualités poussées à l'extrême ; comme l'avarice née du fait d'être économe. Il existe toujours une qualité en correspondance avec un défaut ; il suffit de la découvrir.

Il faut savoir pardonner même à ceux qui nous ont fait du tort et leur envoyer des pensées positives : «Paix à. ...» Ce n'est pas une recherche de la perfection, c'est se placer au-dessus (ou à côté) des comportements habituels pour, en éprouvant de la sympathie sincère pour tous, parvenir à susciter cette sympathie envers nous-mêmes. C'est difficile à mettre en pratique, mais c'est très possible si l'on se rend compte de l'inutilité de ces jugements hâtifs et de ces opinions défavorables que les personnes concernées ressentent inconsciemment ou nous renvoient tout aussi inconsciemment.

En ce qui concerne la maîtrise des moyens d'expression et la confiance en soi, reportez-vous aux pages dans lesquelles nous avons étudié ces deux facteurs particulièrement importants du charisme et de l'influence qui peut être exercée par son rayonnement.

EXERCICE

Exercice d'influence par visualisation

Cet exercice, vous pouvez le pratiquer pour vous et vous pouvez également le faire pratiquer à un sujet en relaxation après une préparation adéquate.

- ***Pour vous l'indiquer, il me semble préférable de prendre un exemple concret dont vous pourrez retirer les principes applicables à de multiples autres situations.***
- *Dans quelques jours, vous devez avoir une entrevue, ou cette entrevue n'étant pas encore fixée, vous souhaitez qu'elle puisse l'être. Elle est importante pour des raisons professionnelles ou familiales.*

- *Après une relaxation, vous visualisez la personne que vous souhaitez rencontrer. Selon les principes que vous avez travaillés, vous la visualisez réellement si vous la connaissez.*
- *Dans le cas contraire, vous visualisez une silhouette qui la symbolise.*
- *Vous la voyez qui pense à fixer ce rendez-vous et qui décide de le fixer.*
- **Ensuite, vous visualisez le déroulement de votre rencontre dans son ordre chronologique.** *Ce sera comme le déroulement d'un film sur un écran.*
- *Vous voyez le lieu de la rencontre, le siège que l'autre personne occupera et celui que vous occuperez.*
- *Cette personne est là, prête à vous recevoir.*
- *Elle est calme, de bonne humeur et bien disposée vis-à-vis de vous.*
- *Vous vous voyez entrer dans la pièce.*
- *Vous êtes calme, décontracté, parfaitement confiant en vous et en la réussite de votre rencontre.*
- *Le premier contact est empreint de sympathie.*
- *Vous visualisez dans l'ordre toute la conversation.*
- *Vous "entendez" les arguments de part et d'autre.*
- *Vous parvenez enfin à la conclusion heureuse de la rencontre.*
- *Cette visualisation, vous la faites régulièrement jusqu'à la réalisation dont la ressemblance avec votre visualisation vous surprendra.*
- *Lors de chacune de vos visualisations, vous retrouverez sans effort les images que vous aurez créées lors de votre première visualisation.*

Dernièrement, un ami qui occupait un poste important dans une entreprise souhaitait que son patron lui confie en plus d'autres responsabilités. Il ne voulait pas être demandeur et souhaitait que la proposition lui soit faite par le patron lui-même. Cet ami n'avait pas travaillé le magnétisme mais je lui avais fait faire quelques séances de relaxation qui avaient donné d'excellents résultats. Nous avons étudié ensemble quelles pourraient être les meilleures circonstances de sa rencontre, et avons convenu que ce serait au cours d'un repas en tête-à-tête. C'est cette visualisation que nous avons travaillée. Pendant ses relaxations, je ne suggérais que le départ, et c'est lui qui créait ensuite ses propres images et visualisait le déroulement de la scène. Avec une cassette enregistrée, il a pu ensuite travailler seul. L'attente n'a pas dépassé un mois et ses souhaits ont été comblés. Le charisme apparent ou non est un élément extrêmement important dans les relations entre les hommes.

La société est organisée de telle façon que nous devons nous y intégrer et nous y imposer. Les diplômes, les talents et le savoir-faire n'y suffisent pas ; il faut y ajouter cette dimension essentielle qu'est le charisme. N'oublions pas que si les qualités intellectuelles ne sont pas à négliger, le charisme ne s'adresse pas à l'intelligence, à la réflexion ou à l'intellect. Il s'adresse directement à l'affectif et à l'inconscient. Souvenez-vous de cet exemple stupéfiant et tragique de notre XXe siècle. Hitler, un peintre sans avenir, caporal dans l'armée, est parvenu par un étrange charisme habilement mis en valeur à accéder à un pouvoir absolu qui a été à l'origine de la deuxième guerre mondiale.

Voilà qui mérite d'être médité. La force du magnétisme d'un être humain rayonnée par son charisme est dotée d'une puissance dont la plupart des gens ignorent les pouvoirs... Et qui est là en nous, à notre disposition, si nous savons la cultiver.

Chapitre 14

APPLICATIONS PRATIQUES

MAGNÉTISME, sophromagnétisme et charisme ne seraient que des mots si des applications pratiques ne succédaient pas à tout ce qui a été exposé dans les chapitres précédents. Ce chapitre porte le N° 14, le nombre de la transmission des énergies. Cette transmission repose sur la nécessité d'être en condition convenable pour donner et recevoir. Quand toutes les conditions sont remplies, des techniques permettent d'obtenir des résultats toujours plus complets. Nous les avons citées, et de nombreux exercices vous ont été proposés qui vont entraîner des résultats positifs et concrets.

Ces exercices vous ont permis de constater que chaque magnétiseur est unique et que chacun doit adapter ses façons d'agir à sa personnalité et à sa sensibilité. Il serait vain d'affirmer ce que doit ressentir celui qui magnétise. L'information qu'il reçoit apparaît selon un ressenti strictement personnel. S'il est bon de s'informer des méthodes que chacun développe et de les comparer, il est inutile de vouloir les adopter totalement.

Lorsque, par exemple, une personne se plaint de douleur dans le dos, il est intéressant d'observer les réactions de plusieurs magnétiseurs. Je l'ai fait au cours de mes stages avec des stagiaires d'un niveau avancé mis en présence d'un sujet qu'ils ne connaissaient pas. Tous ont trouvé le point ou la zone douloureuse en effectuant des passes lentes le long du dos. Mais certains ont ressenti de la chaleur, d'autres du froid, et d'autres encore une sensation indéfinissable.

En fonction de sa formation progressive, de ses expériences vécues et de ses contacts avec d'autres, chacun définit ses propres règles d'action au-delà des principes de base et de bien d'autres encore.

La législation

Dans la pratique du magnétisme et du sophromagnétisme, n'oubliez jamais que le droit de soulager et de guérir est un «terrain réservé» qui est jalousement gardé en exclusivité par le corps médical depuis une loi mise en vigueur le 30 novembre 1892.

S'il est logique de protéger la société contre des agissements de guérisseurs malhonnêtes ou imprudents, il est navrant de constater que ceux qui soulagent et guérissent par des méthodes qui existaient avant «la médecine occidentale contemporaine» tombent sous le coup de la loi inspirée par cette dernière ; même s'ils pratiquent le bénévolat. Il est évident que des poursuites engagées à l'encontre d'un «guérisseur» efficace et honnête n'entraînent pas pour lui de graves conséquences mais peuvent au contraire lui faire une excellente publicité... C'est pour cela que ces poursuites ne sont pas fréquentes en dehors de celles découlant d'une plainte déposée par un client.

Sachez aussi qu'il en est de même pour les soins administrés aux animaux. Ceux-ci sont protégés et c'est normal. Ils sont même parfois plus protégés que les enfants que, par exemple, des professeurs de danse incompétents (en danse classique notamment) peuvent déformer d'une façon irrémédiable sans être soumis à aucune réglementation réelle jusqu'en 1993. Une loi existe, c'est vrai. Elle a été votée par l'Assemblée Nationale le 1er décembre 1965. Cette loi qui instituait un diplôme d'état obligatoire pour enseigner cet art, n'était pas encore appliquée plus de 25 ans après faute de «décrets et arrêtés d'application», ces derniers n'ayant jamais été promulgués en raison des «magouilles» et des rivalités dans les divers ministères signataires de la loi.

Si vous soignez par magnétisme ou toute autre méthode, en premier lieu ne contredisez jamais un traitement médical et ne conseillez jamais de l'interrompre. Considérez et affirmez que vous le complétez. En fait, de plus en plus nombreux sont les membres du corps médical qui s'intéressent au magnétisme... à titre personnel. Ils sont d'ailleurs nombreux à participer à mes stages qui leur apportent des possibilités nouvelles dans la façon de pratiquer cet art.

Le sophromagnétiseur n'est pas un «concurrent» pour le médecin, au contraire. Le sophromagnétisme crée chez un malade une meilleure acceptation de sa condition, un apaisement psychique, un désir d'améliorer son état, etc. Autant d'éléments qui ne peuvent que renforcer le traitement médical.

EN SOPHROMAGNÉTISME, ON «TRAITE» DES SUJETS QUI NE SONT PAS FORCÉMENT DES MALADES :

- Les timides.
- Les anxieux.
- Ceux qui n'ont pas confiance en eux.
- Ceux qui dorment mal.
- Ceux qui ne se maîtrisent pas.
- Ceux qui veulent améliorer leur situation dans différents domaines.
- Ceux qui souhaitent développer leur charisme, etc.

Le diagnostic

Le sophromagnétisme est une méthode holistique qui agit sur la totalité de l'être dans ses environnements humain et écologique.

Même si un diagnostic n'est pas précis, «l'intuition» peut y suppléer. J'ai souvent rencontré des personnes qui m'ont exposé en détails les maux dont elles souffraient en me précisant que les diverses radios et analyses effectuées par le corps médical n'avaient rien révélé. Au regard de la science de notre époque, ces personnes étaient en parfaite santé. Et pourtant !... Il s'agit alors de «soigner» l'inquiétude et l'anxiété pour cheminer vers la reconstitution d'un équilibre qui a été rompu pour des raisons apparemment indécelables.

Au début d'un traitement par magnétisme, il peut se produire la provocation de «crises». Ce phénomène est fréquent avec la plupart des traitements. Ces crises sont bénéfiques et signalent une réaction ; en quelque sorte une défense de la maladie. En pareil cas, il ne faut surtout pas interrompre le traitement. Il convient d'en doser les séances en nombre et en durée en fonction des réactions du sujet.

Chaque être est unique, chaque sophromagnétiseur est unique et nous pourrions ajouter : chaque maladie est unique dans ses origines et son développement.

Soyons attentifs aux origines possibles. Ayons en mémoire les paroles de Jacques Lamaya qui estime que 50 % des maladies sont d'origine vibratoire. Avant d'entreprendre un traitement, essayons de déterminer si une telle origine n'est pas à la base de l'affection que présente le sujet. «Il serait alors utile de soigner l'habitat avant de soigner l'habitant.» (*)

(*) Formule de Jacques Lamaya que j'ai renregistrée au cours de l'une de nos conversations.

C'est la sensibilité formée ou développée qui permet de «ressentir» ce qu'il convient de faire. Les vieilles recettes traditionnelles du magnétisme ne sont pas à abandonner ; il faut savoir aller plus loin. Commencez par bien maîtriser l'utilisation de vos mains : passes, impositions, applications, massages et frictions, du souffle et travaillez sans relâche la visualisation et la force de la pensée.

Voici pour quelques affections courantes des méthodes traditionnelles. Vous constaterez que des méthodes parfois très différentes existent pour une même affection. En partant de ce qui a donné des résultats, au fil de vos expériences, vous découvrirez les gestes, les pensées et les visualisations qui vous donneront satisfaction pour soigner ces maux et tous les autres.

MIGRAINE - MAUX DE TÊTE - TÊTE LOURDE

1. ***Méthode personnelle "le casque"*** *(voir page 109??).*

2. ***Passes transversales devant le visage.***

- *Application des mains de chaque côté de la tête et sur les lobes pariétaux gauche et droit.*

- *On peut ajouter le souffle frais sur le front suivi d'une imposition des mains pendant plusieurs minutes sur le front et de légers massages au niveau des 6e et 7e cervicale.*

3. ***Traitement de la migraine par application de la main droite sur l'estomac et de la main gauche sur le plexus solaire, puis par des impositions des mains sur le front et à la nuque.***

INSOMNIE

- ***Il est essentiel de découvrir la cause de l'insomnie qui est souvent psychique et doit être traitée d'abord en sophromagnétisme.***

- ***Elle peut aussi être due à des perturbations physiques*** *(mauvaises digestions, état grippal, etc.) qui elles aussi peuvent prendre naissance dans le psychisme.*

- *Un somnifère fait dormir mais ne soigne pas la cause qui déclenchera une autre perturbation et apparaîtra sous une autre forme.*

- **Conseiller d'orienter le lit :** *tête au nord et pieds au sud.*

- ***Sur le sujet assis ou debout :*** *application de la main droite au milieu du dos et de la main gauche sur le plexus solaire.*

- *Relaxation profonde.*

- *Pendant la relaxation, faire visualiser la couleur bleue d'un ciel sans nuages et suggérer l'amélioration du sommeil.*

- *Toujours pendant la relaxation, visualiser le sujet dormant profondément et paisiblement et faire des passes longues.*

- *Après la relaxation, souffle chaud à la nuque.*

- ***Faire boire un soir sur deux de l'eau magnétisée avec cette pensée :*** *« Je magnétise ce verre d'eau pour bien dormir, d'un sommeil paisible et récupérateur. »*

MAUVAISES DIGESTIONS

• ***L'état de stress, l'anxiété quasi permanente et l'angoisse, que leurs causes soient justifiées ou non, entraînent des troubles de la digestion.***

• *Aigreurs.*

• *Crampes.*

• *Nausées...*

Elles risquent de devenir chroniques et de causer à terme des lésions très graves.

• *« **Mieux vaut prévenir que guérir** » et soigner ces causes en sophromagnétisme plutôt que d'avoir à enrayer la formation d'un ulcère.*

• ***Imposition des mains sur le cou en visualisant les tensions qui font dire en langage populaire :** « J'ai les boules. »*

• *Faire le geste de prendre et de retirer.*

• ***Avec la main gauche :** passes très lentes du cou au plexus.*

• ***Toujours avec la main gauche :** application des trois doigts sur le plexus et rotation dans le sens des aiguilles d'une montre.*

• *Éventuellement, imposition au niveau du foie et de l'intestin avec rotation dans le sens des aiguilles d'une montre sur ce dernier.*

EMBARRAS GASTRIQUE

- *Légers massages rotatifs sur le plexus solaire avec les trois doigts de la main gauche, dans le sens des aiguilles d'une montre.*
- *Saturation de l'intestin et imposition des deux mains.*
- *Passes chargeantes sur le foie et le pancréas suivi d'impositions digitales isonomes (*).*
- *Imposition ou application des deux mains sur l'estomac.*
- *Terminer par les massages du début sur le plexus.*
- ***Pour les mauvaises digestions et les embarras gastriques, une relaxation profonde est nécessaire.***
- *Selon les cas, le traitement indiqué ci-dessus peut être administré avant, pendant ou après la relaxation.*
- *Une combinaison des trois méthodes est possible.*

INSUFFISANCE HÉPATIQUE

- ***Agir sur le bulbe et sur la colonne vertébrale par des passes semi-rapides.***
- ***Insister particulièrement sur les six dernières vertèbres dorsales et les deux premières lombaires.***
- *Application de la main droite sur le foie pendant quelques instants.*

(*) **Isonomes :** *Action de magnétisme par contact entre deux pôles de même nom.*
Hétéronomes : *Action de magnétisme par contact entre deux pôles de nom contraire.*

- ***Visualisation d'un rayon orangé*** *partant du foie du sophromagnétiseur et le reliant au foie du sujet.*
- *Ce même rayon atteindra ensuite la rate du sujet.*
- ***Le sujet étant allongé sur le dos, faire une application de la main droite sur le lobe gauche du foie et de la main gauche sur le lobe droit.***
- *Saturer cet organe par des passes lentes dont il convient de visualiser l'action profonde.*
- *Transformer ces passes en rotation dans le sens des aiguilles d'une montre.*
- *Terminer par des passes lentes. (Passes longues.)*

TOUX ET BRONCHITE

- ***Passes calmantes et dégageantes.***
- *Passes lentes sur le cou et les poumons en retirant l'irritation et en visualisant.*
- *Passes rapides de la nuque au sacrum.*
- *Imposition au-dessus de la tête.*
- *Magnétisation générale.*
- *À combiner pendant et après une relaxation.*

ASTHME

- ***Relaxation et magnétisation générale.***
- ***Pendant la relaxation :*** *imposition des deux mains au-dessus du plexus solaire.* **Passes lentes :** *des genoux aux pieds.*
- ***Après la relaxation :*** *passes lentes sur la colonne vertébrale entrecoupées d'une imposition sur chaque vertèbre.*
- *Saturation de tout le tronc sur les deux faces, antérieure et postérieure.*
- ***Conseiller au sujet l'exercice de respiration suivant :*** *Emplir les poumons sans forcer. Vider totalement et lentement les poumons.* ***Cet exercice est à exécuter fréquemment pour prévenir les crises****.*

ÉTAT GRIPPAL

- ***Dégagement de la tête par le «casque».***
- *Relaxation profonde et passes longues pendant cette relaxation.*
- ***Après la relaxation :*** *passes lentes de saturation sur les voies respiratoire.*
- *Imposition des deux mains sur l'abdomen en visualisant le dégagement. Terminer par des passes longues.*
- ***Ne pratiquer les actions de revitalisation (souffle puissant) que lorsque l'état grippal s'est amélioré. Faire précéder ces actions d'une magnétisation générale.***

AUTO-GUÉRISON D'UNE DOULEUR

- ***Placer la main gauche sur le point douloureux du corps.*** *Visualiser un rayon bleu qui pendant l'aspir de trois secondes pénètre dans votre corps au niveau du point douloureux.* ***Pendant l'expir de neuf secondes :*** *la couleur bleue quitte votre corps et va se perdre dans l'infini du ciel en emportant la douleur.*
- ***Pour calmer douleur ou nervosité, cet exercice peut se faire également de la façon suivante :*** *appliquer la main gauche sur le plexus solaire.* ***Même rythme respiratoire. Aspir :*** *la couleur bleue pénètre dans votre corps par le chakra du plexus solaire.* ***Expir :*** *la couleur bleue inonde tout votre corps puis le quitte par le plexus solaire et va se perdre dans l'infini du ciel en emportant douleur et nervosité.*
- *Exercice à faire jusqu'à dix fois de suite. Si nécessaire reprendre après une interruption de quelques minutes.*

CALCULS ET COLIQUES NÉPHRÉTIQUES

- ***Toujours commencer par des passes de saturation sur l'estomac, le foie et l'intestin.*** *Au niveau des reins, passes lentes et applications face postérieure et face antérieure. En effectuant les passes, visualiser les calculs sous forme de pierres semblables à des billes. Les voir se désagréger et se transformer en énergie. Retirer cette énergie et la transformer en énergie positive avant de la rejeter. Conseiller un verre d'eau magnétisée un soir sur deux.*

RHUMATISME ET SCIATIQUE

- ***Toujours une relaxation pour supprimer les tensions nerveuses causées par la douleur.***
- *Passes semi-rapides sur les régions douloureuses suivies d'application du souffle chaud.*
- *Passes rapides de la main gauche sur la colonne vertébrale.*
- *Visualiser la partie douloureuse retrouvant sa souplesse et son élasticité.*
- *Retirer en les prenant toutes les séquelles de douleurs.*

MALADIE GRAVE OU POUVANT LE DEVENIR

- ***Mise en condition psychique du sujet.***
- ***Relaxation profonde** avec visualisation de la maladie et de son évolution favorable. Faire visualiser cette évolution au sujet.*
- *Passes longues de dégagement.*
- *Longues impositions des mains sur le plexus solaire.*
- *Souffle puissant.*
- *Ajouter à ces séances la magnétisation d'aliments et de boissons et l'application de coton magnétisé.*
- *Utilisation de la pyramide.*
- ***Visualisation à effectuer ou, si possible, à faire effectuer par le sujet lui-même :** l'énergie est visualisée sous l'aspect d'une lumière orange.*

- ***Aspir :*** *elle monte à partir du bas de la colonne vertébrale qu'elle suit pour atteindre le sommet de la tête. Durée de l'aspir : 3, 6 ou 9 secondes.*
- ***Rétention en plein :*** *la lumière orange descend au Chakra du plexus solaire ; même durée que pour l'aspir.*
- ***Expir :*** *la lumière orange se répand dans tout le corps pour lui apporter la guérison. Même durée.*

ENVOÛTEMENT ET AUTO-ENVOÛTEMENT

- ***L'auto-envoûtement produisant tous les effets que produirait un véritable envoûtement, le traitement par magnétisme est traditionnellement le même. Personnellement et par expérience, je crois surtout aux possibilités de dégagement par la relaxation et le sophromagnétisme.*** *Cependant, dans de nombreux cas, le sujet ne se sentirait pas en confiance s'il ne s'y ajoutait pas une séance de dégagement dans une ambiance qui lui convient. Cette séance est d'ailleurs très efficace.*
- ***Le sujet est debout, face au nord.***
- ***En pensant fortement que la force de la pensée le dégage, faire des passes croisées devant lui,*** *de la tête au plexus.*
- *Ce dégagement se fait pendant cinq bonnes minutes.*
- ***Visualiser une lumière blanche qui l'inonde totalement.*** *En même temps, effectuer des passes longitudinales lentes et courtes pour le charger d'énergie vitale.*
- ***Faire sept passes dégageantes de la nuque au sacrum,*** *tout le long de la colonne vertébrale.*

- ***Faire trois passes dégageantes sur chaque bras,*** *de l'épaule au bout des doigts et sur chaque jambe de la hanche au pied.*
- ***Faire faire une mini-relaxation.*** *Pendant les expirations, effectuer des passes rotatives sur le plexus, dans le sens des aiguilles d'une montre.*
- ***Faire asseoir le sujet (face au nord) avec ses mains sur ses genoux, paumes tournées vers le haut.***
- *Se placer derrière lui et appliquer les mains ouvertes de chaque côté du front, puis sur les oreilles avec les doigts orientés vers le bas.*
- *Passes transversales dégageantes sur les épaules et le haut du dos.*
- ***Pour le recharger :*** *souffle très puissant, ou prendre ses mains et les appliquer contre les mains du magnétiseur, paume contre paume, doigts recourbés et accrochés les uns aux autres.*
- ***Plusieurs séances semblables sont nécessaires.*** *C'est ensuite le sophromagnétisme qui rétablira l'équilibre psychique du sujet.*

Il est évident que pour appliquer correctement ces «recettes», il faut avoir assimilé toutes les indications qui jalonnent les quatorze chapitres de cet ouvrage.

C'est un travail sur soi, un travail à effectuer régulièrement, calmement, en ajoutant aux exercices votre expérience personnelle qui se constituera petit à petit.

Ne vous découragez surtout pas. Ce travail, même s'il ne présente pas tout de suite des résultats spectaculaires, s'inscrit en vous et un changement s'opère profondément. Cultivez-le, faites-le mûrir jusqu'à son épanouissement qui en fait sera le vôtre.

Conclusion

Ce qui est contenu dans ce livre vous aidera réellement à «Mieux Vivre et Réussir». J'y ai rassemblé des idées, des connaissances, des «techniques», et des expériences vécues qui, ajoutées les unes aux autres, ouvrent les portes de ce «mieux être».

C'est maintenant à vous de les utiliser, de les mettre en pratique pour que cette ouverture ne reste pas qu'une lecture sans lendemain. Quelle que soit sa personnalité, quelle que soit la place qu'il occupe dans la société, chacun peut encore découvrir en soi des potentialités à développer pour progresser dans tous les domaines. Mieux vivre, en premier lieu par une meilleure et plus profonde connaissance de soi. «Connais-toi toi-même» est une expression vieille comme notre civilisation.

Moins de cinq cents ans séparent son auteur, Socrate, de la naissance de l'ère chrétienne dont la devise aurait dû être : « Aimez-vous les uns et les autres. » Les uns et les autres n'en ont pas voulu.

À l'aube de l'ère du Verseau, qui doit être un Nouvel Âge, bien des esprits ressentent avec juste raison que cette deuxième maxime doit être enfin vécue pour que survive l'humanité.

Elle ne peut être appliquée que si chaque être humain s'efforce d'abord de prendre conscience de ce qu'il est et de qui il est, à sa place et dans son environnement. Se connaître, mais se connaître pour s'aimer afin de mieux aimer les autres. La succession chronologique de ces deux petites phrases me paraît être un signe. Commencer par soi et aller vers les autres, se prendre en charge pour les aider à se prendre en charge, s'épanouir pour les faire s'épanouir ; c'est ce que j'ai essayé d'exprimer.

Le sophromagnétisme ne propose rien d'autre que ce cheminement : un travail sur soi, un travail progressif qui amène à maîtriser ses émotions pour apaiser celles des autres, à être fort pour leur transmettre de cette force, à réussir sa vie, à réussir dans la vie et d'en profiter sainement sans pour cela négliger d'apporter aux autres ce qui peut leur permettre d'obtenir les mêmes résultats.

Penser à soi et travailler d'abord pour soi n'est pas une forme d'égoïsme mais une nécessité. N'oublions jamais qu'il faut posséder pour donner, et qu'une générosité mal préparée ne peut qu'être stérile, décevante et épuisante.

À ce propos, une autre phrase me paraît significative : « La première charité commence par soi-même. »

Je n'apprécie pas le mot charité qui semble aller du puissant vers le faible. Faire la charité, c'est transformer un sentiment en acte. Aurait-on l'idée de dire : «faire la bonté» ?

Je préfère donner à ce mot le sens de solidarité et de générosité désintéressée. Si la première (charité) commence par soi-même, c'est que toutes les autres suivent, et elles sont innombrables.

Posséder pour donner, nous en sommes persuadés nous qui ne pouvons donner du magnétisme que si nous en possédons.

Le sophromagnétisme permet de rendre opérationnelles ces «énergies» pour mieux vivre. Il ajoute au magnétisme traditionnel une dimension qui lui confère une puissance supplémentaire par l'apport d'éléments tels que : la mise en condition physique et psychique, la relaxation, la visualisation, la force de la pensée et l'utilisation du charisme qui le rend encore plus humain.

Le sophromagnétiseur ne se considère pas comme un être doué de dons exceptionnels. Il a conscience d'avoir découvert ses possibilités, de les avoir maîtrisées et développées pour en bénéficier personnellement et pour aider et soulager les autres. Nos lointains ancêtres se connaissaient-ils mieux que les hommes du XXe siècle ? C'est fort probable puisqu'ils utilisaient des méthodes que nos contemporains redécouvrent sans toutefois les accepter totalement.

Le magnétisme, le magnétisme à distance, les ondes de formes, la radionique, etc., étaient, sous des appellations que nous ne connaissons plus, des sciences antiques qui ont laissé des traces et des vestiges difficiles à interpréter. Ce savoir n'est qu'en partie perdu. Son cheminement peut être suivi au long des siècles malgré les efforts négatifs et l'absurdité des puissants d'un moment qui ont tenté de l'accaparer ou de le détruire.

Le point de départ de ce savoir se situe dans une connaissance dont l'origine se cache au-delà de l'histoire connue des hommes. Il a été transmis malgré tout et de curieuses façons par les médecines traditionnelles de tous les peuples, par l'alchimie, la sorcellerie, etc. Des «transmetteurs initiés» tels que les thérapeutes grecs, Paracelse et autres Mesmer, ont révélé des éléments qui parurent à leur époque trop irrationnels pour être acceptés... et ça continue ! Mais aujourd'hui, de nouveaux thérapeutes s'intéressent à ces échanges d'énergies dont le mouvement perpétuel a pour nom la vie.

Les magnétiseurs captent ces énergies d'où qu'elles viennent, ils les transforment, les personnalisent et les projettent sur un sujet avec qui ils créent un échange, un flux et un reflux, en fonction de la force de leur pensée.

Pour réaliser ces actions, le sophromagnétiseur se place et place le sujet dans un état psychique convenable. Il reçoit l'énergie vitale qu'il transmet sans devenir un canal neutre, mais au contraire un transformateur et un amplificateur lucides.

À des méthodes traditionnelles, il ajoute une véritable magie : la magie des mots et des vibrations de sa parole, la magie de la force insoupçonnée de sa pensée, la magie de son regard et de son regard intérieur, capable de créer, d'imaginer par «les miracles de la visualisation».

En correspondance de pensée et d'action avec toutes les médecines énergétiques et avec les travaux sur l'interdépendance de tous les éléments de l'univers, le sophromagnétisme s'harmonise avec la radiesthésie, la naturopathie, les médecines traditionnelles, la sophrologie, la médecine de l'habitat, etc. Sans être en opposition avec la médecine officielle qu'il aide en facilitant, en développant et en maintenant l'évolution psychique du sujet traité.

C'est un programme exaltant que celui qui permet de s'épanouir en s'appuyant sur des travaux pratiques qui ne doivent jamais être contraignants et de faciliter l'épanouissement d'autres êtres. Cet épanouissement ne peut être effectif que si celui qui s'applique à y parvenir impose sa personnalité dans la société et la fait rayonner de tout son magnétisme.

Cette autre particularité du magnétisme qu'est le charisme peut changer totalement la qualité de la vie. Pour vivre cette dimension du bien-être et de la réussite, le sophromagnétisme constitue une base solide, une prise de conscience de «pouvoirs» inexploités.

Les méthodes faciles que j'ai exposées pour permettre le développement du charisme sont également accessibles à tous. Elles passent par la relaxation, la connaissance de soi, l'abandon de la timidité, des anxiétés et des complexes d'infériorité pour aboutir à la confiance en soi, à savoir affirmer sa personnalité et à l'imposer, et enfin à rayonner d'un magnétisme qui retient l'attention, attire, séduit et influence. Le charisme, c'est vraiment la clé de la réussite.

Ce livre contient non pas une clé mais un trousseau. Selon le stade d'évolution de chacun, certaines portes s'ouvriront rapidement et d'autres exigeront plus de travail et de persévérance.

Ne vous découragez pas, lisez et relisez les différents chapitres au fur et à mesure de votre progression et exécutez les exercices proposés.

Joignez à la pratique, dans vos travaux et en permanence, un état d'esprit limpide et décontracté, une force sans tensions, un calme sans faiblesse, une joie de vivre communicative dans l'acceptation et l'amour de soi pour réaliser l'acceptation, le respect et l'amour des autres.

TABLE DES MATIÈRES

Introduction 5

CHAPITRE 1
LES ÉCHANGES D'ÉNERGIES 9
Un travail sur soi et pour soi 12
Magnétisme et charisme 15
Magnétiser à distance 16
À la portée de tous 17

CHAPITRE 2
ÉVOLUTION DES CONNAISSANCES 19
Mesmer et son baquet 20
La doctrine de Mesmer 26
Du magnétisme à l'hypnose 36
De l'hypnose à la sophrologie 39
De la sophrologie au sophromagnétisme 43

CHAPITRE 3
LA MISE EN CONDITION 47
Le premier contact 52
La communication 55
L'originalité 55
Désir et clarté 57
La magie des mots 59
Le charisme 62

CHAPITRE 4

La relaxation 65
Comment guider une relaxation 66
Première séance de relaxation
(Texte et indications) 68
Après la relaxation 75

CHAPITRE 5

Les mains 77
Les polarités 78
Premiers exercices d'entraînement 80
L'aimant 81
Le soleil 82
Comment magnétiser 83
Les passes 84
Les impositions 87
Les applications 88
Massages et pressions 88
Aura et magnétisme 91
Les révélations de l'effet Kirlian 94
Les mains, l'aura et le spiritisme 100
Comment supprimer la migraine, les névralgies,
les maux de tête 106

CHAPITRE 6

L'énergie vitale 113
De la divinité à la matière vivante 114
Comment se recharger 119
La relaxation et la mini-relaxation 120
Les vibrations de la parole 122
La méditation 122
La visualisation 125
Pyramide et point tellurique
d'une pierre plantée 126
Comment se recharger auprès d'un arbre 127

CHAPITRE 7
De l'énergie à la matière 133
Les chakras : émetteurs et
récepteurs du magnétisme 134
Comment utiliser les chakras 137
Comment et pourquoi magnétiser
le plexus solaire 137
Nos pensées sont des projectiles 143
Comment prendre sans subir 145
Se laver les mains - Secouer les mains 146
Transformer les énergies - Croiser les bras 147
Cercle et cloche de protection 147
Prière et pensée positive 148

CHAPITRE 8
Le regard 151
Comment utiliser le regard 152
La qualité, l'intensité, la direction 153
Puissance et maîtrise du regard 154
Comment développer le regard
(exercices pratiques) 157

CHAPITRE 9
Le souffle et la voix 163
Comment magnétiser par le souffle 164
Le souffle puissant 165
Souffle et respiration 167
Comment mieux respirer :
Exercices pratiques 168
Comment améliorer son souffle 172
Comment magnétiser par la parole 173
Comment utiliser la voix
en sophromagnétisme 174
La tonalité, la puissance, le murmure, la vitesse
d'élocution, hésitations, répétitions, silences 176
Les étranges pouvoirs des mots 181

CHAPITRE 10

La visualisation 185
Apprendre à visualiser 188
Comment visualiser par la mémorisation 190
Une couleur, un point bleu,
un souvenir, un paysage 190
Comment créer des images mentales 194
Visualisation du soleil - depuis un point violet 195
Quand et comment utiliser la visualisation 197
Processus de visualisation 198
Comment s'auto-guérir 199
Comment influencer par la visualisation 200
Visualisation et rêve éveillé 201
Comment transmettre sa visualisation 203
Comment utiliser les couleurs
par les chakras 206

CHAPITRE 11

La force de la pensée 209
Comment développer la force de la pensée 211
Par l'état général physique et psychique 212
Par la foi 212
Par la fixation de la pensée 215
Par la mémoire 216
Par la maîtrise des émotions 220
Comment utiliser la suggestion 221
L'auto-suggestion et la méthode Coué 223
Exercice d'auto-suggestion renforcée 226
Pourquoi et comment magnétiser
aliments et boissons 230
Périodicité 231
Formulation 232
Comment agir
par magnétisation de la matière 233
Ouate - Coton hydrophile / Cristaux - Galets 233

Les galets d'Ibis 237
Comment s'entraîner pour progresser 241
Par les momifications (exercices) 241
Par les deux pots de fleurs 243
Par la main magnétique 244

CHAPITRE 12
Le magnétisme à distance 249
Ne pas confondre
magnétisme et envoûtement 251
Fonctionnement de l'envoûtement...
et danger réel... pour l'envoûteur 253
Comment traiter envoûtement
et auto-envoûtement,
possession ou incorporation,
suggestion, influence 256
Comment magnétiser à distance 263
Modalités d'application 264
Comment établir un plan d'action 266
Comment pratiquer
le magnétisme de groupe 268
Comment utiliser les ondes de formes 270
La pyramide et le magnétisme à distance 271
Comment l'expérimenter 272
Comment construire "sa" pyramide 275
Magnétisme à distance avec la pyramide 277
Message, témoins naturels et artificiels 278
Ne pas jouer avec les pyramides 279

CHAPITRE 13
Le charisme 281
Comment développer son charisme 286
Comment jouer consciemment
ses rôles dans la vie 286
Comment afficher sa confiance en soi 289

Comment éviter certains pièges 291
Le ressentiment, comment s'en débarrasser 295
Comment influencer les gens 299
Exercices d'influence par visualisation 304

CHAPITRE 14
Applications pratiques 309
La législation 310
Le diagnostic 312
Comment soigner :
Migraine, maux de tête, tête lourde 313
Insomnie 314
Mauvaises digestions 315
Embarras gastriques 316
Insuffisance hépatique 316
Toux et bronchite 317
Asthme 318
État grippal 318
Auto-guérison d'une douleur 319
Calculs et coliques néphrétiques 319
Rhumatisme et sciatique 320
Maladie grave ou pouvant le devenir 320
Envoûtement et auto-envoûtement 321
Conclusion 323
Table des matières 329

Impression : EUROPE MEDIA DUPLICATION S.A.
F 53110 Lassay-les-Châteaux
N° 5328 - Dépôt légal : Novembre 1997